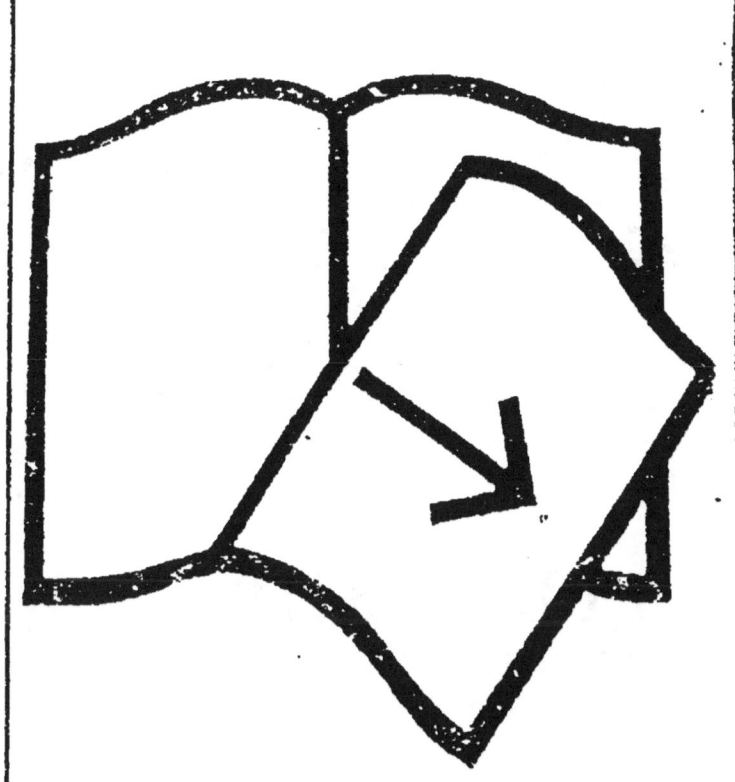

Couvertures supérieure et inférieure manquantes

LA
PETITE SŒUR

OUVRAGES
DE
HECTOR MALOT

COLLECTION GRAND IN-18 JÉSUS

ROMANS

LES VICTIMES D'AMOUR : LES AMANTS............	1 vol.
— — LES ÉPOUX............	1 —
— — LES ENFANTS............	1 —
LES AMOURS DE JACQUES............	1 —
ROMAIN KALBRIS............	1 —
UN BEAU-FRÈRE............	1 —
MADAME OBERNIN............	1 —
UNE BONNE AFFAIRE............	1 —
UN CURÉ DE PROVINCE............	1 —
UN MIRACLE............	1 —
SOUVENIRS D'UN BLESSÉ. — SUZANNE............	1 —
— MISS CLIFTON............	1 —
UN MARIAGE SOUS LE SECOND EMPIRE............	1 —
LA BELLE MADAME DONIS............	1 —
CLOTILDE MARTORY............	1 —
LE MARIAGE DE JULIETTE............	1 —
UNE BELLE-MÈRE............	1 —
LE MARI DE CHARLOTTE............	1 —
LA FILLE DE LA COMÉDIENNE............	1 —
L'HÉRITAGE D'ARTHUR............	1 —
L'AUBERGE DU MONDE : LE COLONEL CHAMBERLAIN...	1 —
— — LA MARQUISE DE LUCILLIÈRE.	1 —
— — IDA ET CARMELITA............	1 —
— — THÉRÈSE............	1 —
LES BATAILLES DU MARIAGE : UN BON JEUNE HOMME..	1 —
— — COMTE DU PAPE............	1 —
— — MARIÉ PAR LES PRÊTRES.	1 —
CARA............	2 —
SANS FAMILLE............	2 —
LE DOCTEUR CLAUDE............	1 —
LA BOHÊME TAPAGEUSE : RAPHAELLE............	1 —
— — LA DUCHESSE D'ARVERNES..	1 —
— — CORYSANDRE............	1 —
UNE FEMME D'ARGENT............	1 —
POMPON............	1 —
SÉDUCTION............	1 —
LES MILLIONS HONTEUX............	1 —

ÉTUDES

LA VIE MODERNE EN ANGLETERRE............	1 —

F. Aureau. — Imprimerie de Lagny.

LA
PETITE SŒUR

PAR

HECTOR MALOT

TOME PREMIER

SIXIÈME ÉDITION

PARIS
E. DENTU, ÉDITEUR
LIBRAIRE DE LA SOCIÉTÉ DES GENS DE LETTRES
PALAIS-ROYAL, 15-17-19, GALERIE D'ORLÉANS
—
1882
Droits de traduction et de reproduction réservés

LA PETITE SŒUR

PREMIÈRE PARTIE

I

Paris est sous la neige; depuis quinze jours elle couvre les toits et encombre les rues, — blanche en haut, noire en bas. Plusieurs fois elle a paru vouloir fondre et le dégel a commencé dans la journée sous l'influence du vent d'ouest, mais le froid a repris le soir avec le vent du nord, et de nouvelles couches de neige sont tombées, se tassant par-dessus les anciennes.

Depuis qu'il gèle, les ruisseaux n'ont jamais franchement coulé; ils se sont parfois emplis d'une eau épaisse qui n'a pas pu prendre sa course ni être balayée à l'égout et cette eau les élargissant de plus en plus, s'est répandue jusqu'au milieu de la chaussée en une bouillie fangeuse qui, presque aussitôt, s'est solidifiée. Sous cette couche de glace, beaucoup de rues sont devenues impraticables, et là où les cantonniers de la ville ne jettent pas du sable, ce sont les cochers et les charretiers en détresse qui prennent eux-mêmes les cendres et les ordures ménagères accumulées devant les portes pour les répandre sous les pieds de leurs chevaux. Malgré le froid, de ces immondices, gâchées avec la neige en un mortier serré, se dégage une odeur surie. Les tuyaux de descente sont bouchés par un tampon de glace à leur orifice inférieur, et les eaux des toits et des plombs, suintant par les joints, se sont prises au dehors en longues chandelles qui, au ras des trottoirs, forment des tas jaunes.

Aux carrefours et aux endroits resserrés, quelques rares tombereaux travaillent tous les jours à enlever la neige, mais si lentement, qu'elle ne diminue guère. Il semble qu'ils ne soient là que pour faire acte de présence, et pour donner à ceux qui les chargent lentement, l'occasion de gagner quelques sous; comme s'il était plus économique, pour une ville bien administrée, de nourrir ses pauvres que de les soigner à l'hôpital.

Les portes des boutiques sont soigneusement closes, et c'est seulement à travers un écran de ramages glacés, couvrant les vitres, qu'on voit ou plutôt qu'on ne voit pas les étalages des magasins.

D'ailleurs à quoi serviraient ces étalages ? Personne ne prend le temps de s'arrêter. Sur les trottoirs les gens passent aussi vite que, sur les chaussées, les voitures avancent lentement; s'ils sont trop prudents ou trop maladroits pour courir, le souci de s'étaler leur coupe la curiosité ; on ne regarde qu'à ses pieds ; sur la neige raboteuse, quand elle n'est pas glissante, on marche avec des hésitations drôlatiques : les hommes piteux, les femmes ridicules dans leurs chaussons de Strasbourg, les pauvres diables courbés en deux dans leurs maigres vêtements, et si l'on s'arrête quelquefois pour échanger un mot entre gens de connaissance, c'est une lamentation :

— Quel temps !
— Qu'en dites-vous ?
— Ne m'en parlez pas.
— Encore nous n'avons pas à nous plaindre à Paris, mais à la campagne !
— Ne m'en parlez pas.

Et c'est de bonne foi qu'en trébuchant ou en glissant dans leurs rues empoisonnées, au milieu d'une ville qui n'est plus qu'un vaste dépotoir, ces honnêtes Parisiens plaignent les paysans, « ces malheureux paysans ne m'en parlez pas ! » réduits à vivre comme des animaux sauvages au milieu des champs et des bois tout blancs d'une neige immaculée, que le moindre rayon de soleil fait resplendir d'un éclat éblouissant.

Si partout la circulation est difficile pour les voitures, elle est à peu près impossible dans les rues en pente, où les chevaux glissent et s'abattent sur les genoux en montant, tout d'une pièce en descendant.

Cela est vrai surtout pour les rues qui, de Paris, se dirigent vers Montmartre, et plus vrai encore pour celles qui, des anciens boulevards extérieurs, montent aux buttes.

Tandis qu'à la place Blanche les rues qui aboutissent à ce carrefour sont désertes, le boulevard est encombré de voitures qui se suivent péniblement, cheminant lentement dans la neige tombée le matin; elles vont à la queue-leu-leu dans les ornières frayées sans essayer de se dépasser; c'est bien assez de garder son rang, et, pour ne pas le perdre, les chevaux, tout fumants, tirent à plein collier.

Cependant un coupé attelé de deux beaux chevaux, conduits par un cocher enveloppé de riches fourrures, apparaît dans la rue de Bruxelles; les chevaux arrivent au trot, la tête haute, et dans la neige qui craque, le fer des roues sonne avec un bruit clair. Mais, à la croisée du boulevard, cette allure tout à fait extraordinaire par un pareil temps se ralentit, et au bas de la montée de la rue Lepic, les chevaux s'arrêtent sans vouloir avancer; sous la couche de neige nouvellement tombée la chaussée n'est qu'une glace, ils glissent des quatre jambes et il faut l'adresse et la poigne du cocher pour les maintenir sur leurs pieds.

Ce coupé accourant de ce train, quand toutes les voitures n'avançaient que pas à pas, avait provoqué la curiosité des passants et des gamins qui jouaient sur les contre-allées du boulevard, dont ils s'étaient emparés, les transformant en champ de bataille et en glissades. On avait tourné la tête pour le regarder passer, et, quand il s'était arrêté, ne pouvant plus avancer, les balles de neige avaient cessé de voler en l'air, et les retranchements de neige aussi bien que les glissades avaient été abandonnés.

Et, parmi les gens qui s'étaient amassés de chaque côté de la rue, ç'avait été un chœur d'exclamations, de questions, d'encouragements moqueurs, de critiques ; tandis que d'autres regardaient curieusement, comme s'ils avaient su les lire, les armes peintes sur les panneaux du coupé : des cornes de cerf sur un écusson ayant pour support deux amours avec cette devise : « Je vaincrai », ce qui pouvai s'appliquer aux cornes aussi bien qu'aux amours.

Excités de la voix, des guides, du fouet les chevaux n'avançaient pas : ils patinaient sur place, se jetant à droite, à gauche ; ils glissaient, se cabraient ; trois tours de roue en avant, quatre en arrière, c'était tout ; les chevaux, impatients, rebutés creusaient des rayons sur la glace sans démarrer.

Et, dans la galerie des curieux, chacun disait son mot, donnait son conseil, faisait sa critique, tandis que les gamins poussaient des huées.

Le cocher, qui semblait être un personnage peu disposé à écouter les observations, ne répondait rien ; mais il lançait aux donneurs de conseils et aux moqueurs des regards méprisants ou furieux. Après plusieurs tentatives vaines pour enlever ses chevaux, il se tourna brusquement sur son siège, et se penchant vers la portière :

— Je ne vais pas casser les pattes à mes bêtes ! dit-il.

La personne à laquelle il s'adressait était une jeune femme, jolie, élégante, mais qui n'avait rien ni d'une grande dame, ni même d'une honnête bourgeoise, malgré la richesse de sa toilette et la bonne tenue de son équipage.

— C'est bien, dit-elle, je vais monter à pied, attendez-moi.

Elle descendit de son coupé; mais elle n'était ni habillée, ni chaussée pour marcher : une robe longue en satin bleu Louise, des bottines de même étoffe que la robe, un grand manteau de martre du Canada. Lorsqu'au milieu de la chaussée elle mit les pieds dans la neige, où elle enfonça, elle eut un mouvement de répulsion ; cependant, relevant son manteau et sa robe tant bien que mal, elle gagna le trottoir, et là elle regarda autour d'elle, cherchant.

— L'avenue des Tilleuls, je vous prie ? demanda-t-elle à un curieux.

— La deuxième à droite, en montant.

— C'est loin ?

— Non, là-bas.

— Et le numéro 3 ?

— Au bout de l'avenue.

De nouveau elle leva les yeux vers la rue qui montait devant elle, raide et glissante.

Au moment même où elle regardait ainsi, se demandant si elle allait affronter cette montée, une femme qui descendait, marchant avec précaution, glissa sur un caniveau recouvert de neige et s'étala au milieu des rires et des cris des gamins.

Cela mit fin à son hésitation; au lieu de monter la rue, elle la descendit et gagna sa voiture arrêtée au tournant du boulevard.

— Nous reviendrons au dégel, dit-elle.

II

L'avenue des Tilleuls, qui serait mieux nommée l'impasse des Tilleuls, ne compte pas encore aujourd'hui parmi les plus belles de Montmartre ; mais alors elle était des plus modestes : deux maisons, un mur et des palissades, au fond une grille en fer la fermant.

L'une de ces maisons avait eu, au moment de sa construction, des prétentions à l'élégance, mais elle n'était plus qu'une bicoque suant la malpropreté et la misère. Elle se composait d'un corps de bâtiment à trois étages avec deux ailes formant pignon sur l'impasse. Mais, malgré ses trois étages et ses deux ailes, elle n'avait rien d'important, ni rien de décent, ni rien d'élégant ; elle se tenait, voilà tout, et c'était déjà beaucoup pour elle. En la regardant on se demandait pour quel usage elle avait pu être construite, et tout ce qu'on voyait était si bien en désaccord, qu'on ne trouvait pas de réponse à cette question. Pour le moment c'était une maison de location dont les trois étages étaient divisés en petits logements et en chambres et dont le rez-de-chaussée était occupé par un marchand de vin à la boutique peinte en rouge sang de bœuf : sur cette peinture on lisait : *Cuisine bourgeoise, vin et liqueurs, bouillon, bœuf*, et sur des écriteaux accrochés au vitrage de la porte et de l'unique fenêtre : « *Vin à 40 et à 50 centimes ; eau de seltz.* »

Ce n'était point par cette boutique qu'on entrait dans la maison, mais par une petite porte verte percée dans un mur bas et qui ouvrait sur une étroite cour.

Qui pouvait demeurer là ? En regardant les fenêtres on voyait tout de suite que les locataires ne se souciaient ni du soin, ni de la propreté : aux vitrages, des rideaux en cotonnade rouge ou verte décolorée ; sur les appuis, des chaussures usées, des savates, des pots ébréchés.

Seule, une de ces fenêtres, au troisième étage, sous le toit en tuiles, avait des rideaux en mousseline blanche, propre et bien repassée ; ils étaient relevés par des rubans bleus qui servaient d'embrasses et ils laissaient voir, d'un côté une petite cage avec un serin, de l'autre un magnifique chat angora blanc et gris.

Au terme d'octobre avant cet hiver-là, un monsieur, un vrai monsieur, à l'air distingué et jeune encore, malgré ses cinquante ans, élégamment vêtu ou tout au moins prétentieusement à la mode qui régnait vingt ans auparavant, était venu louer une chambre dans cette maison, à côté de cette coquette fenêtre.

Grand avait été l'étonnement du marchand de vin,

qui faisait fonctions de concierge, en voyant ce monsieur visiter cette chambre avec soin et en discuter le prix :

— Est-ce que c'est pour monsieur ?

— Oui, un pied-à-terre, quand je viens à Paris, pour coucher seulement.

Et avec un denier à Dieu de quarante sous, il avait donné son nom : M. Passereau. Il n'y avait pas à aller aux renseignements ; il habitait la province, Orléans, et il venait à Paris très irrégulièrement pour ses affaires, quelquefois il y faisait de longs séjours ; quelquefois aussi il s'absentait pendant plusieurs mois ; la vie d'hôtel le fatiguait, et, pour une chambre qu'il habitait peu, il trouvait inutile de payer un gros loyer, — c'était de l'argent perdu.

Au bout de quelques jours, il était arrivé avec ses meubles, ou mieux son seul meuble : un lit, mais un beau lit en palissandre sculpté, qui révélait d'anciennes splendeurs et offrait une garantie plus que suffisante pour le terme de trois mois, qui était de vingt-sept francs cinquante.

Ce simple pied-à-terre était devenu une habitation définitive, que M. Passereau ne quittait tous les jours que vers une heure ou deux de l'après-midi pour descendre à Paris : Sans doute c'était pendant l'été qu'il faisait ces longues absences dont il avait parlé.

Nulle part il n'est permis d'être mystérieux, et si l'on ne veut pas provoquer les bavardages des gens, il faut s'arranger pour se rendre inaperçu. Or, ce n'était pas le cas de M. Passereau. D'une stature imposante, la tête belle et forte, les épaules larges, la taille fine comme si elle était prise dans un corset, il marchait dégagé, le nez au vent, en se cambrant et en faisant sonner ses talons. C'eût été déjà bien assez que cela dans une maison où l'on n'entendait guère traîner que des chaussons ou claquer des sabots ; mais ce n'était pas tout : il y avait la toilette, et elle était remarquable, telle que, quand on l'avait vue une fois, on en rêvait : un chapeau de soie de forme haute et à bords larges retroussés, posé légèrement sur l'oreille ; une redingote bleue boutonnée et serrée, très serrée à la taille ; une cravate en satin raide soutenant le menton ; un pantalon gris à sous-pieds fortement tendu par des bretelles ; enfin, pour les jours de froid, un long pardessus en étoffe de limousine doublé en velours noir formant retroussis au col et aux manches, qui étaient larges comme celles d'une robe d'avocat.

M. Passereau ! Ce nom ne disait rien et n'était pas pour satisfaire la curiosité. Il ne recevait pas de lettres. Personne ne venait le voir. Quand le marchand de vin, poussé par les voisins, l'avait questionné, c'avait été inutilement. Quant aux locataires, qui avaient eu plus d'une fois envie d'engager la conversation avec lui en le rencontrant dans l'escalier, ils n'avaient jamais osé contenter leur envie. Il avait une manière de regarder les gens de haut qui vous tenait à distance ; avec cela, poli cependant, saluant tout le monde de la maison, les hommes d'un signe de tête, les femmes en soulevant son chapeau.

On avait interrogé sa blanchisseuse, mais elle n'avait pu dire que peu de chose, et ce peu de chose était plutôt de nature à faire travailler les imaginations qu'à les contenter. Ses chemises, en toile très belle, mais usée, avaient une marque extraordinaire qu'elle ne connaissait pas : deux lettres enlacées difficiles à distinguer, avec un dessin au-dessus ; ses mouchoirs et ses serviettes de toilette n'étaient pas marqués du tout. Les lettres enlacées et le dessin montrés à une brodeuse, avaient été reconnus pour un P et une M ; le dessin était une couronne de comte.

P. M., cela ne présentait pas de difficulté : Passereau, Michel, Marc, ou Martin ; mais la couronne de comte avait mis les cervelles à l'envers.

On avait discuté, disputé ; les plus sages avaient insinué que la brodeuse n'en savait peut-être pas autant qu'elle le prétendait, car enfin, on avait beau dire, un comte est un personnage.

Tout cela n'était-il pas extraordinairement mystérieux ?

Où allait-il de deux heures à minuit ?

On l'avait suivi, sinon pendant tout ce temps, — personne dans l'avenue des Tilleuls n'avait ce loisir, — au moins à sa sortie.

En descendant la rue Lepic il marchait vite comme s'il était pressé ou bien s'il craignait d'être vu ; mais arrivé à la rue Blanche qu'il prenait toujours, il ralentissait et se redressait ; les yeux à quinze pas devant lui, la poitrine portée en avant, la main gauche sur la hanche, il semblait qu'il se donnât en représentation. C'était ainsi qu'il suivait la rue Blanche, la Chaussée-d'Antin et arrivait sur le boulevard en jetant autour de lui des regards de plus en plus vainqueurs. Là il prenait évidemment possession de son domaine; il était chez lui, dans son monde. De temps en temps il échangeait un salut de la main avec des passants qui le croisaient ou qui sortaient des grands restaurants. Toutes ces personnes avaien belle tournure. Aucune ne s'arrêtait pour lui parler. Au contraire toutes semblaient vouloir l'éviter comme si elles avaient peur de lui.

Arrivé à la rue Drouot il entrait dans une maison au-dessus de laquelle on lisait : « *Crédit financier,* » et il en ressortait presque aussitôt avec des lettres à la main qu'il lisait tout en marchant ; c'était là évidemment qu'il se faisait adresser sa correspondance.

Il suivait les boulevards jusqu'à la Madeleine, et, par les Champs-Elysées, gagnait le bois de Boulogne.

Que faisait-il dans ces promenades? Où mangeait-il? Ce n'est pas un métier de se promener, ni un plaisir quand on se promène tous les jours.

On était arrivé à se dire qu'il pouvait bien être de la police.

Et après l'avoir dit comme une supposition en l'air qui ne s'appuyait pas sur grand'chose, on avait fini par le répéter sérieusement et le croire.

Cela avait rendu les voisins circonspects à son égard. On n'aime pas le contact de ces gens-là. Qui sait ce qui peut arriver? Même quand on n'a rien à leur cacher, on en a peur.

Ç'avait été un nouveau sujet de conversation. On s'était soupçonné les uns les autres. Et par cela seul qu'il était suspect, tout le monde était devenu suspect autour de lui.

— Défions-nous.

Et l'on se défiait, sans savoir pourquoi ni de quoi.

III

Du mois d'octobre au mois de décembre il était ainsi sorti régulièrement tous les jours; mais quand le froid s'était fait rigoureux on ne l'avait plus vu descendre que vers quatre heures.

Où déjeunait-il? Sans doute il rapportait le soir ce qu'il lui fallait pour manger, car jamais il ne s'était fait rien servir chez le marchand de vin; jamais la boulangère ne lui avait monté du pain; il ne devait pas rester à jeun jusqu'à trois ou quatre heures.

Cela ne s'accordait plus avec l'idée qu'il devait être un agent de police, car les agents de police roulent sur l'or comme chacun sait; et c'est même pour les payer qu'on augmente les impôts tous les ans.

En tout cas on avait été soulagé de penser qu'on n'avait rien à craindre de lui, et qu'il était plutôt un pauvre homme qu'un méchant homme.

Il y avait à peu près dix ou douze jours que Paris était sous la neige, lorsqu'on crut remarquer que M. Passereau ne sortait plus. Mais il y eut divergence sur ce point : était-il sorti? n'était-il pas sorti?

De même il y eut divergence aussi sur cet autre : était-il ou n'était-il pas rentré ?

Grand sujet de conversation, car enfin s'il était dans sa chambre, de quoi vivait-il ? que mangeait-il ? que buvait-il ?

Il était peut-être malade ? Peut-être était-il mort ? On meurt de toutes les manières, naturellement ou volontairement. Il n'avait pas l'air heureux. S'il s'était suicidé ? Le mieux serait peut-être de prévenir le commissaire. Au moins on saurait quelque chose. Oui, mais c'est si ennuyeux d'introduire la police dans une maison. On interroge tout le monde. Il y a un tas de questions bêtes.

La dernière chose précise qu'on savait de lui, c'était qu'il avait emprunté un timbre au marchand de vin pour affranchir une lettre et même le marchand de vin avait lu l'adresse de cette lettre : *Madame la baronne de Saint-Hubert, avenue Friedland, Paris*. Il avait porté lui-même la lettre à la boîte de la rue Lepic et il était rentré tout de suite. En allant comme en revenant il marchait tout doucement et sans faire sonner ses talons.

N'était-il pas étonnant qu'il eût emprunté un timbre, quand il aurait aussi bien pu l'acheter au débit de tabac où se trouve la boîte ?

Enfin, depuis ce jour, on ne l'avait pas revu.

On avait écouté à sa porte : on n'avait rien entendu.

Cela ne prouvait pas qu'il ne fût pas chez lui, surtout s'il était mort ; mais quand même il ne serait pas mort, il pouvait très bien n'avoir pas fait de bruit au moment où l'on écoutait à sa porte. La chambre qu'il occupait s'appuyant d'un côté sur la cage de l'escalier, il n'avait qu'un voisin ou plutôt qu'une voisine, et si quelqu'un avait dû entendre ce qui se passait chez lui, c'était elle, — une repriseuse, mademoiselle Angélique.

Par malheur pour la satisfaction de la curiosité générale, mademoiselle Angélique ne se mêlait pas aux conversations de ses voisines : un mot de politesse en passant lorsqu'elle descendait, et c'était tout.

Mais on pouvait l'interroger. Si quelqu'un était en situation de savoir quelque chose, à coup sûr c'était elle : quand, du matin au soir, on travaille en reprises dans le neuf et dans le vieux, on ne fait pas de bruit; on entend ce qui se passe autour de soi; — ce n'était pas son serin qui pouvait l'étourdir; — ce n'était pas non plus son chat Gros-Milord; — quant à la société qu'elle recevait, elle n'avait pas pu davantage la distraire : jamais personne, si ce n'est les garçons de magasin qui lui apportaient les pièces d'étoffe dans lesquelles elle devait boucher un trou ou un accroc; — tous les jours, même le dimanche, au travail, l'aiguille à la main.

N'y tenant plus, on décida de l'interroger et deux commères montèrent dans ce but au troisième étage mais, bien entendu, avant de frapper à la porte de mademoiselle Angélique, elles écoutèrent à celle de M. Passereau. Aucun bruit. Ça ne sentait pas le mort non plus.

Elles entrèrent chez la repriseuse. Celle-ci était au

travail, devant une grande table sur laquelle était dépliée une pièce de cachemire noir : dessous se trouvaient empilées d'autres pièces d'étoffe.

Le mobilier de la chambre était d'une extrême simplicité, mais aussi d'une extrême propreté : le meuble en noyer si luisant, qu'il était assurément frotté tous les matins ; au lit, un couvre-pied en basin à ramages avec raies mates, et des rideaux en percale blanche ; sur la cheminée, un cartel en albâtre flanqué de deux pots de fausses fleurs gagnés à une loterie ; le carreau en couleur ciré. Par une porte vitrée entr'ouverte, on apercevait une petite cuisine dans laquelle un pot-au-feu, qui bouillait, dégageait une bonne odeur de soupe grasse. A la fenêtre se tenait le chat Gros-Milord, superbe de dignité, les pattes dans son manchon, et en face de lui, dans une cage, un serin qui sifflait en le regardant comme pour le charmer.

En voyant entrer ses voisines, Angélique s'était levée et elle se tenait debout devant elles, un peu surprise évidemment de cette visite. C'était une jeune femme de vingt-trois à vingt-quatre ans, de petite taille, mais bien prise ; la tête agréable plutôt que jolie, avec une physionomie douce, tendre et sérieuse ; la tenue soignée dans sa toilette des plus modestes, en flanelle bleue à pois noirs, avec un col et des manchettes en percale.

— Vous êtes surprise de nous voir ? dit l'une des voisines.

— Voilà ce que c'est.

Et elles racontèrent les inquiétudes qu'on avait

dans la maison sur le compte de M. Passereau, le locataire d'à côté. N'avait-elle rien entendu?

Rien de particulier. Quelquefois, la nuit, quand elle était éveillée, elle l'entendait rentrer. Le matin, vers midi, quand elle ouvrait sa fenêtre pour balayer sa chambre après déjeuner, elle l'entendait s'ébrouer, en se jetant des flots d'eau comme un oiseau qui se baigne. Mais en ces derniers temps elle n'avait rien entendu.

Les voisines durent se contenter de cela, ce qui n'était pas grand'chose. Mais avant de redescendre, elles recommandèrent de faire bonne garde et de bien écouter, car pour sûr il y avait là un mystère, peut-être un drame.

Angélique émit l'idée que l'on pouvait frapper à sa porte, mais les voisines la repoussèrent.

— S'il n'y a pas du nouveau demain, on préviendra le commissaire.

— Croyez-vous donc qu'il est mort?

— Dame! c'est possible.

Et elles racontèrent toutes sortes d'histoires de gens qu'on avait ainsi trouvés morts dans leur chambre, par accident, ou même assassinés.

Les voisines parties, elle écouta, mais sans rien entendre; tout en travaillant, de temps en temps elle prêta l'oreille. La nuit était venue et elle avait allumé sa lampe dont elle augmentait la lumière en la faisant passer à travers une boule d'eau. Le serin était muet. Et Gros-Milord, quittant la fenêtre, était venu s'enrouler autour de la lampe pour en recevoir la chaleur sur son ventre; il dormait là béatement, les yeux mi-clos, le nez en l'air, la tête enveloppée dans ses gros et larges favoris gris. Le silence s'était établi dans la maison; dans les rues voisines ne retentissait aucun bruit de voitures ou de pas; au loin grondait le ronflement sourd de Paris, au-dessus duquel planait une grande lueur rouge reflétée par la blancheur des toits.

Elle avait le cœur serré et, pensant à ce pauvre homme qui était peut-être malade, là, à côté, se mourant tout seul peut-être, elle faisait un triste retour sur elle-même.

Elle aussi elle était seule, sans parents, ayant perdu son père quand elle était enfant, sa mère depuis deux ans, et n'ayant que des oncles et des tantes en province, qu'elle connaissait à peine.

Qui s'occuperait d'elle si elle était malade ?

Là-dessus se penchant, elle embrassa son chat.

— Ce n'est pas toi, mon Gros-Milord, toi qui es pourtant si bon.

Il était donc abandonné, le malheureux ; il n'avait donc personne : ni enfants, ni parents, ni amis. Et s'il était dans cette chambre sans cheminée, comme il devait souffrir du froid, par ce temps dur. Du froid et de la faim aussi.

Cette idée empoisonna son dîner. Et quand elle eut mit son couvert, et l'assiette de Gros-Milord sur la petite table qui lui servait pour manger, elle resta un moment sans tremper sa cuiller dans sa soupe, dont cependant elle s'était fait fête à l'avance et qui sentait si bon.

Le pauvre malheureux !

IV

Elle avait l'habitude de se coucher à dix heures régulièrement, à moins de travail pressé.

Avant de se mettre au lit, elle écouta en se collant l'oreille au mur de son voisin. Elle n'entendit rien. Alors l'idée lui vint d'aller à sa porte. Mais elle n'osa pas . cela lui paraissait honteux d'écouter aux portes.

Elle se coucha et éteignit sa lampe, pour s'endormir tout de suite.

Mais elle ne s'endormit pas : l'idée de ce pauvre homme la hantait : elle le voyait dans sa chambre glacée, malade, mourant, sans pouvoir appeler au secours.

Comme elle suivait ces noires pensées, il lui sembla entendre un gémissement. Croyant qu'elle s'était endormie et qu'elle rêvait, elle s'assit pour mieux écouter.

Rien, pas de gémissements, pas d'autres bruits que les craquements de la neige sur le toit et les murmures sourds de la ville.

Elle s'était trompée; c'était une hallucination; elle n'avait qu'à dormir.

Mais elle ne dormit point; jamais elle n'avait eu moins sommeil; jamais elle n'avait été aussi nerveuse; la moindre bruit la faisait frissonner; elle avait peur; et en même temps elle se sentait tout émue, attristée inquiète, comme si elle eût été en danger, sous le coup d'un malheur. Quand elle ouvrait les yeux, la lueur rouge qui s'élevait de Paris et emplissait le ciel l'épouvantait; quand elle les fermait, elle voyait des ombres fantastiques plus épouvantables encore.

Et toujours elle revenait à son voisin, ce malheureux homme.

Ne serait-elle pas responsable de sa mort, si elle ne faisait rien pour le secourir? n'était-elle pas coupable, le sachant là abandonné, de ne pas lui venir en aide?

Une fois que cette idée se fut emparée d'elle, elle ne l'abandonna plus, quelques efforts de volonté qu'elle fît pour la chasser; elle lui serra le cœur; elle s'empara de son esprit; elle ne pensa plus qu'à cela, et avec une intensité qui ne la laissait pas respirer.

Ç'avait été de la lâcheté de ne pas aller frapper à sa porte lorsque les voisines étaient montées la prévenir, alors elle avait cédé à leurs observations, à leur influence; elles étaient des femmes qui savaient la vie, tandis qu'elle ne savait rien.

Maintenant dans le silence et la solitude de la nuit elle n'était plus qu'en face de sa conscience; n'écouterait-elle pas sa voix qui lui parlait si haut, si fort?

Etait-elle bien sûre de ne pas avoir entendu ce gémissement? il ne s'était pas répété; elle en était certaine, mais c'était peut-être parce que ce pauvre homme était trop faible.

Cette indécision était trop cruelle; elle ne respirait plus; l'oppression, l'anxiété l'étouffaient. N'y tenant plus, elle sauta à bas de son lit et ralluma sa lampe, l'obscurité l'affolait; mais, chose extraordinaire, la lumière ne la calma pas.

Elle devait aller à sa porte; il le fallait; c'était son devoir. Qui sait? ces avertissements, son anxiété c'étaient les ordres de la Providence peut-être; ce gémissement était une voix surnaturelle.

Elle s'était habillée; tenant sa lampe d'une main, elle sortit. Le corridor était sombre et silencieux; saisie par le froid et une crainte vague, elle s'arrêta, mais ce ne fut qu'une courte hésitation : bravement elle alla jusqu'à la porte.

Cependant, avant de frapper, elle s'arrêta encore et écouta, retenant sa respiration. Elle n'entendit rien dans la chambre. Se décidant, elle frappa trois coups faiblement, mais distinctement.

Il se fit un craquement dans la chambre.

Elle frappa plus fort trois nouveaux coups, d'une main agitée par l'émotion.

Alors une voix tremblante murmura quelques paroles qu'elle ne distingua pas très bien; cependant elle crut entendre :

— C'est toi, baronne?

Il était donc là... il était donc vivant! Le courage lui revint.

— C'est moi, dit-elle; si vous avez besoin de quelque chose, ouvrez.

Elle ne pouvait pas dire son nom, qui ne signifiait pas grand'chose, mais par le ton elle espérait faire comprendre qu'elle venait en amie.

Il se fit au bout d'un certain temps un craquement plus fort, puis un bruit sourd comme si un corps lourd tombait sur le carreau.

Elle attendit : des pas qui semblaient hésitants traînaient dans la chambre en grattant ; elle entendait un souffle haletant coupé par des soupirs.

Un coup sourd retentit dans la porte, puis un frôlement sur le panneau de bois, celui d'une main qui cherchait, puis la clef résonna dans la serrure dont le pêne grinça.

Elle tenait sa lampe en avant, la main haute : la lumière éclaira un homme de grande taille enveloppé dans une sorte de houppelande doublée de velours noir, aux cheveux en désordre, à la face pâle et décolorée, qui vacillait sur ses jambes chancelantes.

— Qui êtes-vous ? dit-il en reculant.

— Votre voisine. J'ai cru vous entendre gémir, et je suis venue vous demander si vous n'aviez besoin de rien. Vous êtes malade, monsieur?

Malade ! C'était mourant, c'était mort qu'elle aurait pu dire. Il tenait la porte d'une main crispée et son grand corps se penchait, tout ballant.

Comme elle allait entrer, il lâcha la porte et, faisant trois ou quatre pas en arrière, il s'affaissa défaillant sur son lit, le seul meuble de la chambre où l'on pût s'asseoir, car il n'y avait ni fauteuil, ni chaise : une malle seulement, un bassin en zinc, une grande cuvette, un broc, et, ce qui était caractéristique, sur l'appui de la fenêtre, tout un jeu de brosses en ivoire sculpté.

Elle n'avait point été élevée dans le luxe ni habituée aux superfluités de l'ameublement, mais ce qu'elle avait vu d'un rapide coup d'œil était si misérable, qu'elle se demandait comment on pouvait vivre là dedans.

— C'est la baronne qui vous envoie ? dit-il d'une voix éteinte et en la regardant avec des yeux qui ne voyaient pas.

Elle devina qu'il ne l'avait pas entendue, ou bien, dans son état de faiblesse, il n'avait pas compris ce qu'elle lui avait dit.

Elle le lui répéta.

Il la regarda vaguement.

— Vous avez besoin de quelque chose ? dit-elle.

— J'ai soif.

Elle regarda autour d'elle et ne vit rien pour lui donner à boire : ni carafe, ni sucrier. En passant l'inspection de la chambre, elle aperçut des habits accrochés çà et là à des clous enfoncés dans le mur ; sur l'appui de la fenêtre, à côté des brosses, se trouvait un verre. Elle le prit et, ayant posé sa lampe sur la malle pour avoir ses deux mains libres, elle voulut verser dedans l'eau de la cruche. Rien ne coula ; l'eau était gelée, un gros glaçon sonnait contre le zinc.

— Je vais aller vous chercher de l'eau, dit-elle.

Et elle reprit sa lampe.

Mais en passant devant lui, en le regardant, elle le vit claquer des dents.

— Vous avez froid, dit-elle, il faut vous recoucher ; il gèle dur.

— Oui, murmura-t-il.

Elle fit quelques pas pour sortir ; mais, revenant à lui :

— Vous n'allez pas vous réchauffer dans votre lit, dit-elle, vous avez eu froid.

— J'ai froid ! oui, j'ai froid !

— Ça n'est pas étonnant, par ce temps rigoureux ; il faudrait venir dans ma chambre.

— Votre chambre ?

— Vous n'avez que deux pas à faire.

Il soupira, comme s'il avait conscience que ces deux pas étaient quelque chose de terrible.

Elle avait été frappée de la façon dont il s'exprimait, répétant les mots mêmes dont elle se servait, comme s'il n'était pas capable d'en trouver d'autres lui-même, ou comme s'il avait besoin de se les répéter pour les comprendre. Etait-il donc en enfance ou paralysé ?

— Je vous donnerai le bras, dit-elle; vous trouverez du feu ; je vais le rallumer.

— Du feu !

Cette fois ce fut un soupir de soulagement et d'espoir qui s'échappa de ses lèvres entr'ouvertes.

— Et puis, du bouillon, cela vous serait peut-être meilleur que de l'eau ; j'ai du bouillon ; justement j'ai mis le pot-au-feu aujourd'hui.

Il fit un mouvement comme pour se lever vivement, les mains agitées par un tremblement d'impatience et d'impuissance.

Le voyant ainsi, elle se dit tout bas :

— Mais c'est de faim qu'il se meurt !

Et vivement elle vint à lui pour le prendre par le bras.

Elle n'était pas forte, mais la pensée qu'elle pouvait arracher cet homme à la mort et être utile lui avait donné une énergie exaltée.

Elle le souleva vaillamment et lui passa le bras autour de la taille. Une fois qu'il fut debout il chancela mais elle l'appuya sur son épaule et, presque le portant, elle le conduisit dans sa chambre.

Ce qui augmentait la difficulté, c'était l'obscurité, car ce n'était pas trop de ses deux bras pour le soutenir et elle n'avait pas pu prendre sa lampe ; elle allait donc à tâtons en s'appuyant à la muraille et sans le lâcher. Pour lui, il se laissait traîner sans rien faire pour s'aider.

V

Une fois dans sa chambre, elle l'assit dans un fauteuil, son unique fauteuil, un voltaire qu'elle avait longtemps désiré et dont elle se servait quelquefois le dimanche, quand elle se reposait l'après-midi en lisant. Cela fait, elle courut chercher sa lampe; puis, allant à son lit, elle en enleva la couverture de laine et elle enveloppa son malade dedans depuis les épaules jusqu'aux pieds.

Et vivement elle s'occupa à rallumer le poêle, qui ne tarda pas à ronfler.

— Prenez patience, dit-elle, je vais vous faire chauffer du bouillon.

Elle passa dans sa cuisine, en laissant la porte ouverte de manière à pouvoir le regarder.

Il était accroupi dans le fauteuil, ramassé, tassé sur lui-même comme on l'est quand on a froid; mais il y avait plus que du froid dans son état, une extrême faiblesse causée par le besoin à coup sûr. A le voir ainsi elle se demandait s'il n'allait pas mourir, et cela l'empêchait de se hâter autant qu'elle aurait voulu; elle voyait mal, elle était d'une incroyable maladresse.

Cependant la braise fut vite allumée, et le bouillon ne tarda pas à être chaud.

Elle le lui apporta tout fumant, et comme il tremblait toujours, elle l'aida à approcher la tasse de sa bouche. Une fois qu'il eut trempé ses lèvres dans le bouillon, il ne les détacha plus du bol qu'il ne l'eût vidé.

Alors la chaleur intérieure, s'ajoutant à celle que lui communiquait le poêle, lui fit pousser un soupir de soulagement, long, profond comme s'il reprenait la vie.

— J'aurais peut-être dû y mettre du pain, dit-elle.

— Oui, murmura-t-il.

— Je vais faire chauffer une autre tasse de bouillon.

Pendant qu'elle courait de nouveau à sa cuisine, il s'allongea dans son fauteuil et, sortant ses mains de la couverture, il les posa sur le poêle en le caressant.

Elle lui apporta bien vite une seconde tasse qui, cette fois, contenait une vraie soupe.

Il la mangea avec la même avidité qu'il avait bu le bouillon.

— Vous êtes mieux, n'est-ce pas? demanda-t-elle.

Il lui tendit la main :

— Vous m'avez sauvé la vie.

Elle chercha des paroles pour traduire son émotion et, ne trouvant rien, elle se mit à sourire doucement.

Avec le ton de l'interrogation :

— Vous étiez malade ?

— L'autre matin...

Il chercha :

— Quel jour sommes-nous aujourd'hui ? demanda-t-il.

— Jeudi.

— Comment jeudi ? C'est possible après tout ; je n'aurai pas eu conscience du temps écoulé. Eh bien, lundi matin je me suis levé très faible après une nuit de fièvre. Je me suis senti malade. Et, incapable de marcher, n'ayant de forces que tout juste ce qu'il fallait pour porter une lettre à la poste, j'ai écrit à une personne de venir me voir ; et, remonté dans cette mansarde, je me suis couché. Sans doute la fièvre m'a repris et avec elle le délire, car je ne sais pas ce qui s'est passé. J'ai cru que c'était cette personne qui arrivait quand vous avez frappé à ma porte.

— Elle n'aura pas pu venir, dit-elle d'un air apitoyé.

— Sans doute elle n'est pas à Paris, sans quoi elle serait venue. Sans vous je serais mort.

— C'est le bon Dieu qui m'a donné le courage d'aller frapper à votre porte.

— Vous saviez donc que j'étais dans ma chambre ?

— Des voisines, inquiètes de ne pas vous voir, étaient venues me dire que vous étiez sans doute malade et me demander si je vous avais entendu. Je ne vous avais pas entendu. J'ai proposé de frapper, elles n'ont pas voulu.

— Parce que?

— Parce que... Mon Dieu, je peux bien vous répéter ce qu'elles ont dit : parce que vous n'êtes pas un homme avec qui on se familiarise.

— Ah! vraiment, ah! vraiment!

Et d'un ton satisfait, en se redressant, lui qui quelques instants auparavant pouvait à peine se soutenir, il répéta ces deux mots à plusieurs reprises.

— Quand elles ont été parties, j'ai écouté plus attentivement, mais sans rien entendre. Je me suis couchée. Une fois au lit, toutes sortes d'idées m'ont passé par la tête. Je me suis dit que c'était un crime de vous laisser mourir sans secours si vous étiez malade, là, à côté ; que je serais responsable de votre mort. Et je me suis levée. Et j'ai frappé.

— Vous êtes un brave cœur, dit-il.

— Ce qu'une autre aurait été à ma place. Je n'ai rien fait qu'une autre n'aurait fait comme moi, et peut-être même mieux que moi, plus vite, plus à propos, sans hésitation. Voilà pourquoi je ne comprends pas que vous n'ayez pas appelé quand vous vous êtes senti malade, — moi ou une autre, puisque vous ne me connaissiez pas; enfin, votre voisin ou votre voisine, celui ou celle qui était près de vous. Si ce qui vous est arrivé m'était arrivé à moi, je vous assure que je n'aurais pas hésité, j'aurais cogné au mur. Je me serais dit : « Il y a là, de l'autre côté, quelqu'un qui ne demandera pas mieux que de me venir en aide et qui même en sera peut-être heureux. » Le monde n'est pas si méchant; il n'y a pas besoin de connaître les gens pour leur tendre la main, quand ils sont malheureux et qu'ils ont besoin de nous.

— Vous croyez ?

— Il me semble ; mais je ne sais pas la vie. C'est comme ça que je sens.

Le bouillon et la soupe avaient produit un effet réconfortant auquel s'étaient ajoutés la douce température de la chambre, la chaleur du poêle qu'il tenait entre ses mains et entre ses jambes, le bien-être de sa position dans ce fauteuil, et encore et surtout la sympathie, l'intérêt qu'il inspirait et qu'on lui témoignait.

— C'est vraiment une belle chose que le dévouement, dit-il.

— C'est si naturel ; mais de ma part il n'y a eu aucun dévouement. J'ai été à vous parce que vous aviez besoin de moi, comme vous seriez venu à moi si j'avais eu besoin de vous.

— Certainement.

Puis tout de suite, comme si elle ne voulait pas rester sur cette idée, mais en la suivant néanmoins malgré elle :

— Si vous preniez une autre tasse de bouillon ? dit-elle.

— Non, je vous remercie. Je la prendrais avec plaisir, mais je craindrais qu'après... cette abstinence elle ne me fît mal. Elle pourrait me donner un nouvel accès de fièvre. Demain matin, si vous voulez. Ce soir je ne veux pas abuser de votre hospitalité ; vous devez avoir besoin de dormir.

— Attendez encore un peu ; je vais vous faire

chauffer une bouteille d'eau, cela vous empêchera de trouver votre lit aussi froid.

Elle passa dans la cuisine, et pendant que l'eau chauffait, à deux ou trois reprises elle regarda dans la chambre pour voir comment il était et si le mieux continuait.

Il s'était encore approché du poêle pour emmagasiner de la chaleur, et ayant soulevé l'abat-jour de la lampe, il regardait autour de lui avec une expression de physionomie qu'elle ne comprenait pas bien : c'était à croire qu'il estimait son mobilier; mais c'était là une idée si ridicule, qu'elle ne s'y arrêta pas.

Elle revint bientôt avec une bouteille de grès enveloppée dans un linge. Cependant elle ne crut pas avoir encore assez fait; et comme il allait déposer sur le fauteuil la couverture dans laquelle elle l'avait enveloppé :

— Emportez-la, je vous prie, dit-elle, je n'en ai pas besoin; j'ai mon chat Gros-Milord, que je mettrai sur mes pieds.

Il ne fit aucune façon pour accepter, et ayant roulé la couverture autour de la bouteille, il se prépara à sortir.

— Effectivement, dit-il, cela tient très chaud un chat; bonsoir, mademoiselle.

— Ne fermez pas votre porte à clef, je vous porterai votre bouillon demain matin.

— Non, merci.

Elle lui prit le bras pour le conduire jusqu'à sa chambre.

Elle avait pensé un moment à aller elle-même mettre cette bouteille d'eau chaude dans le lit, mais elle n'avait pas osé, retenue par un sentiment de discrétion et de réserve. Il lui semblait que maintenant qu'il avait recouvré la connaissance, il ne pouvait que souffrir qu'on entrât dans sa chambre et qu'on fût témoin de sa détresse.

Évidemment ce n'était pas un homme qui avait toujours vécu dans la misère. Il avait été quelqu'un dans le monde. Il n'y avait qu'à le voir une fois pour en être sûr. Il avait de la dignité, de la fierté. Elle devait veiller à ne pas l'humilier. Ce qu'il venait de répondre était un indice.

Puisqu'il avait la force de porter cette bouteille et de marcher, il valait mieux le laisser libre. Dans l'état où il se trouvait maintenant, il se tirerait bien d'affaire tout seul.

VI

Bien qu'elle se fût couchée tard et qu'elle n'eût pas très bien dormi, — Gros-Milord ne pouvant pas étendre sa chaleur d'une façon aussi complète qu'une couverture de laine, Angélique était levée avant le jour.

Elle commença par aller écouter à la porte de son voisin; puis n'ayant rien entendu, elle revint chez elle, et après avoir allumé le feu de son fourneau, elle se mit à faire son ménage vivement, mais avec soin, la fenêtre grande ouverte.

Quand elle eut fini, elle alluma son poêle, et toutes choses étant ainsi en état, elle alla de nouveau à la porte de voisin.

Il dormait toujours.

La maison était éveillée; par la cage de l'escalier montait un brouhaha dans lequel se confondaient les bruits qui sortaient de chaque logement par les portes entr'ouvertes.

Angélique aperçut une des voisines qui, la veille, était venue la voir.

— Il était malade, dit-elle à mi-voix.

— Vous l'avez vu?

— Oui, hier soir.

— Enfin, qu'est-ce qu'il avait?

— Je ne sais pas. Il avait eu un accès de fièvre.

— Et aujourd'hui?

— Je ne l'ai pas encore vu.

— Il a une belle chance que vous soyez sa voisine.

— Vous sortez, n'est-ce pas? Si vous vouliez me rapporter deux livres de gîte à la noix, avec des carottes et des navets, ça m'obligerait.

Et elle tira trois francs de sa poche; en ne sortant pas, elle serait là quand il s'éveillerait, et dès le matin elle pourrait mettre en train un autre pot-au-feu.

Rentrée dans sa chambre, elle s'installa devant la table et, comme tous les jours, elle reprit son travail, l'oreille attentive au plus petit bruit qui viendrait de la chambre de son voisin, de façon à pouvoir lui tenir sa soupe prête pour quand il se réveillerait. Elle avait réfléchi et elle s'était arrêtée à ce parti; si vraiment il craignait qu'elle entrât chez lui, il viendrait chez elle aussitôt qu'il serait éveillé; s'il ne venait pas, c'est que les idées de susceptibilité qu'elle lui avait supposées n'étaient pas justes, et alors elle entrerait chez lui.

Mais le temps s'écoula sans qu'elle entendît rien; ce fut seulement vers dix heures qu'un accès de toux lui apprit qu'il venait de se réveiller. Après avoir attendu un moment, ne le voyant pas arriver, elle jeta dans le bouillon, tenu au chaud sur le poêle, quelques tranches de pain coupées à l'avance, et elle lui porta cette soupe. Depuis la veille elle avait beaucoup réfléchi à la situation de son voisin, et elle était arrivée à cette conviction que s'il avait commencé par être malade, ce dont il souffrait présentement, c'était de faim, de froid et qu'il serait mort dans sa chambre si elle n'avait pas eu l'inspiration providentielle d'aller frapper à sa porte. Quoi de meilleur contre la faim et le froid qu'une bonne soupe grasse bien chaude, au moins pour commencer?

Celle de la nuit avait produit un effet salutaire : l'homme qu'elle trouva assis sur son lit ne ressemblait en rien au moribond qu'elle avait soutenu, qu'elle avait porté la veille.

— Je crois que vous êtes mieux, dit-elle avec joie.

— Un peu, j'ai bien dormi.

— Alors mangez vite et vous irez tout à fait bien après.

Et tandis qu'il mangeait vite comme elle le lui avait recommandé, et même plus vite, elle continuait, mais sans regarder autour d'elle :

— Quand on a été malade et qu'on commence à se rétablir, on a grand'faim. Cette soupe ne compte guère, aussi j'espère que vous voudrez bien partager mon déjeuner. Vous trouverez une chambre chaude et cela vous vaudra mieux que de sortir. Le temps se met au dégel; les rues doivent être impraticables. C'est très froid la neige fondante.

Elle entassait toutes ces raisons justificatives de son invitation les unes après les autres pour vaincre les hésitations de son malade; mais elles n'étaient vraiment que pour elle, car, pour lui, il ne paraissait pas du tout disposé à un refus.

— J'accepte... cordialement, dit-il, comme vous m'offrez.

— Quand voulez-vous déjeuner?

— Mais quand vous voudrez... tout de suite. J'ai très soif.

— Le temps de mettre la table.

Vivement elle revint dans sa chambre pour dresser le couvert. Elle ne pouvait pas lui servir à déjeuner sur le poêle, comme dans la nuit elle lui avait servi son bouillon. Ouvrant son armoire à linge, elle en tira deux serviettes, et en étendit une en guise de nappe sur la toile cirée dont elle se servait quand elle était seule. Dans un tiroir elle atteignit quatre fourchettes en argent qui ne sortaient jamais de leur boîte où elles s'étaient brunies. Elle les frotta vivement pour leur rendre leur éclat, et les mit sur la serviette bien blanche. Dans un étui elle prit aussi un verre en cristal gravé, et le mit à la place qu'elle destinait à son hôte. Ainsi dressé, son couvert avait un air de propreté qui la réjouit. Il pourrait manger de bon cœur.

Lui-même fut prompt à s'habiller, et elle ne tarda pas à le voir entrer vêtu de sa longue houppelande doublée de velours.

Son premier regard fut pour la table, sur laquelle se trouvait un morceau de bouilli froid flanqué d'un côté d'une boîte de sardines et de l'autre d'un pot de moutarde.

— Ah! du bœuf! dit-il.

— Vous ne l'aimez pas ? s'écria-t-elle avec une confusion inquiète.

— Aujourd'hui j'aime tout!.. La faim d'un convalescent.

Elle allait l'engager à s'asseoir, mais il avait déjà pris le fauteuil et il s'était installé de façon à prendre la meilleure place et accaparer le poêle. Comme Gros-Milord le gênait, il le poussa de la main.

— Va donc, va donc.

Sans oser rien dire, Angélique le regardait, stupéfaite.

— Le chat sera aussi bien ailleurs, dit-il.

Puis, sans autre explication, il se mit à couper le bœuf.

— Asseyez-vous donc, dit-il.

Et en même temps il lui mit dans son assiette le premier morceau qu'il venait de couper, celui qui était desséché et noirci pour être resté à l'air depuis la veille. Quant à lui, il se servit le second, qui était légèrement rosé et persillé de petites veines blanches, graisseuses.

Puis il prit les sardines et en mit deux sur son assiette ; alors, les lui tendant :

— C'est excellent avec le bœuf, dit-il.

— Je les préfère avant ou après, répondit-elle.

— Non, non, prenez-les avec, cela vaut mieux.

Sans attendre, il lui en mit deux sur son assiette.

— Laissez-vous faire et croyez-moi, je m'y connais.

Elle se laissa faire en effet, mais ce ne fut pas sans une certaine surprise. Comme il se mettait facilement à son aise, comme il parlait vite en maître. Où donc ses voisines avaient-elles vu qu'il avait une manière de regarder les gens de haut qui vous tenait à distance ? Après tout, cela pouvait être vrai, et si maintenant il se montrait tout autre, c'était sans doute sous l'influence d'un sentiment de reconnaissance émue. Il était heureux du peu qu'elle avait pu faire pour lui, et il voulait le lui bien marquer. Cela était d'un bon cœur.

En réfléchissant ainsi elle le regardait. Elle n'avait jamais vu personne manger avec cette aisance : il avait une manière de tenir sa serviette et de s'essuyer les lèvres après avoir bu qui lui paraissait l'élégance même ; il est vrai qu'elle ne savait pas au juste ce que c'était que l'élégance ; mais, enfin, c'était très bien. Et aussi son attitude ; et encore sa façon de couper sa viande, de se verser à boire. C'était comme cela qu'on mangeait au théâtre, dans le *Duc Job*, qu'elle avait vu avec sa mère, et qui était un des meilleurs souvenirs de sa jeunesse.

Assurément, quand on mangeait ainsi, quand on avait ces manières, on était un personnage. Elle connaissait l'histoire de la marque des chemises surmontée d'une couronne de comte ; sans doute, c'était un vrai comte. Il avait eu des malheurs, et il était venu avenue des Tilleuls pour y cacher sa misère et y vivre avec économie. Il n'y avait point vécu. Sans elle il serait mort de faim. Quelle aventure ! Pour son imagination, quel mystère intéressant et touchant ! C'était un personnage de roman. Elle avait lu quelques romans romanesques, et, comme cela arrive, pour ceux qui lisant peu, restent longtemps sous l'influence de leur lecture; elle en avait été vivement frappée; pendant ses longues journées solitaires, tout en tirant l'aiguille, elle se les était rappelés, elle se les était contés en les arrangeant au gré de ses idées et de sa fantaisie; récompensant les bons, punissant les méchants; ressuscitant les morts pour les marier. Mais jamais elle n'avait cru qu'elle verrait un héros de roman. Et voilà justement que ce voisin en était un.

On disait dans la maison qu'il avait cinquante ans, et c'était même cela qui, pour beaucoup, l'avait décidée à le recevoir chez elle; car à ses yeux et selon ses idées, un homme de cinquante ans était vieux, bien vieux, très vieux, un vieillard, et elle n'avait rien à craindre d'un vieillard. Certainement si elle l'avait entendu gémir, elle ne se serait point demandé quel âge il avait avant d'aller à son secours; mais certainement aussi elle ne l'aurait point reçu comme elle le recevait si elle n'avait point cru qu'il était un vieillard.

Eh bien, il n'en était point un. Il s'en fallait de beaucoup. Il n'avait pas cinquante ans.

A la vérité son teint était pâle, ses lèvres étaient décolorées, ses joues étaient creuses, mais c'était là l'effet de la maladie, de la souffrance, des privations longtemps supportées, non celui de l'âge.

On n'est pas vieux quand on a une double rangée de dents blanches, solides, intactes comme celles qu'il montrait en mangeant. On n'est pas un vieillard avec ces cheveux drus et noirs, avec cette attitude souple et droite, avec cette taille bien prise, avec cette prestance superbe. Et cette main aux doigts allongés, à la peau molle et lisse, aux ongles transparents et rosés, ce n'était pas non plus celle d'un vieillard bien certainement, mais la plus belle à coup sûr qu'elle eût jamais vue, — celle d'un grand personnage.

Si elle avait pu se livrer ainsi à cet examen et suivre ses pensées librement, c'est que son malade, tout à sa faim, ne s'occupait qu'à manger et n'avait d'yeux que pour son assiette ; il dévorait, il coupait la viande, il brisait son pain, il se versait à boire et n'était nullement à ce qui se passait autour de lui.

Mais il vint un moment où, après avoir englouti ses sardines et sa première tranche de bœuf suivie d'une seconde, il s'arrêta un peu pour respirer ; et alors il promena un regard de curiosité par toute la chambre.

La veille il avait mal vu cet intérieur : l'abat-jour posé sur la lampe laissait des parties de la chambre entièrement dans l'ombre, et lui-même, dans l'état de faiblesse où il se trouvait, voyait mal et confusément toutes choses ; tandis que maintenant la force lui était revenue et il faisait jour.

— Mais c'est très gentil ici, dit-il.

Elle sourit à ce compliment, tout heureuse.

— C'est coquet, surtout c'est d'une propreté admirable qui doit vous donner bien de la peine.

Elle n'osa pas répondre, car elle avait toujours été très timide, et elle se sentait en ce moment pleine de confusion, heureuse il est vrai, mais si embarrassée qu'elle n'osait parler, certaine que, si elle disait quelque chose, ce serait une sottise ou une niaiserie, en tout cas pas du tout ce qu'il convenait de dire.

— Vous travaillez? demanda-t-il.

— Du matin au soir, et même souvent une bonne partie de la nuit.

Il regarda la table sur laquelle étaient dépliées des pièces d'étoffes, pour se rendre compte du métier qu'elle exerçait.

— Je suis repriseuse, dit Angélique.

— C'est un bon métier.

— Ça été un très bon métier, mais il n'est plus aujourd'hui ce qu'il était il y a quelques années.

— Enfin on y gagne.

— Oh! oui, quand on y est habile, quand on a de bons yeux et surtout quand on n'a pas peur du travail.

De nouveau il passa l'inspection de la chambre, s'arrêtant à l'armoire à glace, qu'il avait vue pleine de linge quand Angélique l'avait ouverte pour atteindre des petites cuillers.

— Voilà la preuve que vous êtes habile, dit-il.

— J'ai de bons yeux et puis l'ouvrage ne m'effraye pas.

— C'est vous qui avez acheté ce mobilier?

— Mon Dieu, oui, avec mes économies.

— Et elles y ont toutes passé?

— Oh! non, mais ce qui leur a fait le plus grand trou ç'a été la maladie de ma mère.

— Vous avez des parents à soutenir?

— J'ai eu ma mère à soigner, maintenant je n'ai plus personne.

Elle prononça ces derniers mots d'une voix émue et avec un soupir.

— Pardonnez-moi de vous avoir rappelé des souvenirs attristants ; rien n'est plus douloureux que de n'avoir personne qui vous aime.

Il dit cela la main sur le cœur, d'un ton grave.

— Je ne serais pas juste si je disais que je n'ai personne qui m'aime : j'ai des amis de ma mère qui sont restés les miens, qui pensent à moi comme je pense à eux et qui font ce qu'ils peuvent pour m'être agréable.

Disant cela, elle se leva de table, presque gaîement, et, allant à l'armoire à glace qu'elle ouvrit de nouveau, elle en tira un pot de confiture couvert de papier et le servit sur la table.

— Voici une preuve de leur bon souvenir, dit-elle, un pot de confitures d'abricot de leur récolte. Ils habitent Asnières, depuis qu'ils sont retirés des affaires, et ils ont un jardin. Vous voyez.

Elle lui montra le papier de la couverture sur lequel on lisait en forme de dédicace :

« Confitures d'abricot.
» Les arbres cultivés par moi ;
» Les confitures faites par ma femme ;
» Offertes à notre amie Angélique Godart.
» Limonnier. »

— Limonnier, c'est leur nom, dit-elle en continuant ; ils étaient les meilleurs amis de ma mère. Comme je n'ai pas l'habitude de manger du dessert et que je ne suis pas sortie ce matin, je n'en aurais pas à vous offrir : nous allons entamer ces confitures, j'en ai deux pots.

— Justement je les aime beaucoup, les confitures d'abricot.

— Je ne peux pas les servir pour une meilleure occasion.

Elle lui passa une cuiller, et il prit bien à peu près la moitié du pot; pour elle, elle se fit une petite tartine sur laquelle elle étendit une mince couche de confiture qu'elle gratta avec soin, de façon à la ménager.

— Excellentes, dit-il. Et vous avez eu la douleur de perdre madame votre mère?

— Il y a deux ans, après une maladie de dix-huit mois. Nous vivions ensemble naturellement, et il m'a fallu la soigner tout en travaillant, car je ne pouvais pas laisser ma clientèle m'échapper ; et puis il fallait vivre. Ç'a été un terrible moment.

Elle s'arrêta, la voix voilée par l'émotion; puis elle reprit :

— Elle a été pour moi la meilleure des mères; nous ne nous sommes jamais quittées; elle m'a appris mon métier, car après la mort de mon père, que j'ai perdu quand je n'étais encore qu'une petite fille, il a fallu que je me mette à l'ouvrage. Je l'ai aidée d'abord ; puis, quand sa vue est devenue mauvaise, car nos yeux s'usent vite à nous autres, c'est moi qui ai pris sa place et elle qui m'a aidée dans ce qui n'était pas difficile; nous travaillions ensemble, et depuis mon enfance je ne me rappelle pas un jour où je n'aie travaillé, même le dimanche, au moins jusqu'à deux heures de l'après-midi. Cela fait paraître la promenade meilleure. Je vous assure qu'on n'est pas difficile.

Le déjeuner était arrivé à sa fin.

— Quand j'avais ma mère, dit-elle, c'était elle qui s'occupait du ménage pendant que je travaillais, cela me faisait gagner du temps ; mais maintenant il faut que je fasse tout ; aussi, si vous voulez bien, je vais débarrasser la table.

Il fit mine de se lever.

— Pourquoi vous dérangez-vous ? demanda-t-elle.

— Mais pour me retirer.

— Comment vous retirer ! dans votre chambre où il n'y a pas de cheminée, cela n'est pas possible ; par ce temps de dégel vous ne pouvez pas non plus sortir, restez donc auprès du poêle ; vous ne me gênerez pas du tout pour travailler. Si vous vous ennuyez vous pourrez lire ; je vais mettre ma bibliothèque à votre disposition. Dame ! elle n'est pas riche, ma bibliothèque.

Disant cela elle ouvrit un petit placard pris dans le mur. On y voyait quelques volumes au dos usé, et surtout des feuilletons coupés au bas des journaux et cousus ensemble.

— Voulez-vous *Robinson*, demanda-t-elle, *Paul et Virginie*, les *Trois mousquetaires*, ou bien la *Géographie de Malte-Brun ?* Enfin vous choisirez.

La table desservie, elle se remit à son ouvrage, c'est-à-dire à faire des reprises dans une pièce de mérinos noir.

3.

Pour lui, assis dans le fauteuil, le poêle entre ses jambes, il la regardait d'un air encourageant :

— Quelle brave fille vous êtes, dit-il en forme de compliment.

— Pourquoi donc?

— Vous travaillez ainsi toujours sans vous ennuyer ni vous désespérer, et toujours seule !

— Seule ! oh ! mais non !

— Ah !

— J'ai Gros-Milord, et c'est un bon ami celui-là. Nous ne nous quittons pas. Je parle avec lui, il me répond ; je l'aime, il m'aime. N'est-ce pas, Gros-Milord ?

Et elle embrassa le chat, qui était venu s'établir confortablement sur la pièce d'étoffe, le nez tourné vers celui qui, au déjeuner, l'avait chassé de sa place; de là il l'examinait en ennemi, et quand il fermait les yeux c'était pour les rouvrir bien vite avec des roulements de pupille qui montraient son inquiétude; d'ailleurs il restait les oreilles toujours tendues aux aguets.

— Cependant, il y a une chose qui doit vous attrister, continua-t-il, c'est de travailler ainsi toujours dans le noir? moi, rien qu'à vous regarder, cela me donne des idées lugubres.

— Vraiment ! Eh bien, je vais laisser là cette pièce noire et prendre une pièce blanche; je ne veux pas vous attrister, c'est mauvais pour un convalescent.

— Mais non.

— Si.

Et vivement elle fit cette substitution.

— Mais cette pièce noire ? fit-il.

— Je la finirai ce soir, quand vous serez couché. Cela ne fait rien ; j'ai de bons yeux, Dieu merci.

Soit que ce changement du blanc au noir l'eût égayé, soit que la digestion de son déjeuner, après un long jeûne, et la douce chaleur du poêle après de cruelles journées de froid, le missent de belle humeur, il continua de bavarder gaiement, ne paraissant plus avoir pour unique souci de prendre des renseignements sur « celle qui l'avait sauvé »; cependant il lui adressa encore une question.

— Sortirez-vous aujourd'hui ?

— Sans doute, pour aller chercher notre dîner; car vous dînez avec moi.

— Mais...

— C'est entendu.

— Je vous serais alors reconnaissant de me mettre une lettre à la poste ; j'avais demandé à une personne de venir me voir, maintenant cette visite est inutile.

Elle lui donna ce qu'il fallait pour écrire : quand il eut écrit cette lettre, il la lui remit.

— Vous voudrez bien l'affranchir, n'est-ce pas ?

— Oh ! assurément.

Ce fut seulement dans la rue qu'elle lut l'adresse : « Madame la baronne de Saint-Hubert, avenue Friedland. »

VII

Malgré la lettre à madame la baronne de Saint-Hubert, on vit le lendemain entrer dans l'avenue des Tilleuls un coupé attelé de deux beaux chevaux et portant sur ses panneaux des cornes de cerf ayant pour support deux amours avec cette devise : « Je vaincrai. »

Il s'arrêta devant le n° 3, et il en descendit une jeune femme élégante qui, après un moment d'hésitation et ne sachant ni à qui s'adresser, ni à qui parler, entra chez le marchand de vin :

— M. Passereau ? demanda-t-elle.

— Au troisième, la porte à gauche, après l'escalier.

Ç'avait été un événement que l'arrivée de ce coupé dans l'avenue, où il n'entrait pas ordinairement des voitures de ce genre, et l'on s'était mis sur les portes et aux fenêtres pour le regarder ; il était tout moucheté de plaques de boue noire, et les chevaux qui avaient trotté dans la neige fondue étaient éclaboussés jusqu'aux reins.

Sur l'indication qui lui avait été donnée par le

marchand de vin, la jeune femme s'était engagée dans l'escalier et à chaque palier elle avait trouvé un groupe de commères et d'enfants qui par leurs portes entr'ouvertes la regardaient passer : une dame qui descendait de voiture et qui traînait dans l'escalier une longue robe en velours ; c'était peut-être une fée. Et sur son passage s'élevait une rumeur qui montait l'escalier aux marches boueuses, plus vite qu'elle.

A ce moment, M. Passereau se trouvait chez Angélique, et comme ils ne parlaient point, ce murmure arriva jusqu'à eux ; déjà Angélique avait entendu le coupé s'arrêter dans l'avenue. Elle alla à la fenêtre, et, se penchant en avant, elle regarda en bas.

— Une belle voiture avec un cocher en livrée, dit-elle.

— C'est pour moi, s'écria M. Passereau.

Se levant vivement il sortit.

Au même instant la dame arrivait au haut de l'escalier :

— Ah bien ! tu sais, ça n'est pas sans peine que je te trouve, s'écria-t-elle en lui tendant la main.

Il avait déjà ouvert la porte de son galetas.

— C'est là que tu demeures? Ah! mon pauvre vieux!

Cependant elle n'avait pas hésité et, bravement, elle était entrée ; ce fut bravement aussi, qu'elle s'assit sur la malle, en s'enveloppant, en se tassant dans son manteau.

— Alors tu es dans la panne?

— Tu vois.

— Oui, ça n'est pas beau. Et tu as été malade?

— J'ai été mort.

— Tu en as rappelé?

— J'ai la vie dure.

— Tu sais que ça n'est pas ma faute si je ne suis pas accourue aussitôt ta lettre reçue. Tu as pensé à moi et tu as bien fait. Seulement, quand ta lettre est arrivée chez moi, j'étais absente... pour affaires; enfin je n'étais pas là. Quand je suis rentrée et que j'ai trouvé ta lettre, je suis partie aussitôt pour venir ici. Mais il gelait en diable, et mes chevaux n'ont pas pu monter la côte. Alors j'ai voulu la monter moi-même à pied, mais j'ai vu une femme qui la descendait sur les reins, en montrant ses jambes, ce qui était dramatique et comique en même temps; j'ai eu peur.

— De montrer tes jambes?

— Que tu es bête! De me casser les reins... et j'en ai besoin. Alors je n'ai pas persévéré, me disant que je reviendrais un jour qu'il ferait moins mauvais, et me voilà.

— Tu n'as pas reçu ma seconde lettre?

— Si, mais je suis venue quand même, me doutant bien que, malgré ce que tu me disais, tu aurais besoin de moi. Et que si tu m'écrivais de ne plus me déranger, c'était parce que tu étais fâché. Je ne voulais pas te laisser fâché. Et je voulais t'expliquer pourquoi je n'étais pas venue aussitôt ta lettre reçue. Eh quoi! c'est ainsi, c'est ici que je retrouve le comte de Mussidan?

Du lit sur lequel il s'était assis, il se leva vivement pour venir à elle.

— Chut! dit-il.

— Ah! c'est vrai, ici tu es M. Passereau, et pourquoi ce nom d'oiseau?

— Pour n'être pas connu dans ce quartier.

Il dit ces derniers mots avec dégoût et mépris : « Ce quartier ».

— C'est juste, toi à Montmartre, avenue des Tilleuls, un homme de ton rang!

— Il m'a fallu toute la confiance que tu m'inspires pour que je te donne mon adresse et te demande de venir ici.

— Et aussi ta détresse, n'est-ce pas? Enfin je suis bien aise de voir que tu es mieux... au moins sous le rapport de la santé. Qu'est-ce que tu as eu?

— Je ne sais pas trop. Depuis quelques jours j'avais des malaises, des faiblesses, en marchant des étourdissements, des bourdonnements dans les oreilles, des hallucinations dans la vue.

Elle regarda autour d'elle : le lit, les habits accrochés au mur, les brosses posées sur l'appui de la fenêtre, enfin tout cet intérieur qui criait si lamentablement une misère noire.

— Tu n'avais pas à souffrir de privations? demanda-t-elle sans tourner les yeux de son côté.

— Si. Enfin, un matin en me levant, je me sentis plus faible : ce fut à peine si je pus me lever. Je compris que j'allais être malade. J'étais seul, sous le coup d'une gêne... momentanée, il est vrai, mais cependant réelle. A qui m'adresser? A qui demander des secours?

— Tu as pensé à moi et tu as eu raison.

— Je me suis rappelé ton bon cœur, l'amitié qui a survécu à notre rupture, et je t'ai écrit, bien certain que si tu pouvais tu viendrais. Ç'a été une affaire de porter ma lettre à la poste : j'ai eu tout juste ce qu'il me fallait de force pour remonter ici et me mettre au lit. Ce qui s'est passé alors, je n'en ai pas conscience. J'ai eu la fièvre, j'ai eu chaud, j'ai eu froid, j'ai eu faim, j'ai eu le délire. Il est probable que j'allais mourir, je ne sais trop de quoi, de faim peut-être, quand une jeune fille est venue à mon secours.

— Tiens !

— Elle m'a soigné. Elle m'a réchauffé. Elle m'a donné à boire, à manger. Et, comme la fièvre était usée, je me suis trouvé mieux. Deux bonnes nuits m'ont remis, et me voilà.

— Sais-tu que c'est superbe, ça. Sauvé par une jeune fille ; à ton âge quel triomphe !

— Ne dis pas de niaiseries.

— Tu as bien cinquante ans, n'est-ce pas? Rassure-toi, je ne te demande pas de dates. Quoi qu'il en soit, tu as toujours eu une fameuse chance avec les femmes. En voilà une qui te sauve. Et en voilà une autre, moi, qui arrive pour te sauver. Il est vrai que j'arrive trop tard, mais enfin ; il y a course pour sauver M. le comte de Mussidan, course de femmes. Première, Jenny l'ouvrière ; deuxième, distancée, la baronne de Saint-Hubert par la mère Trognon et le père... Ah ! ça, le père inconnu. Et quand je pense que moi, mauvaise deuxième, j'ai reçu de toi des tripotées dont je vois encore les noirs; là, sous l'œil, t'en souviens-tu? Dis-moi, soldat, dis-moi t'en souviens-tu?

Elle avait débité tout cela d'un ton comique, en riant, mais lui avait pris un air fâché.

— Pourquoi parler de ça?

— Je ne t'en veux pas, au contraire. Tu m'as appris la vie et beaucoup d'autres choses, qui m'ont été utiles. C'est toi qui m'as formée, qui m'as lancée; c'est à toi que je dois cette éducation soignée et ces belles manières... — disant cela, elle se leva et fit deux tours par la chambre en marchant noblement, sa traîne balayant le carreau derrière elle; — ces manières distinguées, les tiennes, qui m'ont permis de devenir madame la baronne de Saint-Hubert... née Trognon. J'en conviens avec toi parce que tu le sais, pour être venu me chercher chez la mère Trognon, quand je n'avais que quinze ans; mais personne ne s'en douterait, n'est-ce pas?

— Tu es une des plus charmantes femmes de Paris.

— Enfin, et quoique je ne veuille pas lutter avec Jenny l'ouvrière, qui m'a déjà battue de plusieurs longueurs, je me mets à ta disposition. A quoi puis-je t'être bonne? Tu as parlé d'une gêne momentanée. J'ai là quelques louis; veux-tu que nous les partagions?

— J'aimerais mieux les avoir tous, j'en ai si grand besoin; et puis je te les rendrais bien vite.

— La tante de Cordes est donc mourante?

— Hélas! non; mais j'ai un moyen sûr de me remettre avec elle.

— En ai-je assez vu, de ces moyens sûrs, tous plus sûrs les uns que les autres, qui devaient nous apporter une partie de la grosse fortune de mademoiselle de Puylaurens, mademoiselle de Podio, comme tu disais. C'est bien ainsi, n'est-ce pas? car, si tu m'as appris beaucoup de choses, tu as négligé de m'apprendre le latin. Nous attendions la réussite du moyen sûr, nous tirions la langue, nous faisions des dettes, et le moyen sûr ne réussissait pas. La tante, de plus en plus exaspérée contre le neveu, tenait serrés les cordons de sa bourse, et nous restions avec nos dettes, à batailler contre les créanciers. Le beau, c'est que tu finissais toujours par me convaincre de l'excellence de ton nouveau moyen; j'y croyais comme toi; j'attendais comme toi sa réussite. Et cela est si vrai, je peux bien te le dire maintenant sans te fâcher, que sans cette attente, je t'aurais planté là plus tôt que je ne l'ai fait, car elle n'était pas drôle, notre vie de misère.

— Tu t'en es consolée et rattrapée.

— Me le reproches-tu?

— Non, je t'en félicite, tu me fais honneur. On sait que j'ai été ton premier amant. On doit le dire quelquefois.

— Si on ne le disait pas, je le dirais moi-même. Je suis fière de toi. Tu étais un homme; si tu cognais, tu avais un caractère, tu étais quelqu'un. Oh! mon pauvre vieux, comme tu ressemblais peu aux jeunes gens de maintenant!

Elle avait tiré de sa poche un joli porte-monnaie recouvert en castor, et elle se préparait à l'ouvrir pour procéder sans doute au partage de ses quelques louis; mais le comte de Mussidan avança la main.

— Au fait, dit-elle, prends contenant et contenu; quand les louis seront partis, il te restera le porte-monnaie qui te fera penser à moi.

— Je n'ai pas besoin de cela pour penser à toi, tu le sais bien; mais je l'accepte cependant avec émotion.

— C'est égal, si l'on m'avait dit, il y a sept ans, qu'un jour, moi Louisa Trognon, fille de la mère Trognon, marchande de bonnets au marché des Carmes, je prêterais quelques louis à monsieur le comte de Mussidan, l'héritier des Mussidan et des Puylaurens, on m'aurait bien étonnée et je ne sais pas si je l'aurais cru.

— C'est justement ces héritages qui sont la cause de mes malheurs; j'ai eu trop jeune la disposition d'une grande fortune, et cela m'a fait prendre certaines habitudes dont je n'ai pas pu me débarrasser. J'avais perdu mon père étant encore enfant; à dix-huit ans, ma mère, qui m'aimait passionnément, m'a émancipé et a remis entre mes mains l'héritage paternel. Il a duré cinq ans. Cinq années superbes, splendides, cinq cent mille francs par an.

Il s'était levé et il marchait par la chambre glorieusement.

— Cinq cent mille francs, des chevaux, des voitures, des femmes, le jeu; j'étais célèbre; on m'enviait, on m'admirait; j'étais une puissance.

A ce souvenir, il s'était transfiguré ; ce n'était plus le misérable qui, dans cette même chambre, avait failli quelques jours auparavant mourir de froid et de faim. Évidemment il était retourné à ces cinq années superbes et splendides. Il se promenait dedans. Il était celui dont il parlait : l'homme envié et admiré de cette époque, admiré surtout ; et si bien qu'il se sentait encore admirable. Sa maladie n'avait été qu'un accident causé par la misère. Sans cette misère, il serait encore, il serait longtemps encore l'homme qu'il avait été. Que lui manquait-il pour cela ? De la meilleure foi du monde il ne le voyait pas. Quand on était bâti comme lui, quand on avait cette tournure, cette prestance, ce grand air, il était bien permis d'être orgueilleux ; c'était tout simplement justice qu'il se rendait. Et même, pour être sincère, il fallait bien reconnaître qu'il lui manquait à vingt ans ce que depuis il avait acquis : l'expérience, la solidité de l'esprit, la sûreté du jugement.

Après s'être ainsi payé ce qu'il se devait à lui-même, il continua :

— Un an après que j'eus vu la fin de l'héritage paternel, ma mère mourut, me laissant une fortune supérieure à celle qui avait fondu dans mes mains, je ne sais vraiment comment. Cette fois, je fus plus sage ; la raison m'était venue, l'expérience de la vie, et cependant, au bout de dix ans, je n'avais plus rien.

— Comme j'aurais voulu te connaître en ce moment !

— Pour m'aider ?

— Non pas tant pour t'aider que pour t'admirer.

Comme tu devais être superbe quand tu n'avais qu'à obéir à ton inspiration !

— Le fait est que j'ai laissé des souvenirs qui sont trop vivaces dans plus d'une mémoire, et qu'il y a des gens qui citent comme modèle le comte de Mussidan. J'en rencontre encore sur le boulevard, de ceux-là ; ils ont l'air de ne pas me connaître, justement parce qu'ils me connaissent trop bien.

— Et c'est alors que tu t'es marié?

— Peu de temps après.

— Quand tu n'avais plus rien. A ce propos, laisse-moi donc t'adresser une question qui m'est venue bien souvent sur les lèvres, mais que j'ai toujours retenue parce que... j'avais peur que tu te fâches et que tu cognes. Comment, toi, si fier de ton nom et avec tes relations, avec une famille comme la tienne, as-tu épousé une écuyère ?

— Mais parce qu'elle m'aimait. Et puis elle avait du prestige. Enfin je dirais qu'elle a été la plus belle femme que j'aie rencontrée, si je ne t'avais pas connue.

— Je t'ai bien entendu dire qu'elle avait pour amies une impératrice et des princesses; je comprends que cela t'ait flatté; mais enfin, il n'en est pas moins vrai que de là à en faire une comtesse de Mussidan, il n'y a pas mal de cerceaux en papier à crever.

— Elle n'a jamais sauté dans des cerceaux, dit-il avec dignité ; et puis, d'ailleurs, ce n'est pas la première écuyère qui ait fait un grand mariage.

— Ça, c'est vrai ; et même c'est extraordinaire comme la haute-école vous prépare à devenir princesse, duchesse ou comtesse; mais cependant, tel que je te connais, je ne te croyais pas homme à faire un pareil mariage.

— Pour la perpétuité de ma race, je devais me marier.

— C'est justement à ta race que je pensais, à ton nom.

— Tu ne sais pas ce que tu dis; j'ai deux superbes garçons qui me ressemblent et qui ne sont que des Mussidan.

— Est-ce qu'ils sont toujours chez la tante de Cordes?

— Non, ils sont à Paris, à l'institution de l'abbé Quentin, rue du Cherche-Midi, où, bien entendu, mademoiselle de Puylaurens paye leur pension; je les fais sortir tous les mois.

— Quel âge ont-ils?

— Sébastien, quatorze ans; Frédéric, treize ans. Ils continueront dignement les Mussidan; je veillerai à ce qu'ils échappent aux entraînements qui m'ont perdu; ils auront ce qui m'a manqué, un père. Sébastien entrera dans la diplomatie et sera ambassadeur; Frédéric entrera dans les ordres et sera évêque. Cela m'assurera une vieillesse agréable; j'irai de chez mon fils l'ambassadeur chez mon fils l'évêque; de Madrid ou de Copenhague à Amiens ou à Marseille; cela mettra de la diversité dans mon existence; et rien n'est meilleur que la diversité pour les vieillards; car je serai un vieillard, un jour.

— Et tu ne crains pas que ta tante leur laisse sa fortune plutôt qu'à toi?

— Ma tante a au plus haut point le respect de la

famille, de ses lois, de ses prérogatives : Je suis le père, c'est à moi que revient sa fortune ; elle ne changerait pas par une disposition particulière ce qui est la loi divine. En tout cas, j'aurais toujours l'usufruit légal de la fortune qu'elle léguerait par testament à mes enfants.

— Pour cela il faudrait qu'elle mourût avant que tes enfants eussent atteint leur dix-huitième année. Je connais ça, l'usufruit légal des parents qui dure jusqu'à la dix-huitième année des enfants ; j'ai été obligée d'attendre les dix-huit ans du petit marquis d'Altonville pour le prendre. Va-t-elle mourir tout de suite ? Quel âge a-t-elle donc ?

— Cinquante-cinq ans.

— Est-ce admirable ! Elle a cinquante-cinq ans, tu en as cinquante et tu dois hériter d'elle... prochainement. Comme l'héritage vous trouble la cervelle ; quand on doit hériter des gens on ne pense pas à leur âge, et qu'ils soient jeunes, qu'ils soient vieux, qu'ils soient bien portants, ils doivent mourir avant nous.

— C'est que justement ma tante est mal portante, elle l'a toujours été. Ma mère est morte à quarante-quatre ans ; sa sœur, de quinze ans plus jeune qu'elle, plus faible qu'elle, devait mourir au même âge ; et elle l'a déjà dépassé de dix ans.

Devant cette assurance elle trouva inutile d'insister, et elle se leva pour partir ; mais un mouvement de compassion la retint.

— Si quelquefois et malgré tout, cette attente se prolongeait, viens dîner avec moi quand tu voudras ; cela rend parfois service d'avoir son couvert mis.

VIII

Les quelques louis de la baronne de Saint-Hubert ne restèrent pas longtemps dans le porte-monnaie en castor.

Les premiers qui en sortirent servirent à payer une demi-douzaine de chemises dont M. de Mussidan avait le plus grand besoin. N'était-il pas triste qu'un homme bâti comme lui, avec un torse qui eût fait l'admiration d'un statuaire, en fût réduit à tenir toujours sa redingote boutonnée sans pouvoir jamais montrer le plastron de sa chemise en développant sa poitrine? C'était pour que cette humiliation cessât qu'il avait décidé cette acquisition. Et c'était pour que les chemises fussent dignes du torse admirable sur lequel elles devaient bomber qu'il les avait prises en toile de Hollande. Ce n'était vraiment pas sa faute s'il était condamné par la nature à ne porter que de belles choses. Ne serait-ce pas se montrer ingrat envers la Providence que de ne pas décorer comme il convenait un de ses ouvrages les mieux réussis?

C'était encore en obéissant à une pensée de gratitude envers la Providence qu'il s'était acheté d'élégantes bottines chez le meilleur cordonnier de Paris. Ne serait-ce pas un péché de laisser des pieds comme les siens, des pieds fins et cambrés, des pieds de race, se déformer dans des chaussures avachies ? C'est dans les œuvres les plus parfaites de la création qu'on apprend à révérer leur auteur.

Les chemises et les bottines payées, car depuis longtemps il n'achetait plus rien à crédit, il lui restait deux louis. Alors la première pensée qui lui vint naturellement, spontanément, comme tout ce qui nous est inspiré par un élan de cœur, fut qu'il devait les employer à faire un cadeau à cette petite qui l'avait secouru.

Elle avait été vraiment très bien pour lui, pleine d'attention, de délicatesse, de discrétion, et il était ainsi fait qu'on ne lui avait jamais rendu service sans qu'il s'en montrât reconnaissant et sans qu'il tînt à affirmer hautement, à prouver sa reconnaissance. Sans doute, cela lui avait plus d'une fois coûté cher. Mais quoi, il était ainsi : on ne reforme pas plus son cœur que sa jambe ou son torse; il était ainsi; ni l'âge, ni l'expérience ne le changeraient. Il lui restait deux louis, toute sa fortune; ils seraient pour elle.

Certainement, comme disent les gens d'une classe inférieure, il ne s'en faisait pas accroire, et si quelqu'un se rendait justice, c'était lui; si quelqu'un se voyait avec ses défauts et ses travers, c'était lui. Oui, il avait des travers; oui, il avait des défauts; il n'avait pas besoin qu'on les lui signalât, il était le premier à les voir et à les reconnaître ; ils lui avaient coûté assez cher pour cela. Mais il avait aussi des qualités, et sérieuses et solides, qu'il voyait et qu'il connaissait tout aussi bien. Il n'était pas assez enfant pour les énumérer dans le but seul de s'en vanter ; aussi était-ce sans le moindre mouvement d'orgueil qu'il se disait qu'il était bon et généreux.

Cette petite avait fait quelque chose pour lui ; son cœur exigeait qu'il fît quelque chose pour elle.

Un autre, à sa place, penserait à garder ces deux louis qui lui étaient tombés du ciel, ou, poussé par le besoin, ne songerait qu'à les employer à son usage personnel ; mais pour lui, Dieu merci, il était au-dessus de ces bas calculs. Son cadeau fait, il n'aurait plus le sou. Eh bien, après ? Ce ne serait pas la première fois que cela lui arriverait. Et puis, la satisfaction de s'être montré généreux, de s'être fait juger par cette pauvre fille ce qu'il était vraiment, ne valait-elle pas quelques pièces de monnaie dans sa poche, et même quelques louis?

Mais quel cadeau pouvait-il bien lui faire ?

Cela méritait d'être examiné et pesé. Il avait été un temps heureux où il lui était permis de donner, pour le plaisir de donner, en se disant que si le cadeau qu'il offrait ne plaisait pas il en ferait un autre. Mais alors il était riche, l'argent glissait entre ses doigts. Maintenant il avait deux louis ; il fallait qu'il ne se trompât point.

Que pourrait lui être agréable, à cette petite ?

Pour résoudre cette question, il faudrait qu'il connût mieux qu'il ne les connaissait, ses goûts, ses idées, ses besoins, et aussi qu'il sût mieux qu'il ne le savait ce qu'elle avait et ce qui lui manquait.

Cependant telle qu'il l'avait vue, il était bien certain que c'était une personne de goûts simples. Elle ne serait pas sensible à une chose de toilette. Elle ne le serait pas davantage à du brillant et du clinquant. Elle était sérieuse. Et puis ce qui était caractéristique, et dans l'espèce plus important, elle aussi elle avait de la bonté, de la générosité. Sans doute c'était une bonté et une générosité instinctives qui ne ressemblaient pas aux sentiments qui étaient en lui; cependant il devait compter avec.

Dans ces conditions il semblait donc qu'il fallait lui faire un plaisir qu'elle pût partager. Il serait plus doux, plus complet pour elle.

Si elle voulait le partager avec quelqu'un, évidemment ce serait avec lui.

Alors il se trouvait ainsi obligé à consulter son propre goût et à se demander ce qui en ce moment pouvait lui faire plaisir; c'était la logique qui le voulait.

Or, après les privations qu'il avait supportées depuis plusieurs mois, d'autre part, en pensant à la saison où ils étaient, il se trouvait que ce qui, en ce moment, pouvait lui faire le plus grand plaisir, ce serait un bon pâté de foie gras. Jamais il n'avait laissé passer la fin de décembre ou le commencement de janvier sans manger un bon pâté arrivant de Strasbourg, dans toute sa fraîcheur, au moment où il a toute sa saveur. Assurément cette petite serait sensible à un pareil cadeau; il la toucherait.

Il n'était pas homme à balancer une résolution ; lorsqu'il en avait arrêté une, il l'exécutait aussitôt.

Ce fut tout superbe et triomphant, en se redressant, la tête haute, qu'il entra chez Chevet, où il n'avait pas pu se montrer depuis longtemps, et que de sa voix sonore il demanda si on avait un bon pâté à lui donner.

— En voici un, monsieur le comte.

Que ce titre, qu'il n'entendait maintenant que bien rarement, fut agréable à son oreille !

— Où faut-il l'envoyer à monsieur le comte ?

— Merci, j'ai ma voiture ; je l'emporte.

Il n'avait pas sa voiture, mais avec la monnaie qu'on lui rendait il pouvait en prendre une, ce qu'il fit pour n'être pas reconnu dans les rues de Paris, un paquet à la main.

Il ne fut pas moins superbe en entrant dans la chambre d'Angélique, son pâté sous le bras gauche.

Une satisfaction orgueilleuse éclairait si naïvement son visage, qu'en le voyant s'arrêter dans le cadre de la porte, Angélique, après l'avoir observé un court instant, s'écria :

— Il vient de vous arriver quelque chose d'heureux, n'est-ce pas ?

— Oui, mon enfant : le plus vif plaisir que puisse éprouver un galant homme.

— Quel bonheur !

— Celui de faire plaisir.

Après avoir posé son pâté sur la table et s'être débarrassé de son pardessus, il s'assit carrément dans le fauteuil, sa place ordinaire et étendit la main en avant comme pour commencer un discours. Mais à ce moment Gros-Milord, qui avait sauté sur la table, vint sentir le pâté; il reçut aussitôt une petite tape qui le fit redescendre vivement.

— Il faut être doux avec les bêtes, dit M. de Mussidan, mais enfin pas jusqu'à s'en laisser importuner.

Puis il reprit son idée :

— Mon enfant, vous m'avez rendu un grand service; je ne veux pas vous le payer; au contraire je veux vous le devoir toujours; mais je veux au moins vous montrer que j'en suis reconnaissant. Si des événements dont j'attends la réalisation s'étaient accomplis, rien ne m'eût été plus facile que de faire cette preuve noblement, d'une manière digne de vous et de moi. Mais les temps sont difficiles et cette réalisation est encore retardée, pour peu de temps j'espère; enfin elle l'est. Dans ces conditions j'ai fait, non ce que j'aurais voulu, mais ce que j'ai pu.

— Il fallait ne rien faire.

— Il le fallait pour moi. J'ai cherché ce qui pouvait vous être agréable, dans un cercle bien restreint malheureusement, et je me suis dit : « Qu'est-ce qui va être bien contente si je lui apporte pour dîner un bon pâté de foie gras, un bon pâté de Strasbourg? »

— Comme je suis touchée de votre intention! s'écria-t-elle avec une voix tremblante d'émotion.

— Et du pâté. Il faut en être heureuse aussi du pâté.

— Oh! j'en suis heureuse! Seulement je n'en ai jamais mangé.

4.

— C'était bien ce que je pensais, s'écria-t-il en caressant ses longs favoris, je me disais : « Sans moi, elle n'en aurait jamais mangé. »

Il pressa le dîner ; il avait hâte de se mettre à table et de faire les honneurs de son pâté.

Lorsque vint le moment de l'entamer, il demanda un verre plein d'eau et une cuiller.

— Voulez-vous du sucre, dit-elle.

— Non, vous allez voir.

En effet, elle le vit tremper la cuiller dans l'eau avant de l'enfoncer dans le pâté, et cela l'étonna beaucoup ; mais elle se garda bien de lâcher une nouvelle bêtise : le sucre lui avait suffi.

— Eh bien ? demanda-t-il quand elle eut mangé la première bouchée.

— C'est meilleur que des rillettes.

Il était trop galant homme pour laisser voir combien cette comparaison le suffoquait. Des rillettes !

— Je n'en ai jamais mangé, dit-il avec dignité.

Elle comprit qu'elle avait encore dit une bêtise.

IX

Que M. de Mussidan eût sa poche pleine ou vide, il ne s'inquiétait que de sa dépense présente ; jamais il ne prenait souci de celle du lendemain. Qu'il eût ce qu'il fallait pour payer aujourd'hui, cela lui suffisait ; plus tard comme plus tard ; on verrait ; il pouvait arriver tant de choses !

Ses chemises, ses bottines et son pâté payés avec les quelques louis de la baronne de Saint-Hubert, il arriva qu'il se trouva sans le sou le 1er janvier. C'était là un incident auquel il était habitué ; mais, ce jour-là, il devait faire sortir ses deux fils, les promener, leur offrir à dîner, et la situation devenait embarrassante.

Un autre, à sa place, se fût tiré de cette situation en contant son embarras à sa voisine, et celle-ci eût certainement été heureuse de lui prêter ce qu'il lui fallait ; elle avait des économies, cela ne l'eût pas gênée. Mais il était lui, il n'était pas un autre. Il avait sa dignité, sa fierté qu'il faisait passer avant tout ; il était comte de Mussidan.

Le 1er janvier, après un déjeuner matinal avec sa

voisine, il la quitta pour se rendre rue du Cherche-Midi : peut-être rentrerait-il pour dîner, peut-être ne rentrerait-il point ; il avait des obligations à remplir et n'était point son maître. Il la priait donc de ne pas l'attendre. Elle eût bien voulu cependant avoir une certitude, de façon à pouvoir rester à dîner à Asnières avec les Limonnier, au cas où il ne rentrerait point ; mais elle n'osa pas parler de cela, elle reviendrait vers six heures, après avoir fait une simple visite à ses amis.

De Montmartre à la rue du Cherche-Midi, la course est longue ; mais elle n'était pas pour effrayer un bon marcheur comme lui. Justement le temps était beau, il faisait une journée d'hiver sèche et claire, et c'était un plaisir de s'en aller par les rues enfin nettoyées, plus propres qu'elles ne l'avaient été depuis longtemps. Sans penser à la légèreté de son porte-monnaie, il s'avançait d'un pas régulier, la tête haute, la poitrine effacée, la canne sur l'épaule, la main gauche sur la hanche droite, rejetant en arrière le pan de son pardessus, de façon à en bien montrer la doublure. Et devant ce bel homme à la noble prestance, qui semblait avoir pris possession du trottoir, les nombreux passants qui se hâtaient « d'aller remplir leurs obligations » lui faisaient place, — ce qu'il trouvait tout naturel et convenable. Un homme comme lui ! Il n'y avait que pour les femmes qu'il se dérangeait, et il le faisait galamment.

C'était une institution modèle que celle de l'abbé Quentin et qui n'admettait qu'un nombre limité d'élèves ; tout le monde n'y était point reçu, et certainement on y eût refusé les fils du comte de Mussidan, le viveur déchu. Si on les avait acceptés, c'était parce qu'ils étaient les neveux de la pieuse mademoiselle de Puylaurens, — personne aussi recommandable par sa naissance que par ses vertus. Bien que M. de Mussidan sentît parfaitement que cet abbé Quentin, qu'il aimait peu d'ailleurs, — un cuistre, — n'avait pas pour lui l'estime à laquelle il croyait avoir droit, il lui témoignait cependant la plus grande déférence ; jamais il ne venait rue du Cherche-Midi sans commencer par lui faire sa visite, et ce n'eût pas été en un pareil jour qu'il eût manqué à ce devoir de politesse.

— Et mes fils, monsieur l'abbé, en êtes-vous plus content ?

— Moins encore, monsieur le comte.

— Voilà qui est pénible pour un père, et cependant, la dernière fois que je les ai vus, je leur ai adressé un discours qui devait produire son effet ; si vous l'aviez entendu, vous en auriez été content.

— Sébastien ne pense qu'à s'attifer, se pommader ; Frédéric a toujours des cartes ou des dés dans ses poches, quelque surveillance qu'on exerce. Tous deux sont aussi cancres l'un que l'autre ; ils ne font rien, rien, rien.

— Voilà qui est particulier.

— N'était ma considération et mon respect pour mademoiselle de Puylaurens, je les lui rendrais. Mais aussi elle les gâte trop, malgré ce que je lui dis. Ne vient-elle pas encore de leur envoyer pour leurs étrennes cent francs à chacun ! Sébastien va gaspiller son argent en cravates, en gants, en savons ; Frédéric va le jouer n'importe comment, quand ce ne serait qu'aux billes.

— Il ne faut pas que cela soit, monsieur l'abbé ; moi leur père, je me charge de l'empêcher ; faites les appeler, je vous prie.

Ils ne tardèrent pas à arriver : c'étaient deux beaux garçons, l'un de quatorze ans, l'autre de treize ans, qui tous deux ressemblaient à leur père d'une façon frappante.

— J'en apprends de belles sur vous, dit M. de Mussidan après leur avoir tendu la main et en retroussant les larges manches de sa limousine comme un avocat qui commence son discours. Vous ne travaillez pas, vous n'apprenez rien, et, au lieu de vous préparer à soutenir l'honneur de votre nom, vous ne pensez : toi, Sébastien, qu'à des futilités de toilette ; toi, Frédéric, qu'au jeu. Est-ce que Guillaume de Puylaurens, un de vos ancêtres, serait devenu ambassadeur de Raymond VII à la cour de Rome, en 1245, s'il n'avait pas acquis un savoir que peu d'hommes de son époque possédaient ? Est-ce que Sébastien de Mussidan, évêque d'Albi, aurait été au quatorzième siècle une des lumières de la chrétienté s'il ne s'était pas donné entièrement à l'étude ?

Les deux enfants chuchotèrent quelques mots que M. de Mussidan n'entendit pas.

— Que dites-vous ? demanda-t-il. Allons, répétez-le, je le veux.

— Que je n'ai pas envie de devenir évêque, dit Sébastien.

— J'entends que tous deux vous deveniez des hommes, et c'est de mon devoir d'agir pour que cela soit. Votre tante vous gâte, elle vous perd en vous comblant de cadeaux qui vous distraient. Elle vient de vous envoyer cent francs pour vos étrennes. Il est mauvais, il est imprudent qu'une aussi grosse somme reste entre vos mains. Vous n'aurez pas d'autre idée que de la dépenser ; remettez-la-moi.

D'un même mouvement les deux enfants firent trois pas en arrière.

— Je vous la rendrai, louis par louis, quand vous l'aurez mérité par votre bonne conduite et votre travail. Allons, cet argent, je l'exige.

Les enfants hésitèrent, et il passa dans leurs yeux comme un éclair de révolte, mais, sous les regards de leur père et ceux de l'abbé Quentin, ils finirent par céder et tendre l'un et l'autre, en rechignant, le billet de banque qu'ils avaient reçu le matin même, et sur lequel ils avaient déjà échafaudé tant de projets.

Dans la rue ils marchèrent devant leur père sans lui dire un mot.

— C'est parce que je vous ai pris votre argent que vous êtes de mauvaise humeur ? dit M. de Mussidan au bout d'un certain temps.

— Oui.

— Croyez-vous donc que je veux vous le confisquer ? Je veux qu'il ne vous empêche pas de travailler, voilà tout. Et, pour cela, le mieux est de le dépenser... pour votre plaisir. Voici ce que je vous propose : nous allons prendre une voiture et nous irons au bois de Boulogne.

— Il n'y aura personne au Bois aujourd'hui, dit Sébastien, qui paraissait connaître les usages du monde.

— Il y aura les étrangers : les Anglais, les Américains, les Allemands, les Russes, tous ceux qui ne fêtent pas le jour de l'an aujourd'hui, et ils sont nombreux. Après cette journée de promenade, nous irons dîner au café Anglais, à la Maison d'Or, chez Vachette, où vous voudrez.

— A la Maison-d'Or, dit Sébastien, c'est plus chic.

— Voici une voiture, dit Frédéric.

— Un fiacre. Ah ! non, répondit Sébastien. Es-tu bête !

Ce fut une affaire de trouver une voiture qui ne fût pas un fiacre. En fiacre, l'héritier de Sébastien de Mussidan, qui fut une des lumières de la chrétienté ! Enfin, après une longue attente chez Brion, on en obtint une digne du père et du fils.

La promenade au Bois fit oublier aux enfants leur mauvaise humeur et leurs regrets; le dîner qui fut plantureux et exquis, les égaya tout à fait.

— Vous êtes-vous bien amusés? dit M. de Mussidan en les ramenant le soir.

— Oh ! oui !

— Eh bien ! je vais vous dire un mot qui sera la morale de cette journée et que vous ne devrez pas oublier : c'est que, quand on s'est amusé, on a employé son argent pour le mieux, et alors il ne faut pas le regretter.

X

C'était sans qu'ils en eussent parlé entre eux, sans invitation aucune, sans acceptation que l'habitude s'était trouvée prise que M. de Mussidan déjeunât et dînât tous les jours chez sa voisine.

Tous les soirs, après dîner, elle lui posait la même question :

— Que voulez-vous pour demain ?

Et tous les soirs il lui faisait la même réponse :

— Peu de chose, un rien.

— Mais je vous en prie..

— Non, ce que vous voudrez.

A son grand regret elle n'en pouvait pas tirer davantage.

Il avait la prétention de pousser sur ce point la discrétion jusqu'à l'extrême; ce ne serait pas lui qui entraînerait cette brave fille dans des dépenses inutiles. Sans doute la cuisine simple et plus que primitive qu'elle faisait : le pot-au-feu, un bifteck, une côtelette, un morceau de foie sauté, un lapin à la casserole, n'était pas pour lui plaire; mais il se fût fait un cas de conscience de le lui dire ; cela n'eût pas été d'un galant homme. « Ce que vous voudrez ; peu de chose, un rien. »

Et c'était toujours de belle humeur qu'il mangeait ce peu de chose, même quand il le trouvait exécrable. N'est-ce pas par ces petits côtés de la politesse que s'affirme le mieux l'honnête homme ?

Lui dire que sa côtelette était coriace, que son lapin sentait le graillon, trouver le vin sur, allons donc ! Au contraire, il s'appliquait à tout louer : excellente, la côtelette, tendre et succulente, aussi bien cuite que bien choisie ; délicieux le lapin ; comment donc se procurait-elle d'aussi bon vin ?

De même il s'appliquait à égayer ses repas et à les assaisonner d'un aimable entrain. Il en était de sa conversation comme de sa cuisine : un peu simple, un peu bien primitive. Il devait se mettre à sa portée tout en la relevant un peu. Ce n'était pas sa faute : elle n'avait rien appris, elle n'avait rien vu ; heureusement le fond était bon ; il ne lui manquait que d'être cultivé. Elle avait du bon sens, de l'intelligence ; elle faisait tout ce qu'elle pouvait pour comprendre.

En cela il ne se trompait pas, non seulement pour comprendre, mais encore pour sourire, pour s'émouvoir, pour applaudir, pour montrer combien elle était touchée et reconnaissante de ce qu'il faisait pour elle.

Elle sentait bien que c'était par politesse, par générosité qu'il trouvait sa côtelette tendre et son vin excellent ; elle sentait bien aussi que c'était pour elle qu'il soutenait ainsi la conversation, variant les sujets et les choisissant toujours de façon à l'intéresser.

Et tandis qu'il parlait, elle oubliait souvent de manger, le regardant, l'admirant, aussi touchée de ce qu'il disait que de la façon dont il le disait.

Il savait donc tout? il avait donc tout vu, les pays, les choses et les hommes? Qu'il racontât une histoire se passant en Égypte, en Russie, en Amérique, il y avait été. Le roi Louis-Philippe, il l'avait connu; l'empereur Napoléon III, il avait été son ami à Londres quand celui-ci n'était que le prince Louis; il avait monté un cheval qui lui avait été donné par une impératrice; des comédiens comme Lafont, comme Bressant, lui avaient demandé ses conseils pour s'habiller; Horace Vernet l'avait mis dans plusieurs de ses tableaux; Dubufe avait fait son portrait.

Là-dessus il avait des histoires intarissables qu'il racontait avec une verve amusante et dans lesquelles il remplissait toujours le premier rôle : — On lui avait demandé? — Il avait répondu. — Au moment décisif il était intervenu d'une façon presque miraculeuse, et ce qu'il y avait d'admirable c'est que jamais on ne pouvait le soupçonner d'arranger les choses à son avantage. Évidemment ce qu'il racontait il l'avait vu, ou il l'avait fait : cela sautait aux yeux; cela s'imposait pour elle, qui ne pensait pas à se demander ce qu'on avait pu ajouter après coup à ces récits pour les rendre plus saisissants et surtout... plus vrais.

Quel homme était-il donc, cet ami d'un roi, d'un empereur, d'une impératrice, ce modèle des grands comédiens, cet inspirateur des grands peintres?

Elle restait devant lui bouche béante, non seulement par admiration, mais encore par prudence, n'osant point parler elle-même, de peur de dire quelque niaiserie, ou de lâcher quelque grosse ignorance.

Et cependant souvent il lui semblait qu'elle pourrait répondre, comme si elle comprenait, comme si son esprit s'ouvrait à des idées auxquelles elle serait restée étrangère jusqu'à ce jour.

Mais elle ne devait pas ainsi se fier à son intelligence ; c'était parce qu'il parlait bien, c'était parce qu'il descendait jusqu'à elle, et non parce qu'elle s'élevait jusqu'à lui, qu'elle comprenait.

Comme elles étaient remplies, ces heures des repas et de la causerie ! comme elles lui suggéraient des sujets de pensées, de rêveries, de souvenirs, quand elle restait seule dans la journée, tandis qu'il faisait sa promenade ordinaire, ou le soir quand il s'allait coucher et qu'elle continuait son travail.

Quel changement dans sa vie ! Comme le présent ressemblait peu au passé !

Depuis la mort de sa mère, elle était restée seule, n'ayant personne dans son intimité, personne avec qui s'entretenir, à qui confier ses tristesses ou ses joies. Certainement, ses vieux amis, les Limonnier, étaient bons pour son cœur. Elle était heureuse quand elle pouvait les voir ; elle savait qu'elle pouvait compter sur eux, sur leur affection, sur leur dévouement. Mais dans leur conversation, c'était toujours le même ordre d'idées qui défilait, et ces idées ne tournaient que dans un cercle étroit, absolument personnel. Pour eux n'existaient que les gens qu'ils connaissaient. C'était un événement considérable dont ils parlaient pendant plusieurs mois que le déménagement de madame Durand; et la mort de M. Lucas, quelle affaire! et le mariage de mademoiselle Lerouge, qui aurait cru cela! Il y a avait aussi la gelée, et puis la sécheresse et les inondations.

N'était-il pas curieux que ce qui s'était passé en Egypte ou en Turquie bien des années auparavant la touchât plus que ce qui venait d'arriver rue des Abbesses? N'était-il pas extraordinaire que des idées générales eussent plus d'intérêt pour elle que celles qui s'appliquaient à des choses qui lui étaient familières? Il y avait là comme une initiation à des pensées nouvelles, comme une introduction dans un monde inconnu, qu'elle avait plus d'une fois vaguement pressenti, mais sans le voir jamais.

Ce n'était pas uniquement l'esprit qui s'éveillait en elle à des idées nouvelles, c'était encore la femme qui entrait dans un ordre de sentiments jusque-là ignorés.

Jamais il ne l'abordait sans lui adresser un mot aimable et gracieux; chaque jour il avait un compliment nouveau pour elle, et si bien dit, qu'elle ne pouvait qu'en être touchée sans s'en effaroucher jamais : tantôt à propos de ses cheveux dont il louait la finesse, tantôt à propos de son regard dont il admirait la douce expression, tantôt à propos de sa robe qui lui allait bien et la montrait tout à son avantage. Quelquefois il lui rapportait des violettes. Ce n'était qu'un bouquet d'un sou, mais c'était un bouquet, et jamais un homme ne lui en avait offert. Et puis il avait une façon de l'offrir qui en faisait le plus beau bouquet du monde.

Il n'eût pas eu certainement d'autres manières avec ces belles femmes, ces belles dames du monde dont il lui parlait souvent; il n'eût pas été plus aimable, plus gracieux pour elles; il ne les eût pas traitées avec plus de galanterie.

De tous les sujets qu'il abordait dans leurs entretiens, c'était celui-là qui la remuait le plus profondément. Comme elle l'écoutait lorsqu'il lui expliquait comment les femmes savaient plaire! comme elle était attentive et réfléchie lorsqu'il lui disait que la femme n'était pas faite pour travailler, mais pour charmer!

— Et comment charment-elles?

C'était la question qu'elle lui répétait toujours.

Alors il le lui expliquait ou plutôt il racontait des histoires; il citait des faits, des exemples qui l'expliquaient d'une façon autrement saisissante, autrement vivante qu'il n'aurait pu le faire par de froides déductions.

A la vérité jamais il ne disait: « C'est ainsi que telle chose s'est passée avec moi, » et là dessus il se tenait renfermé dans une certaine discrétion, au moins en paroles, car ses sourires, ses regards, ses ports de tête, ses clignements d'yeux, et surtout la façon dont il se renversait dans son fauteuil en gardant un silence recueilli, avaient leur éloquence.

Mais ce qu'il ne disait point, elle le disait, elle. « C'était lui, c'était à lui que ces femmes avaient voulu plaire. » Comme elles avaient été heureuses, celles qui avaient réussi ! et comme elles avaient été désespérées, celles qui avaient échoué !

Et pendant qu'il parlait elle le regardait, oubliant de travailler, baissant les yeux aussitôt qu'il relevait les siens. Si elle avait osé, elle l'aurait interrogé pour en apprendre davantage ; mais quand il se taisait, elle restait muette, réfléchissant, tirant son aiguille plus lentement.

XI

Dans cette vie nouvelle, si différente du passé, toute remplie, tout heureuse pour elle, deux points cependant la peinaient.

Une autre n'en eût point été touchée, ne les eût peut-être même pas remarqués ; mais quand on vit seule, sans parents, n'ayant pour amis que deux braves gens qui n'occupent ni votre pensée, ni votre cœur, ou du moins qui les occupent assez peu pour qu'on ne se sente pas tiré de soi-même, les moindres choses prennent une importance exagérée.

Quoi qu'elle fît pour ne pas le voir, quoi qu'elle se dît, il était évident que son voisin ne traitait pas Gros-Milord en ami, ni le serin non plus ; et elle eût été si heureuse qu'ils fussent ses amis !

Ils avaient été les siens, à elle, pendant les mauvais jours ; et ce qu'elle avait eu de bon, c'était eux qui le lui avaient donné : le serin, par ses chansons, Gros-Milord par ses caresses. Que de journées mélancoliques avaient été égayées par le tapage de cet oiseau sautillant, sifflant, toujours en mouvement dans sa cage ! Que de pensées tristes avaient été chassées par les caresses du chat! Fût-elle restée avec tant de résignation dans sa chambre si elle ne les avait point eus près d'elle. Pour les heureux de ce monde les bêtes sont des bêtes qu'on prend, qu'on repousse selon la fantaisie du moment, pour les abandonnés, elles sont des camarades.

Mais lui ne les voyait pas ainsi : quand il parlait, si le serin se mettait à siffler il s'interrompait aussitôt d'un air agacé ; si la chanson continuait, il se levait d'un mouvement de mauvaise humeur en s'écriant :

— C'est assourdissant, on ne s'entend pas parler.

Et il s'en allait se promener, fâché, par la ville.

Il n'y avait pas de danger que Gros-Milord lui sautât sur les genoux, les bêtes ne sont pas si sottes que ça ; mais souvent, au beau milieu d'une histoire personnelle dans laquelle il était question du prince Louis ou d'une noble dame, tout à coup il sautait sur sa maîtresse et, avec un ronron bruyant, des coups de tête, des ondulations de l'échine, des tassements de pattes, il la distrayait.

Aussitôt l'agacement reparaissait, et si elle ne chassait pas le chat, c'était le conteur qui quittait la place, intenable pour lui, dès lors qu'elle ne lui appartenait pas exclusivement.

— Quel tyran, cet animal! disait-il en partant.

Pour le serin, elle eut l'idée de le mettre dans la cuisine, et, comme dans ce trou noir le soleil ne paraissait jamais, l'oiseau y restait tranquille sans bouger et sans siffler. Aussitôt le voisin parti pour sa promenade ordinaire, elle sortait le prisonnier de son cachot et le réinstallait en belle place au soleil, au coin de la fenêtre, en lui disant des paroles de nourrice. Réchauffé par le soleil, rassuré par la voix qu'il connaissait, l'oiseau chantait gaiement jusqu'au moment où, le voisin pouvant rentrer, on le réintégrait dans la cuisine.

Mais il ne pouvait pas en être ainsi avec Gros-Milord, qui était un personnage volontaire, habitué à être traité avec égard. Si on l'avait enfermé dans la cuisine, il aurait si bien miaulé, si bien gratté à la porte, que ce tapage aurait été plus gênant encore que son ronron.

Elle avait essayé de mettre le chat bien avec le voisin, et, de même, elle avait essayé aussi de mettre le voisin bien avec le chat ; mais elle n'avait réussi ni d'un côté ni de l'autre. Tous deux se traitaient en ennemis. Le voisin appelait le chat : « Vilaine bête. » Le chat n'adressait aucune injure au voisin, mais aussitôt que celui-ci entrait, il allait se mettre dans un coin, sous une chaise ou sur l'armoire à glace, et là, en sûreté, il le regardait avec des yeux mi-clos que, de temps en temps, il fermait sournoisement quand on se tournait de son côté : « Moi, je ne pense pas à vous, je dors. »

Comment tout cela finirait-il ? C'était pour elle un sujet de véritable inquiétude.

D'ordinaire, Gros-Milord cédait la place qu'il occupait au moment même où il voyait entrer son rival ; mais parfois aussi, soit qu'il fût surpris dans son sommeil, soit qu'il fût ce jour-là d'humeur belliqueuse, il s'arc-boutait sur ses quatre pattes en faisant le gros dos, le poil hérissé, grognant et crachant.

— Voyez donc la vilaine bête, disait le rival, il me crache à la figure. Et vous le laissez faire ?

Certes, non, elle ne le laissait pas faire : elle le prenait dans ses bras en s'efforçant de le calmer.

— Il ne manque plus que vous le caressiez.

Un matin qu'il arrivait pour déjeuner, il trouva Gros-Milord installé sur la table où le couvert était déjà mis. Il avait cela en horreur et en dégoût. Il voulut le chasser :

— A bas ! à bas !

Mais au lieu de sauter à bas, le chat se hérissa en montrant les dents.

Angélique étant occupée dans la cuisine, il ne put pas l'appeler pour qu'elle renvoyât son chat et voulut le chasser lui-même en lui donnant une tape. Il la donna, en effet. Mais à cette tape et avant qu'il eût retiré sa main, le chat répondit par un coup de griffe qui déchira la peau.

Angélique entrait à ce moment même ; elle vit lancer le coup de patte et presque aussitôt la main égratignée.

— Vous voyez, vous voyez ! dit-il en présentant sa main.

— Ah ! mon Dieu ! Je vais vous laver la main.

— Je vais la laver moi-même.

Et, indigné, il sortit ; elle le suivit ; il lui ferma sa porte au nez.

Rentrée chez elle, désolée de cette bataille entre

ses deux amis, elle prépara une phrase pour quand il reviendrait.

Mais il ne revint pas, et quand elle alla à sa porte pour lui dire que le déjeuner refroidissait, elle ne trouva personne. Il était parti, vraiment parti, car son chapeau n'était plus là.

Pour la première fois elle gronda Gros-Milord :

— Qu'est-ce que tu as fait ? qu'est-ce que tu as fait ? Le méchant !

Cela ne la calma pas. Elle ne put pas manger ; et elle se remit au travail sans avoir déjeuné, tristement, cherchant comment les réconcilier, tout en pensant à sa phrase d'excuses et la perfectionnant pour la bien dire quand il rentrerait.

Mais ce ne fut pas lui qui entra. Comme elle avait entendu des bruits de pas sur le palier et qu'elle avait couru ouvrir sa porte, elle trouva devant elle ses amis, M. et madame Limonnier, qui arrivaient d'Asnières pour la voir.

Comme toujours, ils étaient pleins d'histoires, et il fut longuement question de M. Durand, de M. Lucas et de mademoiselle Lerouge, sans oublier la neige et le dégel.

— Figurez-vous, ma bonne petite, que je voulais vous apporter des pommes, dit madame Limonnier ; j'en avais mis de côté pour vous ; les souris nous ont tout mangé ; elles entrent même dans les armoires.

— Nous en sommes *infectés*, dit M. Limonnier, qui avait un riche répertoire de locutions particulières, en inventant quelques-unes et s'appropriant avec un véritable génie celles qu'il entendait.

— Tels que vous nous voyez, continua madame Limonnier, nous cherchons un chat. Mais nous sommes bien embarrassés : un jeune ne prendra pas nos souris, et un qui ne serait pas jeune aura sans doute de mauvaises habitudes...

— Il nous en faudrait un comme Gros-Milord, dit M. Limonnier.

Ce fut un éclair pour Angélique. Si elle leur prêtait Gros-Milord pour quelques jours. Pendant ce temps sa mauvaise humeur s'apaiserait. M. Passereau n'était pas homme à garder sa rancune. Gros-Milord était trop bon pour rester fâché. Et puis, chez les Limonnier, il serait très bien soigné, Gros-Milord, bien nourri, bien couché, il aurait le jardin pour se promener, des arbres pour faire ses griffes, du chiendent à manger. Puisqu'ils étaient dévorés par les souris, il n'y avait donc pas de chats dans le voisinage, partant pas de bataille à craindre. Elle était certaine de le retrouver en bon état. Dans ce petit voyage il n'y aurait que le chagrin de la séparation pour lui et pour elle ; mais il semblait que, dans les circonstances présentes, le mieux était de se résigner à ce chagrin.

— Si vous voulez, dit-elle, je peux vous prêter Gros-Milord.

— Nous prêter Gros-Milord !

Cela était si extraordinaire que tout d'abord ils ne voulurent pas croire la chose possible ; puis quand ils se furent rendus à l'évidence, ils n'osèrent pas accepter !

Enfin il fut convenu qu'elle conduirait le chat à

Asnières le lendemain, qui était un dimanche, et qu'elle l'installerait elle-même.

— Alors à demain, dit M. Limonnier; si je ne vous revois pas, portez-vous bien.

C'était encore là une de ses locutions familières à laquelle il ajouta cette autre, qu'il affectionnait :

— Je voudrais avoir autant de pièces de cent sous que je dormirai bien cette nuit. Mille-z-amitiés.

XII

L'intimité « du monsieur du troisième » avec « la repriseuse » faisait le sujet ordinaire des conversations dans toute la maison.

Angélique ne tarda pas à remarquer que ses voisines n'étaient pas avec elle comme elles l'avaient été jusqu'alors. Quand elle les rencontrait dans l'escalier ou sur les paliers, on la regardait d'une singulière façon, et il y en avait, plus gaillardes que les autres, qui lui adressaient des plaisanteries qu'elle fut assez longtemps à comprendre. Qu'avaient-elles donc? Que se passait-il? Elle sentait bien que ce n'était pas de la malveillance, mais plutôt de la curiosité malicieuse.

Pourquoi cette curiosité malicieuse? C'était ce qu'elle se demandait sans trouver de réponse à cette question.

Mais un jour une plaisanterie plus précise que les autres lui ouvrit l'esprit.

Elle rentra chez elle indignée, malheureuse et honteuse.

Ces femmes étaient aussi bêtes que méchantes, ou plutôt elles n'étaient que bêtes ; elles ne savaient pas. Elles la jugeaient d'après elles-mêmes, comme elles jugeaient M. Passereau d'après les hommes qu'elles connaissaient.

Elles ne l'avaient donc jamais regardé, jamais vu ! Est-ce qu'avec son grand air, sa tournure de vainqueur, ses manières distinguées, il pouvait penser à une femme comme elle, une pauvre fille, une ouvrière, lui qui avait connu tant de grandes dames et qu'une baronne de Saint-Hubert venait voir ? N'avaient-elles pas encore dans les oreilles le frou frou des jupons de cette baronne et le piaffement de ses chevaux ? N'avaient-elles pas encore dans les yeux l'éblouissement des panneaux armoriés de sa voiture ?

Qu'elle pensât à lui, elle ; qu'elle se dît qu'une femme devait être heureuse de l'aimer et d'être aimée par lui ; qu'elle le vît beau, intelligent, instruit, amusant, aimable, spirituel, enjoué, plein d'entrain ; qu'elle lui trouvât du prestige, qu'elle l'admirât, cela était tout naturel. Elle le connaissait, et bien certainement c'était un homme supérieur ; elle n'avait pas besoin de savoir sa vie pour en être convaincue. Cette supériorité était éclatante, elle s'imposait ; il n'y avait qu'à le regarder, il n'y avait qu'à l'écouter. Son âge n'avait rien pour déplaire à une fille comme elle, qui n'avait jamais vu la vie que du côté sérieux. D'ailleurs quel âge avait-il ? Quarante ans ? cinquante ans ? L'âge qu'on voulait lui donner. Pour elle, son âge n'était rien ; elle ne s'en rendait pas compte. C'était lui qu'elle voyait, rien que lui, et paré de tous les mérites.

Mais c'était simplement en théorie qu'elle pensait à lui, et c'était le personnage de roman qu'elle voyait, celui qui était entré dans sa vie d'une façon romanesque, non l'homme qui provoquait les bavardages de ses voisines.

Cependant, une fois que son esprit eût été ainsi averti, elle fit certaines remarques qui l'étonnèrent d'autant plus que ce qui la frappait maintenant n'était pas nouveau et existait depuis les premiers jours qu'ils s'étaient connus. Comment avait-elle attendu jusque-là ? Cela tenait sans doute à ce qu'elle n'était pas de celles qui ouvrent les yeux, mais de celles à qui on les ouvre; il fallait qu'on lui fît signe, elle ne se faisait pas signe elle-même, et alors elle comprenait aussi bien que n'importe qui.

Ainsi on ne l'avait jamais regardée comme il la regardait; il y avait dans ses yeux une attention qu'elle n'avait vue dans les yeux d'aucun homme, comme de la curiosité, comme de l'intérêt, et aussi quelque chose qu'elle ne connaissait pas, qu'elle ne savait pas définir, qui lui était doux et qui cependant la troublait.

Ce trouble qui, en réalité, lui était agréable devenait quelquefois gênant quand il lui adressait certains compliments sur sa personne; ainsi quand il lui parlait de ses cheveux, ce qu'il faisait souvent, de ses yeux, de son sourire.

Est-ce que, quand on offrait un bouquet à une femme, on avait toujours ce désir de faire plaisir?

Cela elle ne le savait pas, puisqu'il était le premier qui eût la pensée de lui donner des fleurs; mais il lui semblait que non.

Est-ce que, quand on ne s'intéresse pas à une femme, on lui donne des conseils pour sa toilette, pour sa coiffure?

S'il lui donnait des conseils pour la rendre plus agréable, s'il essayait de l'élever jusqu'à lui, s'il était sensible à ce qu'elle pouvait devenir, il voyait donc en elle une femme.

Et pourquoi non?

D'autres qui ne valaient pas plus qu'elle s'étaient bien mariées et même avaient fait de beaux mariages. Elle avait, à propos de ces beaux mariages, entendu des histoires racontées par les Limonnier qui prouvaient que des hommes dans de grandes situations avaient épousé des filles qui n'étaient pas plus qu'elle. Il n'était pas dans sa nature d'être fière d'elle, ni même d'en être contente; mais enfin, il lui semblait que, pour le cœur, le dévouement, la tendresse, elle était l'égale de toutes. Cela, elle le sentait, elle en était sûre. Plus qu'une autre elle pourrait rendre heureux celui qu'elle aimerait et qui l'aimerait.

Tel qu'elle le voyait et croyait le bien connaître, il devait être sensible à ces qualités de cœur.

Pour être venu se réfugier avenue des Tilleuls, pour avoir failli mourir de faim, abandonné par tous, il fallait qu'il eût éprouvé de grands malheurs; dans cette situation, ne serait-ce pas pour lui une joie en même temps qu'une consolation de se sentir aimé?

Si en ce moment encore il était jeune, il devait vieillir plus vite qu'elle, puisqu'il avait le double de son âge ; devenu vieux, vraiment vieux, ne serait-ce pas un soutien d'avoir près de lui une femme jeune encore ?

Elle l'aimerait, elle le soignerait ; ainsi elle serait pour lui femme et fille à la fois.

Elle n'avait pas à espérer que jamais dans sa vie elle pût retrouver un mari comme celui-là. Qui viendrait la chercher dans cette chambre où elle travaillerait jusqu'à sa mort ? Elle n'avait pas de relations, elle ne connaissait personne. Ce ne serait pas avec son caractère, ses habitudes, avec sa timidité qu'elle irait à la chasse d'un mari. Qu'il s'en présentât un par hasard, ce qui n'était pas encore arrivé, ce ne serait qu'un homme de la même condition qu'elle. Peut-être un ouvrier ivrogne, comme il y en avait plus d'un dans la maison, qui la battrait, qui boirait ce qu'elle gagnerait, qui la laisserait mourir de misère, elle et ses enfants ; ou bien, si on mettait les choses au mieux, s'il n'était pas ivrogne, s'il travaillait, qui ne l'associerait qu'à une existence grossière.

Tandis que, s'il la prenait pour femme, il l'élèverait jusqu'à lui. N'avait-elle pas déjà des idées, des espérances, des ambitions morales depuis qu'elle le connaissait, qu'il avait développées ou fait naître ; et s'élever, monter plus haut, devenir meilleure, n'est-ce pas le but qu'on doit se proposer ? Déjà, grâce à lui, elle s'était élevée, bien peu à la vérité, mais enfin un peu ; qu'elle ne l'épousât pas, il faudrait qu'elle en restât là et même qu'elle redescendît.

Ce n'était pas pour rien faire qu'elle caressait cette espérance; bien au contraire, elle travaillerait, elle serait heureuse de travailler pour lui.

Si jamais, dans un jour éloigné, cet héritage dont il avait plusieurs fois parlé vaguement et sans dire quel il serait, lui arrivait, généreux comme il était, il aurait plaisir à le partager avec elle. Elle avait déjà vu qu'il était de ceux qui disent : « Quoi de meilleur que de faire le bonheur de ceux qu'on aime ? »

Ainsi elle raisonnait quand elle était toute seule, le jour pendant qu'il se promenait, la nuit quand elle s'éveillait, et longuement elle suivait ses rêveries.

Mais ce n'était pas sans résistance qu'elle s'y abandonnait. N'était-ce pas folie qu'une jeune fille de sa condition pensât faire un pareil mariage ? Elle avait entendu dire que les filles de son âge qui ne sont pas mariées perdent la tête et sont capables de toutes les extravagances pour trouver un mari. Elles se laissent aveugler; elles ne voient que leur désir. C'était peut-être son cas. On ne s'aperçoit pas qu'on devient folle, ce sont les autres qui le voient, qui le disent, alors qu'on se croit pleinement raisonnable.

Si elle avait eu son père, si elle avait eu sa mère, elle les aurait consultés.

Elle n'avait que ses amis Limonnier; elle s'adresserait à eux.

XIII

Depuis que Gros-Milord était à Asnières, Angélique allait tous les dimanches, entre le déjeuner et le dîner, voir ses amis, embrasser son chat, le consoler elle-même; elle profiterait de sa prochaine visite pour consulter ses amis et leur soumettre ses scrupules.

Il était de bon conseil, M. Limonnier, sérieux, réfléchi, prudent, ne faisant rien sans avoir auparavant pesé le pour et le contre, ne disant rien sans avoir tourné sept fois sa langue avant d'ouvrir la bouche. Cela était bien gênant quelquefois, au moins dans la conversation; mais, pour ce qu'elle attendait de lui, cela ne pouvait être qu'excellent. Quant à madame Limonnier, beaucoup plus alerte d'esprit et de parole, elle était fine et savait voir bien des choses qui restaient inaperçues pour son mari, occupé à réfléchir ou à peser ce qu'il ne devait pas dire.

Sa résolution prise, elle balança toute la semaine les moyens de la mettre à exécution; elle prépara ses phrases, elle se les récita; et, le dimanche suivant, elle partit bien décidée. Elle dirait ceci, elle répondrait cela; en somme, rien n'était plus honnête; mais une fois arrivée à Asnières son courage l'abandonna et elle revint sans avoir rien dit du tout, furieuse contre elle-même, honteuse de sa timidité, de sa lâcheté.

Le dimanche d'après, elle fut plus brave; mais sa bravoure n'alla pas jusqu'à s'expliquer clairement. Aussi fallut-il longtemps pour que M. Limonnier la comprît, et encore n'en fût-il jamais venu à bout sans l'aide de sa femme.

— Est-ce que vous penseriez à vous marier? demanda madame Limonnier.

— Vous, Angélique! s'écria M. Limonnier, vous n'êtes donc pas heureuse comme vous êtes : seule chez vous, faisant vos quatre volontés, ne dépendant de personne.

Puis tout à coup il s'arrêta et elle le vit remuer la mâchoire sans prononcer un seul mot; sans doute il tournait sept fois sa langue avant de lâcher quelque imprudence.

Elle expliqua que les choses n'en étaient pas à ce point; mais un monsieur très bien semblait avoir des intentions sur elle, et au cas où il la demanderait, ce qui pourrait arriver et aussi ne pas arriver, elle désirait avoir leur opinion pour ne pas être seule juge d'une aussi grave affaire.

— Comment est-il? demanda madame Limonnier.

— Vous avez vu ses papiers? dit M. Limonnier, qui était plus sensible au côté affaire qu'au côté sentiment et qui savait par tradition que, dans les mariages, les papiers tiennent toujours une place considérable.

— Nous n'en sommes pas là.

— Mon enfant, permettez-moi de vous dire qu'en fait de mariage, il faut bien se garder d'une *impatience nubile*, — nubile était là pour fébrile, c'était encore une de ses locutions familières; — le mieux est de commencer par les papiers. Au reste, c'est comme ça que les choses se sont passées entre Aglaé et moi. J'étais dessinateur chez Hoessner, Brassac et Grandmougin, rue du Sentier; elle échantillonnait des tapisseries pour Sajou, de la rue Rambuteau. Nous nous convenions bien, n'est-ce pas? Nous étions assortis. Eh bien, nous avons commencé par les papiers, et vous voyez que nous nous en sommes bien trouvés.

Plus pratique et moins convaincue de l'utilité des papiers, madame Limonnier dit qu'avant de répondre il fallait le connaître. Ils ne l'avaient pas vu. Que faisait-il? quel âge avait-il? gagnait-il bien sa vie?

Elle répondit sur tous ces points en glissant, mais en convenant cependant qu'il était juste qu'ils le vissent.

— Sortez-vous avec lui? demanda madame Limonnier.

— Nous ne sommes jamais sortis ensemble.

— Ne pouvez-vous pas sortir? En faisant une promenade ici, vous entreriez. Connaît-il Gros-Milord?

— Oui.

— Eh bien, il entrerait pour voir Gros-Milord...

Quand il s'agit de mariage, on a toujours des prétextes de ce genre-là.

A l'appui de cette parole profonde, le mari raconta trois histoires confirmatives, et comme Angélique avait Gros-Milord sur ses genoux, elle les écouta patiemment.

Il fut convenu qu'elle tâcherait que cette visite eût lieu le dimanche suivant :

— Venez un peu tard, dit M. Limonnier; nous vous retiendrons à dîner.

— C'est que...

— Les amis des amis sont des amis.

— Je n'oserai jamais.

— Mais quoi, mais quoi, ce n'est pas le filleul du pape.

Ce fut une affaire pour Angélique d'arranger cette visite à Asnières. Quelle raison mettre en avant ? Elle n'en trouva qu'une : Gros-Milord, et encore le samedi seulement.

— N'auriez-vous pas plaisir à voir Gros-Milord ? demanda-t-elle timidement, le cœur ému, avec un tremblement dans la voix que n'expliquait pas la simplicité de cette question.

Gros-Milord ! Il n'y pensait guère; cependant, par politesse, pour faire plaisir à cette brave fille autant que pour se débarrasser d'une question insignifiante, il répondit :

— Mais, certainement, mais comment donc ! Ce pauvre Gros-Milord, il va bien ?

— Le temps est superbe : est-ce que cela vous contrarierait de faire votre promenade demain du côté d'Asnières; je vous accompagnerais, si vous vouliez bien, et, en passant, nous pourrions entrer chez mes amis Limonnier.

Quelle singulière idée elle avait là! Certes, oui, cela le contrarierait de faire le lendemain sa promenade du côté d'Asnières; au moins cela l'ennuyait. Est-ce qu'un homme comme lui se promène à Asnières, un pays de canotiers, de comédiens! Cependant, ne voulant pas la fâcher, il accepta. Justement parce que c'était un pays de canotiers et de comédiens, il ne rencontrerait là personne de connaissance.

Le lendemain, ils partirent donc pour Asnières. Ç'avait été un souci pour lui de savoir comment elle serait habillée. Pas mal, vraiment : un chapeau de velours noir, un manteau en drap; elle n'avait pas trop l'air d'une ouvrière.

Mais, ce qui n'était pas correct, c'était la maison des Limonnier, au fond d'une ruelle, des barreaux verts, une chaumière dite landaise, un Amour en terre cuite jouant de la flûte, cela était dur à accepter

Dure aussi se trouva madame Limonnier : son bonnet à fleurs, sa robe de soie noire et sa chaîne d'or autour du cou.

Plus dur encore fut M. Limonnier lui-même, qui, à son grand regret, ne put se lever pour présenter *ses hommages à la compagnie,* parce qu'il s'était donné un coup à la *renoncule* du genou.

Il fallut un moment, à M. Passereau, pour comprendre que cette renoncule du genou était la rotule et plus longtemps encore pour se remettre de la suffocation qu'il avait éprouvée. Aussi, quand M. Limonnier lui demanda de rester à dîner « sans façon », il refusa. Ce fut seulement quand madame Limonnier parla d'une poularde du Mans, que sa belle-sœur lui avait envoyée, qu'il accepta. Comment refuser de prendre sa part d'une bête qui avait obtenu une médaille d'argent? C'était une sorte de jugement d'appel qu'on lui demandait.

La poularde, qui était bien rôtie, à la broche, pas au four, le mit de belle humeur et lui fit oublier la renoncule.

Pour Angélique, elle était rayonnante, et à deux reprises, sous prétexte d'aider madame Limonnier, elle alla rejoindre celle-ci dans la cuisine pour lui demander comment elle le trouvait.

— Mais très bien..
— N'est-ce pas?
— Seulement ce n'est pas un jeune homme.
— Qu'est-ce que ça fait?

Quand elles rentrèrent dans la salle à manger, elles le trouvèrent l'air ébahi : M. Limonnier venait de lui poser une question devant laquelle il restait coi.

— Quelle est la sainte qui n'a pas besoin de jarretières? demanda-t-il à Angélique en lui renvoyant la question.

Elle ne fut pas embarrassée, la connaissant depuis vingt ans, cette sainte; mais M. Limonnier ne lui permit pas de répondre.

— Faut pas la lui dire, Angélique.
— Puisque je donne ma langue aux chiens!

— Eh bien, monsieur, apprenez, vous qui me paraissez savoir bien des choses, que c'est sainte Sébastienne.

— Ah! vraiment! je veux bien, c'est possible.

— Comment, c'est possible! Ses-bas-se-tiennent.

— Je vous en prie, un peu de foie de cette excellente poularde? dit M. Passereau.

Ce ne fut pas trop de ce foie pour faire passer la sainte.

Angélique eût voulu interroger le mari comme elle avait interrogé la femme, mais cela fut impossible. M. Limonnier ne lâcha son convive qu'à la porte après lui avoir dit : *Mille-z-amitiés.*

— Vous voyez, dit Angélique lorsqu'ils furent seuls sur la route de la station, que ce sont de bien bons amis pour moi

— Oh! sans doute. Cependant *Mille-z-amitiés* c'est beaucoup.

XIV

Angélique ne put pas attendre huit jours pour retourner à Asnières et connaître le sentiment de ses amis; dès le lendemain, aussitôt après que M. Passereau fut descendu à Paris, elle se mit en route; il lui fallait une heure pour aller, une heure pour revenir, une demi-heure pour causer, en tout deux heures et demie, qu'elle rattraperait le soir en veillant plus tard.

Elle trouva ses amis chez eux, M. Limonnier la jambe étendue sur une chaise, à cause de *sa renoncule.*

— Comment, vous voilà?

— Je n'ai pas pu vous parler hier ; je viens savoir aujourd'hui ce que vous en pensez.

— Justement, Aglaé et moi, nous n'avons fait que de nous entretenir de lui et de vous depuis hier.

— Alors? Votre impression, je vous en prie, toute franche; vous m'obligerez. Ce que vous pensez.

Cependant, malgré cet appel à la franchise, elle était tremblante d'anxiété.

— Il est très bien.

— Vous trouvez ?

— Très bien ; c'est un homme comme il faut, ça se voit de suite ; à la façon dont il m'a adressé la parole, j'ai vu qu'il se connaissait en hommes et qu'il avait l'usage du monde. Nous ne nous trompons pas là-dessus. Belle tenue, de la prestance, jolie fourchette.

A chaque mot, elle relevait la tête en rayonnant.

— Il est un peu âgé ?

— Mais non.

— Si, il l'est ; mais pour vous, qui êtes sérieuse, qui n'avez jamais été jeune, j'entends de caractère, ce n'est pas un défaut. Sous tous ces rapports, notre impression est donc bonne ; mais, d'un autre côté, je crains... Faut-il le dire ?

— Je vous en prie.

— Je crains qu'il ne soit pas intelligent.

— Pas intelligent ! Lui !

— Vous avez vu, il n'a pas pu nommer la sainte qui n'a pas besoin de jarretières.

— Mais...

— Vous me direz que cela n'est pas grave. Moi, mon avis est que pour qu'un ménage aille bien il faut que le mari ait de l'entrain, de la gaieté, de l'esprit, en un mot, qu'il soit un homme de société. Maintenant, peut-être est-il cela ; il aura été intimidé, c'est possible. Pour moi, avant de le juger plus à fond, j'aurais besoin de le revoir, de l'interroger, sans qu'il s'en aperçoive, bien entendu, de l'étudier ; c'est comme pour ses capacités, je ne les vois pas. A quoi est-il propre ? que peut-il faire ? quelle est sa position? quel est son avoir? Sans doute, il viendra nous faire visite; nous verrons alors.

Elle partit là-dessus enchantée, mais en chemin elle trouva qu'une simple visite ne serait pas suffisante; et après avoir longtemps cherché, elle s'arrêta à mieux :

— Je pense que vous voudrez rendre à mes amis Limonnier leur politesse, dit-elle à son voisin.

— Mais sans doute, sans doute, un jour ou l'autre.

— Moi aussi; seulement ici cela ne m'est pas facile; alors j'ai pensé à une partie de campagne que nous organiserions ensemble, et à laquelle nous les inviterions; le temps est doux, on peut déjà aller à la campagne; pas dîner, mais déjeuner. Cela vous déplairait-il?

— Heu !

— J'aime tant la campagne.

— Où diable voulez-vous aller?

— Mais je n'ai pas d'idées, à Robinson, à Joinville, à l'île Saint-Denis.

— Je ne connais pas ces pays-là.

— C'est très joli.

Il était sincère en disant qu'il ne connaissait pas ces pays-là; ce fut justement pour cette raison qu'il accepta Joinville. S'il n'y avait jamais été, c'est que personne n'y allait.

Mais il ne l'accepta que d'assez mauvaise grâce, d'abord parce qu'une promenade avec ces gens-là n'avait rien pour lui plaire; ensuite parce qu'elle le mettait dans l'embarras. Si modeste que dût être une partie de plaisir, elle coûtait toujours quelque chose, et en ce moment toute dépense lui était interdite. Il est vrai que la question de la dépense ne l'arrêtait jamais ; on verrait ; d'ailleurs ce serait une affaire à régler avec elle plus tard, puisqu'elle était de moitié dans l'invitation.

Ce qu'il vit en arrivant le dimanche, à midi, à la gare du chemin de fer de Vincennes, qui était le lieu de rendez-vous fixé pour le départ, ce fut un porte-monnaie qu'Angélique lui tendit timidement.

— Voulez-vous me permettre de vous demander d'organiser notre partie de plaisir, dit-elle, de commander partout, de payer ; moi je n'y entends rien ; tout ce que je désire, c'est que cela soit bien.

Le porte-monnaie était assez pesant ; quand il put l'ouvrir pour prendre les billets, il vit qu'il contenait quatre pièces de cinq francs en argent et environ une douzaine de francs en monnaie.

Trente francs pour une partie de plaisir qui devait « être bien », c'était maigre ; cependant en manœuvrant adroitement, cela serait peut-être assez ; un déjeuner ne devait pas coûter cher à Joinville. En tous cas, la satisfaction d'être tiré d'embarras était assez vive pour l'emporter sur cet ennui. En somme, il avait trente francs dans sa poche, et c'était lui qui commandait, qui payait.

Cela le mit de belle humeur et lui fit accepter les Limonnier gaiement. Au lieu de les traiter en gens ennuyeux, on pouvait les regarder comme des êtres drolatiques, comme des comiques ; c'était simplement un autre point de vue.

Et ce fut à ce point de vue, en effet, qu'il se plaça,

si bien qu'en chemin de fer M. Limonnier donna plus d'un coup de coude à sa femme : — « Est-ce que vraiment il était peu intelligent. »

Mais, en s'asseyant à une table de la *Tête noire*, il redevint sérieux : il fallait être attentif au menu et ne pas se laisser entraîner à des dépenses dangereuses. A chaque mets que nommait le garçon, qui semblait vouloir pousser à la consommation, Angélique faisait des signes affirmatifs, désireuse évidemment d'offrir à ses invités tout ce qu'on leur proposait.

— Une bonne friture, une andouillette grillée, une tranche de jambon, une tête de veau vinaigrette, des rognons sautés, un châteaubriand aux pommes, un bon château ; avec cela une omelette fines herbes, une salade aux œufs ; pour dessert...

Mais M. Passereau interrompit ces litanies et, du ton d'un homme qui sait commander, il ordonna un déjeuner beaucoup plus simple, sans avoir égard aux coups d'œil qu'Angélique lui adressait et aux airs de pitié du garçon. A vue de nez, ce menu devait lui laisser une certaine somme pour le retour.

Mais, au début du déjeuner, il eut une émotion : M. Limonnier ne mettait pas d'eau dans son vin et il buvait sec. Comment ne s'était-il pas rappelé cela ? Il eût été plus circonspect encore dans son menu. Il se garda d'imiter cette prodigalité et but aussi clair que possible.

Il faisait une belle journée printanière, et des fenêtres de la salle dans laquelle on les avait servis, il voyait au loin les prairies et les berges herbues de la Marne, toutes verdoyantes sous les rayons du soleil ; sur la rivière passaient des équipes de canotiers qui s'entraînaient pour les prochaines régates qui allaient bientôt commencer.

— Nous allons nous promener sur l'eau, dit Angélique.

— Nous promener sur l'eau! s'écria-t-il, ne sommes-nous pas bien ici? nous dominons le paysage, nous n'avons pas froid.

Mais cette idée ayant été accueillie avec empressement, il dut se résigner : après tout, cela ne devait pas coûter cher, une heure de bateau.

Il n'en fut pas quitte pour une heure : les femmes voulurent ramer; en arrivant en vue du viaduc de Nogent, elles voulurent aller jusque-là pour juger de l'écho sous la voûte; puis il fallut faire le tour de l'île. Quand ils revinrent au garage ils avaient trois heures de bateau.

Il fallut payer : M. Passereau avait sorti son argent du porte-monnaie et l'avait mis dans sa poche; son compte fut facile à faire du bout des doigts : il lui restait trois francs et quelques sous, c'était plus qu'il en fallait pour prendre les billets de chemin de fer : il était sauvé.

Mais il avait compté sans la fraîcheur du soir; Angélique ne voulut pas que madame Limonnier, qui avait eu froid, rentrât à Paris sans s'être réchauffée.

— M. Passereau va nous offrir un grog.

Il était impossible de dire non, et cependant il fallait garder deux francs quarante pour le chemin de fer. Si madame Limonnier seule acceptait un grog les choses s'arrangeaient encore. Mais M. Limonnier n'était pas homme à donner sa part aux autres. Mais Angélique aussi avait froid. Tout était perdu.

— Garçon, quatre grogs, dit-il bravement.

Son parti était pris.

— Ah çà ! dit-il en sortant du café, j'espère bien que nous n'allons pas prendre le chemin de fer. Voyez comme le temps est beau. La lune se lève. Il y a des bois là-bas. C'est un plaisir de marcher.

Cette proposition désespérée fut acceptée.

— Au reste, dit Angélique, si madame Limonnier est fatiguée nous prendrons le chemin de fer à Nogent ou à Fontenay.

Mais à Nogent, mais à Fontenay, M. Passereau célébra avec tant d'enthousiasme le plaisir de la promenade à travers le bois qu'il ne put pas être question de chemin de fer. Il était étourdissant, il parlait, il riait, il faisait rire, il racontait des histoires, il donnait le bras à madame Limonnier et à Angélique.

— Bast ! la nuit !

Et M. Limonnier se disait tout bas :

— Il est intelligent, il est intelligent.

A Vincennes, Angélique proposa sérieusement de prendre l'omnibus.

— Gâter une si belle journée en la finissant en omnibus, s'écria-t-il, jamais !

Et il entraîna, il remorqua les deux femmes.

— Pourquoi donc avez-vous tenu tant à nous faire revenir à pied ? dit Angélique lorsqu'ils furent seuls.

Pour toute réponse, il fouilla dans sa poche et montra les vingt-deux sous qui lui restaient.

— Et le porte-monnaie? dit-elle.

— Il est vide; vous voyez.

Elle le prit et, ouvrant le fermoir d'une petite poche, elle montra un louis.

Il se frappa la tête :

— Ah! mes pauvres jambes, s'écria-t-il, je les sens maintenant.

XV

Ce n'était pas seulement à Angélique qu'on montrait que tout le monde, dans la maison, savait à quoi s'en tenir sur son intimité avec son voisin : le voisin lui-même recevait des avertissements du même genre; mais comme il avait un port de tête qui tenait les gens à distance, on les lui adressait moins directs et moins précis, n'attendant pour continuer qu'un mot de lui, — qu'il ne disait pas d'ailleurs.

Un soir qu'il rentrait plus tôt que de coutume, une voisine, sans lui parler franchement, lui avait dit au moment où il passait devant elle :

— Elle est sortie; mais elle va rentrer tout de suite, elle est en cheveux.

Une autre fois le concierge, à qui il demandait la réparation d'une serrure, lui avait dit tout à coup, sans aucun à-propos, en clignant de l'œil :

— C'est une bien bonne personne que mademoiselle Angélique, bien rangée; vous savez, il n'y a jamais eu rien à dire sur son compte, rien de rien.

Pourquoi ces gens se permettaient-ils de lui parler ainsi? est-ce qu'il leur demandait quelque chose?

Il n'avait pas besoin de leurs observations pour savoir ce que valait Angélique, il la connaissait mieux qu'eux sans doute.

Bonne personne, oui, elle l'était. C'était même cette qualité, la bonté, que tout d'abord il avait remarquée en elle : elle avait été bonne, très bonne pour lui. Elle l'avait bien soigné; elle avait eu des attentions, des délicatesses, un dévouement qui affirmaient ses qualités de cœur, et même pour les petites choses de la vie quotidienne, il était évident qu'on pouvait compter sur elle.

C'était cela qui l'avait frappé, — bonne fille; mais quand l'habitude avait effacé ce qu'il y avait de répulsif, pour un homme tel que lui, dans ce mot: une ouvrière, il s'était aperçu que comme femme elle n'était pas trop mal, et même mieux que bien des pauvres filles qu'il avait tirées de la misère pour les lancer dans la galanterie, — la baronne de Saint-Hubert et bien d'autres.

Un peu âgée seulement, car lorsqu'il avait été chercher une de ces filles-là, il l'avait prise toute jeune; mais alors sa situation lui permettait de mettre le prix à ses caprices, ce qui n'était plus son cas présentement. Un peu effacée aussi, un peu terne, manquant de brillant, d'entrain, d'enlevé.

Mais on ne peut pas tout avoir, et elle avait une rondeur de corsage et de hanches tout à fait provocante d'abord, des dents étincelantes et des lèvres roses, des yeux tendres. Enfin, quelque chose de frais et de sain, de ferme assez extraordinaire chez une Parisienne enfermée.

Et puis il avait produit sur elle une impression profonde, une sorte de coup de foudre, ce qui ne l'étonnait pas du tout, d'ailleurs, car il était habitué à cela; mais enfin ce qui lui était agréable et lui montrait que quand il la voudrait il n'aurait qu'à la prendre. Si pauvre fille qu'elle fût, si humble, elle donnait là une preuve d'intelligence et de goût qui ne pouvait que le bien disposer envers elle.

Il ne lui avait pas fallu longtemps pour voir combien cette impression était vive : à la façon dont elle l'écoutait, aux regards qu'elle attachait sur lui, à l'émotion qu'elle manifestait lorsqu'il était en retard, aux attentions, aux prévenances qu'elle avait, à la crainte qu'elle montrait de lui déplaire, on voyait de reste que c'était une fille au cœur touché dont on ferait ce qu'on voudrait, quand on voudrait.

Mais justement les choses étant ainsi, il ne lui plaisait pas de commencer, c'était à elle de venir à lui.

Cela l'amuserait, et même, pour être franc, cela le flatterait de la part d'une jeune fille modeste et réservée comme celle-ci; il y avait là quelque chose de piquant, de drôle.

Combien de fois avait-il cru que sa réserve allait être vaincue! Renversé dans son fauteuil, il la regardait tourner auprès de lui; elle parlait sans raison, elle se taisait tout à coup pour se plonger dans de longs silences, les yeux alanguis, la respiration embarrassée, les mains agitées.

— Allons, se disait-il, elle va venir, encore un peu, allons.

Mais elle ne venait pas.

— Elle a tout de même diablement de la vertu, se disait-il.

Et il était encore plus flatté que fâché de cette vertu.

Au lieu de tomber aux mains d'un être grossier, d'un animal de sa condition, avoir pour amant un homme comme lui, c'était une belle chance qu'elle ne pourrait se rappeler qu'avec bonheur.

Se sentant trop timide chez elle, c'était pour s'enhardir qu'elle avait organisé ces parties de campagne; mais chose étrange, elle n'avait pas eu plus de hardiesse dans les champs que dans sa chambre : tendre, oui, aussi tendre que possible dans la parole, dans le silence, dans les regards; mais la tête perdue, non.

Il lui en imposait donc bien.

Il ne se mettait pas assez à sa portée; il faudrait qu'il s'arrangeât pour la dominer moins, l'intimider moins de sa supériorité.

Il daigna descendre de cette sereine supériorité; mais, à sa grande surprise, cela ne produisit aucun effet, ou, en tout cas, celui qui se produisit fut contraire à ce qu'il attendait. Elle ne fut que plus timide, plus réservée encore, et moins il voulut lui faire peur, plus il parut lui faire peur.

Voilà qui était extraordinaire, vraiment.

Il vint un moment où cette attente prolongée l'ennuya; cela finissait par être ridicule : il y a des natures lâches, qui ne peuvent pas se décider à ce qu'elles désirent le plus ardemment.

Eh bien! il l'aiderait à se décider. Après tout, personne de son monde ne saurait qu'il avait eu cette pauvre fille pour maîtresse.

Il n'était pas homme à retarder une résolution arrêtée. Le soir même du jour où son parti fut pris, il ne regagna pas sa chambre à l'heure où il se retirait ordinairement.

Pendant la soirée, il s'était montré plus expansif que de coutume, et l'émotion d'Angélique, son trouble, son bonheur, s'étaient trahis au dehors de façon à ne pas laisser de doutes possibles : elle était à lui. Il n'avait qu'un mot à dire; ce serait vraiment trop de vanité de le retenir. Il devait parler pour elle puisqu'elle était incapable de parler elle-même, la pauvre fille.

Et puis l'émotion de cette fille était passée en lui; à la regarder toute troublée, son cœur s'était mis à battre plus vite, il ne raisonnait plus, il ne calculait plus; il la voyait devant lui, à trois pas, frémissante, et il la voyait jolie, provocante dans son innocence, comme il ne l'avait jamais vue jusqu'à cette heure.

Après avoir beaucoup bavardé, et presque tout seul, car, elle ne pouvait guère lui répondre de temps en temps que quelques mots vibrants, il s'était tu tout à coup, et un silence s'était établi qui paraissait étouffer Angélique.

Sans doute elle voulut secouer la langueur et la gêne qui la paralysaient, et quittant son travail, elle se leva.

— Comme vous êtes aimable, dit-elle, de ne pas rentrer encore chez vous et de prolonger cette bonne soirée !

Il ne répondit pas, mais levant les yeux sur elle, il l'examina.

Il était dans son fauteuil et elle se tenait devant lui, le regardant; lui plus bas, éclairé en plein par la lampe, tandis qu'elle, debout, avait le visage dans l'ombre.

Ils restèrent ainsi assez longtemps, sans qu'elle pensât à avancer ou à reprendre sa place, la tête perdue évidemment, les oreilles bourdonnantes, les yeux égarés.

Enfin il se décida :

— Et si je ne rentrais pas... cette nuit... chez moi, dit-il, en coupant chaque membre de sa phrase.

Elle le regarda, effarée.

— Si je restais, continua-t-il, en précisant.

— Mon Dieu ! s'écria-t-elle, avec un cri dans lequel il y avait autant de bonheur que d'effroi.

Il continua :

— Dans la maison tout le monde dit, tout le monde croit que vous êtes ma maîtresse; on vous l'a assurément fait comprendre comme on me l'a fait sentir. Pourquoi cela ne serait-il pas ?

— Ah ! je vous en prie, ne dites pas cela !

— Et pourquoi ? vous m'aimez. Croyez-vous que je ne sache pas que vous m'aimez. Me direz-vous, vous si sincère, que je me trompe ?

Il avait avancé le bras et lui avait pris la main. A ce contact, elle défaillit.

Et, comme lorsqu'elle revint à elle, elle se cachait le visage en pleurant :

— Pourquoi pleurer, mon enfant? dit-il, ce n'est pas le pauvre M. Passereau que vous aimez, c'est le comte de Mussidan.

Et comme elle le regardait, plus éplorée encore :

— Ce nom que je vous livre, dit-il, vous montre l'estime que j'ai pour vous, mais il ne faudra le répéter à personne.

XVI

Comte de Mussidan!

Il ne s'en était pas tenu à ce nom et à ce titre; il avait expliqué ce qu'étaient les Mussidan; puis il avait parlé des Puylaurens, ses ancêtres maternels, représentés actuellement par une vieille fille fort riche, habitant le Tarn, dont il était l'héritier; enfin il avait nommé aussi ses deux fils : Sébastien et Frédéric, mais sans dire un mot de la mère de ses enfants et des grands succès qu'elle avait obtenus dans tous les cirques de l'Europe et de l'Amérique, — ce qui était bien inutile.

Si, après avoir appris tout cela, cette généalogie et cette illustration, elle n'était pas heureuse et fière d'avoir pour amant un homme tel que lui, c'est qu'elle était vraiment bien difficile.

C'était désespérée qu'elle était.

Simple Passereau, il était déjà effrayant pour elle; mais comte de Mussidan, combien l'était-il plus encore. Descendant d'un évêque et d'un ambassadeur, héritier certain d'une grande fortune, père de deux fils qui occupaient l'un et l'autre un haut rang dans la diplomatie et le clergé; tout cela n'était pas pour la rassurer. A vrai dire, il n'y avait pas là de quoi la stupéfier, elle avait toujours cru qu'il était un personnage; mais dans ses rêveries comme elle était restée loin de la vérité! Comte de Mussidan!

Passereau, il la prenait pour femme; elle eût cru lui faire injure d'en douter. Mais comte de Mussidan ne pouvait-il pas éprouver des difficultés du côté de sa famille à faire d'elle une comtesse? Il devait les rencontrer, ces difficultés. Elle comtesse! c'était absurde; elle n'avait pas besoin qu'on le lui dît, elle le sentait bien. Est-ce qu'elle avait rien de ce qui fait les comtesses.

Dans son angoisse, une chose cependant la soutenait: c'était de penser qu'il était un honnête homme, un galant homme, comme il le disait de lui-même, et les honnêtes gens font toujours leur devoir coûte que coûte, comme il le disait encore.

Mais ce ne serait pas sans luttes douloureuses qu'il le pourrait faire : lutte avec sa famille, cette tante dont il devait hériter, ses fils, et d'autres parents encore peut-être dont il ne lui avait point parlé. Cette tante, indignée de le voir déchoir dans un pareil mariage, ne le déshériterait-elle point? Ses fils ne se fâcheraient-ils point?

Et elle eût tant voulu n'être pas pour lui une cause de tourment, de chagrin, de guerre, et elle eût tant voulu le rendre heureux, lui prouver que près d'elle, il jouirait maintenant et à jamais d'un bonheur parfait!

Avec une pareille préoccupation il ne pouvait pas

lui venir à la pensée de parler la première de mariage, ni directement, ni même par des allusions plus ou moins adroites. Ce serait lui, qui dans sa loyauté, aborderait sûrement ce sujet. Elle n'aurait qu'à attendre.

Ainsi elle allait d'un extrême à l'autre, se disant un jour avec désespoir : « Est-ce qu'une pauvre fille, comme moi, peut être comtesse de Mussidan ! » et le lendemain se disant avec confiance : « Il n'est pas possible qu'il ne me prenne pas pour sa femme ! »

Et elle attendait, tâchant de deviner dans quelles dispositions il était, l'examinant à la dérobée, l'étudiant, notant ce qu'il disait pour le comparer à ce qu'il avait déjà dit, et n'arrivant à rien de précis, ne s'arrêtant à rien : c'était ce qui était en elle qu'elle lisait, non ce qui était en lui.

Si encore il l'avait aidée, un tout petit peu aidée ; mais non : il se montrait avec elle, ce qu'il avait toujours été depuis qu'elle le connaissait : bienveillant, affectueux, la traitant avec une sorte d'affabilité protectrice, ne lui parlant qu'avec douceur ; mais aussi restant toujours digne et imposant. A ses anciennes habitudes il n'avait apporté qu'un changement : comme autrefois, il s'en allait tous les jours dans l'après-midi faire sa promenade sur les boulevards et aux Champs-Élysées ; et en plus, le soir, après dîner, il sortait de nouveau pour lire les journaux dans un café de la place Pigalle. Elle eût été heureuse que, comme aux premiers temps de leur intimité, il restât près d'elle à causer pendant qu'elle travaillait en l'écoutant ; mais une fois il avait manifesté le regret de ne pas savoir ce qui se passait et de ne pas se retremper, comme autrefois, pendant quelques heures dans ce qu'il appelait un milieu intelligent ; et le lendemain elle l'avait elle-même prié de se donner ce plaisir d'aller passer un instant au café ; et pour que cela fût possible, elle lui avait mis chaque jour quelque argent dans sa poche : les hommes ont d'autres idées, d'autres besoins, d'autres plaisirs que les femmes ; et elle ne voulait pas que par elle il eût à souffrir si peu que ce fût, — au moins en un pareil sujet.

Il ne parlait point ; le mot qu'elle attendait il ne le disait pas ; et elle ne lui en voulait point, ne comprenant que trop la force des raisons qui lui fermaient la bouche : c'était une juste fierté, le respect de son nom, l'honneur de sa famille, l'intérêt de ses enfants.

Mais pour se mettre si bien à la place de M. de Mussidan, elle ne sentait pas moins dans toute leur angoisse les difficultés de sa situation. Aussi ne fut-elle pas très surprise d'éprouver quelques malaises. Ils avaient pour cause son inquiétude sans doute, ses mauvaises nuits sans sommeil, ses heures de fièvre.

N'était-il pas tout naturel qu'elle eût perdu la régularité de l'appétit, et ne l'était-il pas aussi qu'elle éprouvât des maux d'estomac et des mauvaises digestions ?

En travaillant il lui arrivait souvent de sentir sa bouche se remplir d'eau et elle avait alors des éblouissements et des défaillances.

Au bout d'un certain temps cet état de malaise général assez pénible, qui allait en s'aggravant plutôt qu'en s'améliorant, produisit un amaigrissement sensible ; en même temps elle remarqua qu'elle avait triste mine, les traits tirés, les yeux cernés, le regard terne.

Quel désespoir, si elle allait perdre sa fraîcheur et devenir laide tout à fait !

Non seulement elle la perdit cette fraîcheur, mais encore, en s'étudiant dans son miroir, ce qui n'avait pas été son habitude jusqu'à ce moment, elle constata que son front se couvrait de taches bistres qui ne tardèrent pas à s'étendre sur son visage, particulièrement sur les paupières, la racine du nez et les lèvres.

Jamais elle n'avait été malade. Était-il possible que ce fût l'inquiétude seule qui causât les accidents dont elle souffrait ?

Si elle en avait eu le courage, elle aurait été consulter un médecin ; mais elle n'en connaissait qu'un, celui qui avait soigné sa mère, et elle n'osait affronter les questions que certainement il lui poserait et auxquelles elle devrait répondre sincèrement, sans rien cacher, sans rien omettre. A la pensée seule des regards qu'il attacherait sur elle, le rouge lui montait au visage.

Ne se troublait-elle pas déjà quand ses amis Limonnier l'examinaient, et cependant, si elle devait avoir du courage, c'était avec eux qui l'aimaient assez et qui étaient assez bons, assez indulgents pour excuser toutes les faiblesses,—au moins pour les comprendre.

Mais comment avouer la vérité? comment parler de ce qu'elle soupçonnait vaguement?

Il vint un moment où ce fut madame Limonnier qui prit les devants et qui parla elle-même.

— Vous êtes souffrante, mon enfant, cela se voit, et cela nous inquiète.

Au premier mot elle se sentit les joues brûlantes, puis la rougeur gagna le front, le cou.

Madame Limonnier, qui la regardait, s'arrêta un moment, touchée de cette confusion, émue aussi.

— Ce que je suppose est-il possible? demanda-t-elle à voix basse et en détournant les yeux.

Angélique hésita un moment; puis, d'une voix à peine perceptible :

— Oui, dit-elle.

Si madame Limonnier n'avait plus d'enfants, elle en avait eu et savait par expérience quels sont les symptômes généraux de la grossesse.

Elle l'interrogea, et sa conclusion fut qu'il y avait grossesse ; mais, cette conclusion, elle ne la dit que timidement, avec réserve, et avec un air peiné, désespéré :

— Ma pauvre enfant, ma pauvre Angélique !

Et, la prenant dans ses bras, elle l'embrassa affectueusement, comme une mère eût embrassé sa fille :

— Du courage, du courage.

Elle était si bien absorbée dans sa propre émotion qu'elle ne pensait pas à regarder celle qu'elle voulait consoler. A un certain moment ayant levé les yeux, elle vit que le visage qu'elle avait devant elle ne trahissait pas du tout le désespoir, mais plutôt une sorte de joie intérieure.

— Eh quoi! s'écria-t-elle, l'aimez-vous donc si passionnément que vous soyez heureuse d'avoir un enfant de lui ! Oh ! ma pauvre petite !

— Mais si j'ai un enfant, il m'épousera.

Et, malgré la recommandation qui avait été faite de ne pas répéter ce nom de Mussidan, elle raconta pour quelles raisons ce mariage, sur lequel elle comptait, ne s'était pas encore fait.

Mais maintenant !

XVII

Madame Limonnier avait offert à Angélique de parler à M. Passereau ou M. de Mussidan, — elle ne savait plus trop comment l'appeler.

— Nous sommes vos amis, presque vos parents : notre intervention auprès de lui est toute naturelle.

— Elle n'est pas nécessaire ; c'est le plus honnête homme du monde, l'homme du devoir avant tout ; il n'est pas utile que vous interveniez auprès de lui.

Elle avait encore une autre raison pour ne pas vouloir que ses amis intervinssent dans son mariage ; mais celle-là elle n'osait pas la dire, — c'était le secret de son cœur, son rêve caressé, son espérance la plus douce, qui tenait tout entière dans un mot : attendre qu'il parlât lui-même et proposât ce mariage.

Elle serait si heureuse qu'il l'épousât pour elle, non pour son enfant ; par amour, non par devoir ; car elle n'admettait pas l'idée qu'il pût ne pas vouloir l'épouser : un homme comme lui ! C'était quelques jours, quelques semaines peut-être à attendre encore, c'est-à-dire rien en comparaison du résultat espéré.

Les jours, les semaines s'écoulèrent, cette proposition n'arriva pas; et l'extraordinaire c'était qu'il y avait des moments où il l'examinait d'un air recueilli comme s'il était prêt à lui dire des choses graves. De quoi pouvait-il vouloir parler, si ce n'est de mariage? Comme il fallait qu'il eût de terribles luttes à soutenir en lui et contre les siens pour ne pas l'avoir fait encore! Et comme elle le plaignait! Quel agacement, quels tourments pour lui, si loyal! Et même elle eût voulu pouvoir lui dire qu'elle se mettait à sa place et de tout cœur le plaignait. Ces luttes, ces luttes mêmes ne prouvaient-elles pas la profondeur de sa tendresse?

Enfin, un soir qu'il l'avait examinée plus longuement encore que de coutume et d'un air peiné, elle sentit qu'il allait enfin aborder le sujet qui le préoccupait.

Comme son cœur battit. Jamais elle n'avait éprouvé pareille émotion, si vive, si délicieuse. Enfin! Et comme elle avait bien fait d'attendre. Ç'avait été pour elle une terrible responsabilité que de refuser le concours de ses amis Limonnier, et bien des fois elle s'était demandé si elle n'avait pas eu tort. Elle eût eu sa mère, son père, qu'ils seraient intervenus assurément, et ne l'auraient pas laissée régler elle-même sa vie, ou plutôt la jouer ainsi. Les Limonnier lui tenaient lieu et de père et de mère, et cependant elle n'avait pas voulu de leur intervention. Est-ce qu'elle eût été transportée de ce délire de joie, si madame Limonnier était venue lui dire : « Il accepte. » Heureuse, oui, mais non de ce bonheur qui l'anéantissait.

Il secoua la tête d'un air mécontent.

— Savez-vous que vous maigrissez, ma pauvre enfant, dit-il.

Elle le regarda sans comprendre, abasourdie.

— Vous ne mangez pas assez. Pourquoi ne mangez-vous pas ?

— Je mange.

— Pas assez.

Elle resta consternée sous ces paroles si différentes de celles qu'elle attendait, ne comprenant rien à ce ton fâché, à cette mauvaise humeur inexplicable. Qu'avait-elle donc fait ? Elle ne le voyait pas.

— Je vais vous dire, moi, pourquoi vous maigrissez, continua-t-il. C'est votre faute. Vous ne sortez pas assez, ma petite. Il est bon de travailler, mais il ne faut pas trop travailler. Pourquoi, tous les jours, quand je descends à Paris, n'allez-vous pas vous promener de votre côté ? A rester enfermée toujours, vous perdez votre fraîcheur. Vous avez les joues creuses, les yeux cernés, le visage tout couvert de taches terreuses.

Elle avait baissé la tête comme pour cacher les laideurs de ce visage terreux, ces joues creuses, ces yeux cernés.

— Il faut vous soigner, dit-il.

Elle releva à demi la tête et, timidement :

— Cela se passera sans soins, dit-elle.

— Mais non, et je ne veux pas que vous perdiez votre fraîcheur.

Elle appela tout son courage à son aide :

— Vous ne vous doutez pas un peu, demanda-t-elle, de ce qui a pu amener le perte de cette fraîcheur que vous regrettez ?

— Je vous l'ai dit : votre vie renfermée.

— En dehors de ma vie renfermée, vous ne voyez pas d'autres causes aux changements qui vous fâchent ?

— Ma foi, non. Vous ne voulez pas dire que je vous rends malheureuse, n'est-ce pas ?

— Oh ! non, bien sûr.

— Alors ?

Elle eut un moment de cruelle hésitation. Ç'avait déjà été une déception bien dure de ne pas l'entendre dire le mot qu'elle attendait si impatiemment ; mais maintenant c'était un coup terrible qu'elle recevait, en voyant qu'il ne pensait même pas à chercher une explication naturelle aux changements et aux laideurs qu'il lui reprochait. L'excès même de la souffrance la poussa à parler. Elle ne pouvait pas rester sous ces accusations, quand le mot qu'elle avait à dire devait, lui semblait-il, changer cette mauvaise humeur en joie triomphante.

— Ces taches, fit-elle en posant son doigt sur son front, ne vous disent donc rien ?

— Elle me disent que vous êtes en mauvaise santé.

— Mais pourquoi suis-je en mauvaise santé ?

— Ça, je vous le demande.

— Vous ne le devinez pas, rien ne vous le dit ?

— Ma foi non.

— Eh bien, je ne dois pas me taire plus longtemps, c'est à moi de vous le dire : je suis... — elle hésita, — je suis... — elle baissa la voix, — je suis enceinte.

— Ah ! par exemple !

Elle avait été partagée entre deux sentiments contraires. Comment prendrait-il cette nouvelle ; serait-elle bonne, serait-elle mauvaise pour lui ? En serait-il heureux ? en serait-il fâché ? Avant de parler, elle s'était dit qu'il ne pouvait qu'en être heureux ; mais en le voyant si peu disposé à la comprendre, ses craintes lui étaient revenues.

Ce mot la navra. Hélas ! qu'il était loin du cri de joie qu'un moment elle avait espéré.

— Par exemple ! répétait-il, par exemple ! Eh bien ! je ne m'attendais pas à cela.

Et comme elle se tenait devant lui dans une attitude accablée, il crut de son devoir de lui adresser quelques bonnes paroles.

— Voyons, voyons, ma petite, il ne faut pas vous désespérer. A l'instant même vous paraissiez tout heureuse, et voilà que maintenant vous êtes éplorée. Pour m'avoir dit cela ! Si quelqu'un devait le savoir... c'est moi. Vous ne croyez pas que je vous en veux, n'est-ce pas ?

Elle balbutia :

— Je crois que cela vous fâche.

— Me fâcher ! Moi ! Et pourquoi ? Pourquoi voulez-vous que cela me fâche ? Est-ce que je ne sais pas que vous serez une bonne mère ? Vous l'adorerez, cet enfant qui sera tout mon portrait. Tous mes enfants m'ont ressemblé.

Puis sentant que le besoin de dire des paroles pathétiques l'avait entraîné, il se reprit :

— Si vous connaissiez mes fils, mes deux fils, vous verriez qu'ils sont Mussidan des pieds à la tête. Comme je suis content que ces petits riens que je remarquais en vous aient une cause naturelle ! Vous redeviendrez charmante. C'est très joli, une jeune mère ; j'ai toujours aimé cela. Non seulement cet enfant vous parera d'un nouveau genre de beauté, mais encore il vous rendra heureuse. Vous avez besoin d'affection autour de vous. Je ne suis pas toujours là. Vous serez une bonne mère.

Elle eut un cri de défaillance :

— Oh ! mon Dieu ! murmura-t-elle.

Sans doute il ne comprit pas, ou plutôt il n'entendit pas, les oreilles pleines du bruit de ses propres paroles.

— Il ne faut pas dire non, continua-t-il, je suis sûr de vous, moi, qui vous connais bien ; vous serez une bonne mère, la meilleure des mères. Ce n'est pas vous qui aurez peur de travailler pour votre enfant. Et comme il aura toutes vos qualités morales, plus tard il vous en récompensera. Il faut penser à l'avenir. Un jour les circonstances peuvent nous séparer...

Il se reprit encore :

— ... La mort peut nous séparer. Eh bien, il vous restera, il vous aimera, vous m'aimerez en lui. On ne sait pas comme un enfant console, on retrouve en lui les traits de la personne qu'on a perdue ; d'un mot il nous la rappelle; par un sourire il la rend vivante quand depuis longtemps déjà elle n'est plus ; l'enfant c'est la résurrection.

Et il continua ainsi longuement, enfilant des phrases, comme s'il jouait au bilboquet; content de lui quand il en avait réussi une; fâché quand il l'avait manquée, mais non découragé, car il la reprenait aussitôt. Tant qu'il parlait lui-même, elle ne disait rien, et il aimait mieux cela.

XVIII

Elle avait été atterrée, et à chaque instant elle s'était demandé si elle comprenait. Elle rêvait. Mais un mot plus cruel encore que les précédents venait, par la violence de la souffrance, lui prouver qu'elle était bien dans la réalité et non dans un cauchemar.

Ce qui l'accablait, c'était non seulement ce qu'il disait, mais encore, mais surtout ce qu'il ne disait pas.

Et elle avait cru que cette paternité serait une joie pour lui!

Et elle s'était imaginé qu'il lui répondrait en fixant la date de leur mariage!

De cette paternité il ne paraissait pas plus se préoccuper que si elle lui était complètement étrangère.

Du mariage, pas un mot.

Lorsque, dans sa nuit sans sommeil, elle évoqua, les unes après les autres, les paroles de cet entretien, ce fut à ce qu'il avait dit de cet enfant qu'elle se cramponna, pour résister au désespoir qui l'anéantissait.

Quand on parlait comme il l'avait fait d'un enfant

et des joies qu'il peut donner, on avait du cœur; quand on comprenait si bien la maternité, on ne pouvait pas être insensible à la paternité.

En ce moment, cet enfant, qui n'était pas, le laissait indifférent, et cela se pouvait sans doute expliquer; mais un jour viendrait où cet enfant existerait; il le verrait alors, il le caresserait, il s'habituerait à lui, il l'aimerait, et, pour l'enfant, il épouserait la mère.

S'il n'avait pas prononcé le mot « mariage », c'était qu'il avait été retenu par les difficultés de sa situation, sa famille, son héritage; mais l'enfant lui ferait oublier ces difficultés. Ses fils lui fermaient la bouche à l'heure présente, l'enfant la lui ouvrirait plus tard; alors il s'apercevrait qu'il avait aussi des devoirs envers ce petit être, et il n'était pas homme à résister à la voix du devoir.

C'était en se disant cela, en se le répétant, qu'elle arrivait à trouver un peu de tranquillité et à reprendre un peu d'espérance dans l'avenir; il n'était pas possible qu'il l'abandonnât, qu'il abandonnât son enfant.

Ce fut aussi ce qu'elle dit à madame Limonnier quand celle-ci, au bout d'un certain temps, lui demanda où en était son mariage.

— Il attendra la naissance de l'enfant, parce qu'alors il lui sera plus facile de forcer la résistance de sa famille.

Elle attendait, elle attendrait encore.

D'ailleurs, ce système de confiance et de patience

se trouva bientôt appuyé par un fait qui lui prouva qu'elle était dans la bonne voie.

Un dimanche matin, jour de sortie de ses fils, il lui demanda, avant de partir pour aller les chercher, comment elle comptait employer sa journée : le temps était mauvais et la pluie, qui durait depuis la veille, paraissait devoir ne pas cesser.

— J'irai à Asnières, dit-elle, voir mes amis.

— Est-ce que vous rentrerez de bonne heure?

— Je rentrerai quand vous voudrez; je peux même ne pas sortir si cela vous est agréable.

— Ne pas sortir, non; je ne vous ai jamais demandé cela; mais enfin pouvez-vous être rentrée vers quatre heures?

— Très facilement, si cela vous est agréable.

— Ce qui me serait agréable, ce serait de rentrer dîner avec vous; il m'est pénible, très pénible, d'être privé tous les mois de ce plaisir, parce que je dois passer la journée avec mes fils.

C'était là une bien douce parole pour elle; il la préférait à ses fils; mais elle ne pouvait rien répondre.

— Plusieurs fois, continua-t-il, j'ai pensé à vous les amener; si je vous les amenais aujourd'hui après avoir passé notre journée au Louvre; il fait mauvais temps. Avez-vous à dîner?

— J'aurai le dîner que vous voudrez.

— Quelque chose de solide tout simplement : un gigot avec un plat de légumes; les gaillards ont bon appétit.

— Je serai là quand vous rentrerez ; à six heures le dîner sera prêt.

— C'est entendu. Voilà qui m'arrange parfaitement. Depuis longtemps déjà je vous les aurais fait connaître si je n'avais été embarrassé par la misère de mon intérieur qu'il était inutile de leur montrer ; mais maintenant que vous avez rendu ma chambre plus décente par les quelques meubles que vous avez mis dedans, je n'ai plus les mêmes raisons de les tenir éloignés. A tantôt.

Elle resta tout heureuse. L'idée ne lui était pas venue que ce père ne lui amenait ses fils que parce qu'il n'en savait que faire dans la soirée, et aussi parce que c'étaient des gaillards de trop grand appétit qu'il n'était pas agréable de conduire au restaurant quand on n'avait pas le porte-monnaie garni. Elle n'avait vu qu'une chose : il lui amenait ses fils comme il les aurait amenés à leur belle-mère ; c'était une preuve d'estime qu'il lui donnait, il la faisait de sa famille. De là au mariage, il n'y avait plus beaucoup de pas à franchir. Elle se ferait aimer de ses enfants ; elle serait bonne, elle serait tendre pour eux ; elle remplacerait leur mère ; et plus tard ils aimeraient leur petit frère ou leur petite sœur.

Si elle ne se fit pas aimer dès ce soir-là, ce ne fut pas de sa faute. Non seulement il y eut un gigot et un plat de légumes pour dîner, mais encore des sardines, du saucisson de Lyon, de la salade, un moka, des confitures, les fameuses « confitures offertes à notre amie Angélique », des petits gâteaux, des fruits secs, du café, du noyau donné par les Limonnier : un vrai festin.

Le dessert qu'ils ne mangèrent point, elle le fourra dans leurs poches.

A Sébastien, elle offrit pour se faire une cravate un ruban dont il avait paru avoir envie.

A Frédéric, elle donna un jeu de dominos enfermé dans une jolie boîte en bois de Spa qu'elle gardait comme un souvenir de sa mère.

M. de Mussidan voulut s'opposer à ce cadeau.

— Il ne faut pas encourager les vices de ce garçon, dit-il, il est joueur comme les cartes; vous le ferez punir.

— Je ne jouerai pas avec ces dominos, dit Frédéric, qui s'empressa de les mettre dans sa poche.

Le mois suivant Sébastien et Frédéric furent les premiers à demander à leur père de les amener chez lui.

En arrivant, Frédéric voulut se mettre à jouer au piquet, et comme Angélique, qui n'était pas forte, perdit coup sur coup, il fut le garçon le plus heureux du monde quand il empocha les douze sous qu'il avait gagnés.

Pendant ce temps, Sébastien alla se faire recouper les cheveux rue des Abbesses, parce que le perruquier qui les avait coupés la veille, à la pension, les avait massacrés, disait-il :

— Des échelles, d'horribles échelles.

En réalité, il voulait se faire nettoyer la tête à l'eau athénienne. Quand il revint, les cheveux pommadés, il sentait tous les parfums d'une boutique de coiffeur bien garnie.

Cependant il gardait un air préoccupé qui inquiéta Angélique. Est-ce qu'il s'ennuyait? Elle l'attira dans l'embrasure de la fenêtre pour le confesser. Alors il avoua ce qui le chagrinait : c'était que son père ne voulait pas lui donner un costume complet pour ses jours de sortie :.

— Vous comprenez combien c'est ridicule pour un jeune homme comme moi, de se promener le dimanche, sur les boulevards ou aux Champs-Élysées, en potache. Tout le monde vous regarde, et comme on sent qu'on a l'air serin, on est encore plus grotesque; tandis qu'avec un veston court un peu arrondi, un gilet à châle, un pantalon tombant bien sur le pied, avec cela une canne, on est très chic.

Elle lui promit que, pour sa prochaine sortie, il aurait ce costume complet.

Le soir, ce fut Frédéric qui se montra préoccupé; interrogé par elle, il lui avoua qu'il avait perdu trois francs aux dominos avec un de ses camarades, et qu'il n'osait les demander à son père.

Elle les lui donna en promettant de n'en rien dire.

Ils partirent enchantés, et comme ils marchaient devant leur père, ils déclarèrent d'un commun accord que c'était une bonne fille.

XIX

Il ne pouvait pas supporter qu'on ne s'occupât pas toujours de lui avant les autres, M. de Mussidan, ni même qu'on vît quelqu'un auprès de lui ; là où il se trouvait il n'y avait que lui, lui seul.

Aussi, quand Angélique se fit affectueuse et prévenante pour ses fils, cela le fâcha-t-il. Il n'eût pas toléré qu'elle les reçût mal, mais il ne voulait pas qu'elle les reçût trop bien ; il y avait une limite à observer qu'une femme intelligente n'eût pas franchie et dans laquelle elle se fût adroitement enfermée. Mais non, elle se mettait à quatre pattes devant eux, elle se faisait leur servante, c'était trop.

Lorsqu'il était fâché, il n'avait point l'habitude de le montrer, — au moins à propos de ce qui l'avait contrarié ou blessé. C'était incidemment que sa fâcherie se manifestait, pour rien et pour tout : pour une parole qu'elle disait en trop, pour une qu'elle ne disait point quand il l'attendait, pour un grain de poussière, pour une fenêtre fermée, pour une ouverte ; et surtout pour une chose en elle, dans sa personne, dans son caractère ou dans sa toilette qui le choquait ce jour-là et qu'il découvrait tout à coup pour la première fois, bien qu'elle eût le plus souvent toujours existé.

— Pourquoi êtes vous pâle aujourd'hui?
— Je ne sais pas.
— On n'est pas pâle sans raison? Pourquoi aussi êtes-vous triste?
— Mais je ne suis pas triste; je ne crois pas l'être.
— On n'est pas triste sans raison.

Elle aurait pu répondre qu'il y avait une raison générale à sa pâleur et à sa tristesse; mais à quoi bon? ne valait-il pas mieux se taire? Si elle lui prouvait qu'elle n'était pas plus pâle que de coutume, il lui reprocherait d'être rouge.

Combien de fois la regardait-il en silence, d'un air mécontent, l'examinant longuement de la tête aux pieds comme s'il cherchait ce qu'il y avait de mal en elle.

Hélas! il n'y avait pas besoin de l'étudier si longtemps pour trouver ses défauts, elle ne le savait que de reste; mais tristement elle se demandait s'il ne pourrait pas l'étudier aussi quelquefois pour lui trouver une qualité. N'en avait-elle donc pas? Quand ce ne serait que la tendresse, le dévouement, n'était-ce donc rien que cela?

Souvent il ne disait rien et se contentait de détourner les yeux avec ennui.

Mais quelquefois aussi il parlait.

— Comme la grossesse change les femmes; je ne comprends pas qu'il y en ait d'assez héroïques pour accepter d'avoir des enfants.

Était-elle vraiment si laide que ça ? C'était ce qu'elle cherchait devant sa glace. Peut-être. Mais enfin était-ce à lui de s'en fâcher ?

C'était pour elle une période douloureuse que le temps de sa grossesse. Elle éprouvait des malaises qu'elle n'avait jamais connus. Et de plus elle était obligée de prolonger chaque soir son travail d'une heure ou deux pour faire sa layette.

Et, ces heures supplémentaires, elle ne pouvait les prendre que sur son sommeil, alors qu'elle n'avait jamais eu tant besoin de rester au lit. Ses dépenses avaient augmenté, plus que doublé ; ses économies si péniblement amassées avaient été dévorées, non seulement par sa nouvelle existence, si différente de l'ancienne, mais encore par les cadeaux qu'elle avait faits à Sébastien et à Frédéric : à l'un le costume complet pour être chic sur le boulevard, à l'autre des prêts d'argent sans cesse répétés. Pour suffire aux besoins de chacun il fallait qu'elle travaillât plus qu'elle n'avait jamais travaillé et qu'elle se mît à sa table plus tôt le matin, pour la quitter le soir plus tard.

C'était seulement quand M. de Mussidan était couché, qu'elle tirait d'un tiroir un lange, une chemise ou un béguin et qu'elle cousait pour son enfant.

Cela la réveillait et la délassait ; le courage lui revenait, la force, la gaieté. Et pendant que son aiguille courait, légère et rapide, elle pensait, laissant son esprit se perdre dans les rêveries et les projets de la maternité qui lui donnaient si bien l'illusion du réel, qu'en mettant quelquefois le béguin sur

8.

son poing elle s'imaginait voir son enfant, sa petite figure bouffie, ses cheveux blonds. Comme il serait gentil ! Car c'était bien vrai, elle allait avoir un enfant. Elle qui les aimait tant et qui pendant si longtemps avait cru qu'elle ne serait jamais mère. Les heures s'écoulaient sans qu'elle en eût conscience, et c'était seulement en entendant minuit sonner qu'elle se reprochait de n'être pas encore couchée; il faudrait que le lendemain elle fût levée à six heures; et peut-être cela était-il mauvais pour lui qu'elle dormît si peu. Alors elle serrait soigneusement sa layette sans en laisser traîner aucune pièce; puisqu'il ne lui parlait jamais de leur enfant, elle ne voulait pas en parler elle-même; venant d'elle, toute parole ressemblerait à un reproche.

Cependant il arriva un moment où il se décida à aborder ce sujet.

— Je trouve vraiment étrange, dit-il un soir, que vous ne parliez jamais de votre enfant; il me semble cependant qu'il serait temps de s'occuper de lui.

— Je m'en suis occupée.

— Quand donc ?

— Tous les soirs, je travaille à sa layette.

— Ce n'est pas de cela qu'il s'agit ; cela est de peu d'importance, une layette. Avez-vous choisi la nourrice à qui vous le donnerez ?

— Le donner à une nourrice !

— Vous ne pensez pas l'élever vous-même, sans doute ?

Pour la première fois, elle se permit de penser autrement que lui et même de dire ce qu'elle pensait.

— Au contraire, je le garde.
— Ici ?
— Pourquoi pas.
— Eh bien, et moi ?
— Vous aurez le plaisir de le voir grandir.
— Nourrice, vous !
— Qui vous fait croire que je ne serai pas une bonne nourrice ?
— Ce n'est pas cela que je veux dire.
— Alors pour quelles raisons ne le garderais-je pas ? Vous m'aviez dit...
— Il ne s'agit pas de ce que j'ai pu vous dire ; quand on est loin de la réalisation d'un fait, on ne l'envisage pas comme lorsqu'on en est près : comment voulez-vous élever un enfant dans cette chambre ?
— Mais comme on en élève tant d'autres autour de nous.
— Ceux-là, des enfants de cette condition, c'est différent.
— Je ne comprends pas.
— Réfléchissez et vous comprendrez ; en tous les cas vous êtes avertie.

Et sur ce mot qui en disait long, il alla se coucher.

Cependant, malgré cet avertissement gros de reproches et même de menaces, elle eut le courage de persister dans sa volonté d'élever son enfant ; il y avait en elle une force de résolution qui la surprenait elle-même : elle avait une autre idée que lui ; elle lui résistait ; et malgré le mécontentement qu'il témoignait, elle s'affermissait dans sa résistance.

Ce n'était pas seulement par des regards sévères qu'il lui montrait son mécontentement, par des paroles désobligeantes, par des silences boudeurs, c'était encore par ses absences qui devenaient de plus en plus longues à mesure qu'approchait le moment de l'accouchement ; elle ne le voyait plus qu'aux heures des repas ; tout le reste de son temps, il le passait en promenades et, le soir, à son café.

Ne serait-il donc pas près d'elle au moment critique ? Elle eût tant voulu l'avoir là, la main dans la sienne ! Il la soutiendrait, elle souffrirait moins. Et puis elle pouvait mourir, il aurait son dernier regard.

Elle lui présenta timidement cette observation et à mots couverts.

— Certainement, dit-il, je vous sacrifierais avec plaisir mes promenades si nécessaires à ma santé, et mes distractions du soir non moins indispensables à mon esprit, car il n'y a rien que je ne sois prêt à faire pour vous ; mais il y a une chose qui m'est impossible, c'est l'attente. Si je restais ici, je m'agacerais. Vous ne voulez pas cela, n'est-ce pas ? Si vous êtes prise le soir, vous m'enverrez chercher.

Ce fut justement un soir qu'elle fut prise, et il n'avait fait qu'une partie de piquet quand le fils du marchand de vin accourut le prévenir à son café.

— C'est bien, mon garçon, dis que j'y vais.

— Mais, monsieur...

— Tu diras que je monte derrière toi ; va, ne t'amuse pas en route.

Il avait gagné. Il dut donner sa revanche à son

partenaire à qui il avait raconté pourquoi l'on venait le chercher ; puis, après cette partie, qu'il perdit, il dut jouer la belle.

— Quel bonheur que l'émotion du jeu me distraie de mon angoisse ! Je vois moins cette pauvre petite femme. Coupez.

Il donna les cartes régulièrement sans que l'angoisse fit trembler sa main, et ce fut seulement l'émotion du jeu qui scanda sa voix quand il annonça son point.

— Sept cartes, quinte à l'as, quatorze de dames.

Le gamin reparut.

— C'est bon.

— C'est que ça presse.

Justement parce que cela pressait, il ne se pressa pas.

— Je souffrirais trop de la voir souffrir ; c'est une grande infirmité dans la vie d'avoir trop de sensibilité.

Et une larme mouilla ses cils.

Enfin il quitta le café et lentement il gravit la montée. En arrivant à l'entrée de l'impasse, il aperçut le gamin qui revenait le chercher une troisième fois.

— C'est fait : une fille.

Alors il pressa le pas.

XX

C'était l'habitude que, tous les ans, Sébastien et Frédéric allassent passer leurs grandes vacances à Cordes, dans le Tarn, chez leur tante.

Ils avaient là six ou sept semaines de vie en plein air et de plaisirs, d'amusements que leur tante s'ingéniait à leur varier chaque jour; ne négligeant rien pour leur être agréable, leur prouvant sa tendresse de mille manières, sa sollicitude, son affection vraiment maternelles.

Pour bien des raisons M. de Mussidan était satisfait de ces voyages.

D'abord ils le débarrassaient de ses fils, dont il n'aurait su que faire pendant ces deux mois. Comment les amuser? comment les loger?

Puis, au retour, ils lui donnaient des nouvelles précises de la santé de cette tante à héritage, qui lui permettaient de contrôler celles qu'un clerc de notaire de Cordes lui envoyait périodiquement le 1er et le 15 de chaque mois, et en plus toutes les fois qu'il y avait besoin. Il avait fait un traité avec ce clerc de notaire, un petit homme mystérieux qu'on croyait prêtre défroqué, nommé Ceydoux, et celui-ci, moyennant un tantième sur la succession de mademoiselle de Puylaurens, payable seulement à l'ouverture de cette succession, s'était engagé à tenir le neveu au courant de tout ce qui arrivait à la tante en bien ou en mal. C'était un journal que ces lettres, tenu avec une régularité méticuleuse et qui n'omettait rien d'essentiel : 1er janvier, mademoiselle X... enrhumée ; 2, le docteur Azéma lui a fait deux visites, ne trouve pas son état grave ; 3, prend médecine : 45 grammes d'huile de ricin ; 4, est très entourée par le vicaire, M. Cabrol, les sœurs Sainte-Eulalie et Sainte-Scolastique ; 5, fait appeler son notaire : de l'enquête à laquelle on s'est livré dans l'étude de celui-ci il résulte qu'il n'a pas été question de dispositions testamentaires, mais seulement de comptes avec divers ; 6, convalescence ; 7, idem ; 8, première sortie, assiste à la messe. Tous les quinze jours M. de Mussidan était donc renseigné par lettre affranchie, et il pouvait ainsi calculer si le moment qu'il attendait avec tant d'impatience approchait ou reculait. Mais enfin il était bien aise que ce journal, un peu sec dans sa monotonie, fût complété par des détails plus vivants, et, ces détails, Sébastien et Frédéric, après un séjour de deux mois à Cordes, les lui donnaient tels qu'il les voulait.

La maladie ordinaire de mademoiselle de Puylaurens était le rhume qu'elle avait presque continuellement, aussi bien en été qu'en hiver ; et les interrogations qu'il leur adressait portaient généralement sur les résultats que ces rhumes répétés devaient, selon lui, produire chez une personne de cinquante-cinq ans qui ne mangeait guère et dormait peu.

A sa question : — « Comment se trouve votre tante? », les enfants répondaient toujours : « Très bien ! »

Mais ne s'en tenant pas là, il précisait sur les points caractéristiques, ceux qui l'intéressaient.

— Est-ce qu'elle faisait des excursions avec vous, votre tante, pendant votre séjour à Luchon ?

— Toujours; au lac d'Oo, à la vallée du Lys, au Portillon.

— Je ne parle pas des grandes excursions en voiture, mais des petites à pied.

— Elle est venue avec nous à la tour de Castelviel, à la chapelle de Saint-Aventin.

— Elle peut monter?

— En allant doucement, oui.

— Est-ce qu'elle souffre beaucoup en montant?

— Elle s'arrête souvent pour prendre sa respiration.

— Tousse-t-elle souvent?

— Le soir, oui, après dîner.

— A-t-elle souvent la voix couverte?

— Quelquefois, quand elle a longtemps parlé.

— A-t-elle les mains chaudes?

— Très chaudes.

— A-t-elle maigri?

— Elle est toujours maigre.

— Est-elle plus maigre cette année qu'elle ne l'était l'année dernière?

Et ainsi longuement sur tout et à propos de tout.

De leurs réponses, qui confirmaient la lettre de son clerc de notaire, il avait conclu cette année-là qu'elle ne passerait pas l'hiver, sans se rappeler que l'année précédente il avait émis la même prédiction, et aussi deux ans auparavant. Il attendait son héritage, elle devait mourir; elle était coupable d'un véritable vol envers lui en vivant encore.

Il était si bien sûr de cette mort prochaine, très prochaine, et de son entrée en possession de son héritage, qu'il avait choisi l'hôtel qu'il habiterait. L'âge des folies était passé pour lui, et cet hôtel n'avait rien de luxueux, simplement élégant et décent, rue Galilée, entre l'avenue d'Iéna et les Champs-Elysées; il en avait surveillé la construction et même il avait plusieurs fois pressé l'entrepreneur qui le bâtissait pour le vendre et qui, en l'entendant parler de ses projets, avait cru avoir affaire à un acquéreur sérieux; il avait donné ses idées pour la décoration des salons du rez-de-chaussée et aussi l'installation des écuries.

De même il avait visité tous les carrossiers du quartier des Champs-Elysées pour choisir celui qui décidément aurait l'honneur de lui fournir ses voitures, car pour cela il tenait à une correction irréprochable, il voulait ce qui se fait de mieux à Paris; on ne se trompe jamais sur le goût et l'éducation d'un homme en les jugeant d'après sa voiture, ses chevaux et ses gens.

Quant à Angélique et à sa fille, son plan aussi était arrêté. Bien entendu, il n'introduisait pas cette pauvre petite dans son hôtel de la rue Galilée. Qu'y ferait-elle, bon Dieu ! mais il constituait à son profit une rente incessible et insaisissable de façon à ce qu'elle eût une existence convenable et pût élever sa fille honorablement. Elle verrait qu'il savait reconnaître ce qu'on avait été, et ce qu'on avait fait pour lui. Elle avait de l'ordre, elle n'était pas dépensière, il pouvait donc en plus lui donner un petit capital avec lequel elle trouverait un brave garçon qui l'épouserait et légitimerait son enfant. Voilà comment on se conduit quand on est un galant homme.

Au milieu de ses projets bâtis, croyait-il, sur la réalité, il fut tout surpris un jour de trouver rue Drouot, au Crédit financier, une lettre de son clerc de notaire lui annonçant que mademoiselle de Puylaurens venait de quitter Cordes pour se rendre à Paris, accompagnée de son valet de chambre, le fidèle Buvat. Pourquoi entreprenait-elle ce voyage? On n'en savait rien à Cordes. Mais on supposait que c'était pour consulter un médecin parisien, sa santé étant de plus en plus affaiblie ; et ce qui donnait une certaine vraisemblance à cette idée, c'était une brouille qui avait éclaté en ces derniers temps entre mademoiselle de Puylaurens et son médecin, qui voulait l'empêcher de se livrer à ses pratiques ordinaires de dévotion trop rigoureuses et trop fatigantes pour une malade.

Cette supposition du correspondant de Cordes flattait trop bien les espérances de M. de Mussidan pour qu'il ne l'acceptât pas sans chercher d'autre explication à ce voyage. C'était une consultation qu'elle venait demander aux médecins de Paris ; quelle niaiserie ! Quand elle consulterait la Faculté entière, cela ne prolongerait pas sa vie d'une heure. Au contraire, cela l'abrégerait sans doute : ces médecins allaient vouloir lui imposer quelque médication nouvelle qui la tuerait infailliblement. Est-ce qu'elle pouvait vivre? elle était usée.

Il ne s'était donc pas inquiété de ce voyage de sa tante à Paris, n'ayant qu'un regret, celui de ne pas la voir pour juger par lui-même de son état et se fixer une date à peu près certaine pour son deuil, car il porterait le deuil de la chère tante, et avec plaisir; mais, bien entendu, sans supprimer la doublure en velours de sa limousine, — qui était une sorte de signature.

Il avait reçu cette lettre depuis quatre jours, quand Angélique lui annonça qu'en son absence il était venu un singulier client lui apporter un cachemire à réparer. Le cachemire était fort beau et il y avait pour cent francs de réparations à faire dessus.

— Eh bien, tant mieux, dit-il d'un air maussade, car rien ne lui était plus désagréable que d'entendre parler de travail; cela le blessait, l'humiliait.

Ce qui avait surpris Angélique, ce n'avait pas été la visite de ce client inconnu qui n'avait pas voulu dire qui l'envoyait, mais sa curiosité, ses questions sur ce qu'elle gagnait, sur ce qu'elle faisait, sur sa vie, sur sa famille.

— Et sur moi?

— Il ne m'a pas parlé de vous ; mais il a beaucoup regardé la petite dans son berceau; il m'a demandé son nom, et quand je lui ai dit qu'elle s'appelait

Geneviève, il a dit que c'était un très joli nom.

— Et comment se nomme-t-il, ce monsieur?

— M. Nicole.

— Où demeure-t-il?

— Il ne m'a pas donné son adresse, il viendra chercher lui-même son châle.

— Quel homme est-ce?

— Quarante ans, l'air d'un homme d'Église, un sacristain.

Jamais M. de Mussidan ne recevait de lettres avenue des Tilleuls; deux jours après cet entretien, le marchand de vin l'appela pour lui en remettre une adressée à M. Passereau.

Très étonné, il l'ouvrit :

« Mademoiselle de Puylaurens désire avoir un entretien avec M. le comte de Mussidan ; elle sera chez elle, *Hôtel du Bon La Fontaine*, vendredi et samedi, de quatre à six heures. »

Que pouvait-elle lui vouloir?

Se réconcilier avec lui peut-être !

Si cela était, il faudrait qu'elle commençât par lui faire des excuses : de vraies excuses.

XXI

Parmi les hôtels de Paris, celui du *Bon La Fontaine*, qui se trouve rue de Grenelle-Saint-Germain, occupe un rang à part. Là, pas plus d'étrangers tapageurs que de pauvres diables honteux. Une clientèle de prêtres et surtout de gens pieux de la province aux manières discrètes, aux toilettes effacées, aux habitudes régulières. On s'y lève de bonne heure pour assister aux messes du matin à Saint-Sulpice, et l'on s'y couche tôt. Pas de bruit dans les corridors; on y marche doucement, à pas glissés.

Quand M. de Mussidan, le vendredi à quatre heures, s'y présenta, la canne sur l'épaule, le poing sur la hanche, le chapeau sur l'oreille, avec ses airs de vainqueur, il fit sensation dans le personnel, bien plus habitué aux gens qui rasent les murs et baissent la tête en tendant le dos, qu'à ceux qui crèvent les plafonds et font sonner leurs bottes.

L'appartement de mademoiselle de Puylaurens était au premier étage. Dans l'antichambre se tenait un petit homme aussi large que haut, à moitié bossu, au visage rasé, aux cheveux plats, vêtu d'une longue redingote marron tombant jusqu'à la cheville : M. Buvat, depuis trente ans au service de mademoiselle de Puylaurens, et par son zèle, son dévouement, sa probité, devenu un personnage important.

Mais, malgré l'influence que ce personnage, avec qui tout le monde comptait, exerçait sur sa maîtresse, M. de Mussidan n'était pas homme à ne pas le traiter en domestique; d'ailleurs il avait pour sa petite taille et sa difformité le plus parfait mépris, — un avorton à ses yeux.

— Votre maîtresse est chez elle ? demanda-t-il avec hauteur.

— Mademoiselle attend monsieur le comte.

Et Buvat, ayant ouvert la porte, annonça :

— M. le comte de Mussidan !

Une personne très longue, très maigre, très pâle, enveloppée dans un châle et dans des dentelles, une bouillotte sous les pieds, était assise au coin de la cheminée devant le feu, presque dans le feu ; sa figure aux joues creuses et aux yeux brillants exprimait la souffrance et surtout un air de fierté native unie à une extrême bonté acquise; elle lisait sans lunettes, mais en le tenant au bout du bras à distance, un livre de piété.

De la main elle fit signe à M. de Mussidan de s'asseoir en face d'elle à l'autre coin de la cheminée.

Il s'était avancé jusqu'à trois pas d'elle, noblement, la tête haute; là il s'arrêta et, les deux talons réunis, la pointe des pieds en dehors, il s'inclina cérémonieusement en faisant décrire à son chapeau ramené sur son cœur une courbe pleine de majesté.

— Comment vous portez-vous, ma tante ?

Dans sa bouche ce n'était pas là une parole de simple politesse, mais d'impatiente curiosité. Combien il regrettait qu'elle ne lui tendît pas la main, il aurait vu si elle était chaude, cette main amaigrie.

Et tout en s'asseyant il regardait sa tante : elle avait pâli ; elle était plus essoufflée. Allons, décidément Ceydoux ne l'avait pas trompé ; depuis deux ans qu'il ne l'avait vue, le mal avait fait des progrès ; tous les médecins de la faculté de Paris ne la prolongeraient pas. La pauvre femme, il fallait être bon avec elle et oublier les justes griefs qu'il avait dans le cœur. Si elle voulait se réconcilier avec lui avant de mourir et l'entretenir de son testament, il ne lui garderait pas rancune, et ce qu'elle demanderait il le lui promettrait. Après tout elle était la sœur de sa mère ; il n'exigerait pas des excuses trop pénibles pour elle.

Mais il n'eut pas le temps d'écouter ces bons sentiments, dans lesquels il se serait complu volontiers, mademoiselle de Puylaurens venait de prendre la parole :

— Notre parenté, ma qualité de sœur de votre mère me permettraient d'invoquer certains droits ; je n'en ferai rien cependant, et dans notre entretien je tâcherai qu'il ne soit question que de l'affaire que j'ai à traiter avec vous.

M. de Mussidan s'inclina avec une politesse légèrement ironique, en homme qui se dit : « Tout cela m'est égal ; voyons cette affaire. »

Elle continua :

— Bien que nous ayons rompu toutes relations, vous ne m'êtes pas devenu étranger. Je vous ai suivi, et une personne de confiance a été chargée de me tenir au courant de ce que vous faisiez... de ce qui vous arrivait. C'est ainsi que j'ai su que vous aviez été vous loger avenue des Tilleuls, et c'est ainsi que j'ai su que vous aviez eu un enfant d'une jeune fille, d'une ouvrière dont vous avez fait votre maîtresse.

M. de Mussidan se trouva assez surpris, mais il ne répondit rien; il n'était pas un jeune neveu qui comparait devant sa vieille tante; il avait bien le droit de s'offrir autant de maîtresses que bon lui semblait, peut-être.

— J'ai fait prendre des renseignements sur cette personne, poursuivit mademoiselle de Puylaurens; avant de vous connaître c'était une honnête fille, sur ce point il y a unanimité, et je pense que vous l'admettez comme tout le monde.

— Plus que tout le monde; mais en quoi cela, je vous prie, se rapporte-t-il à l'affaire que vous avez à traiter avec moi?

— Vous allez voir. Avant tout il importait d'établir que cette jeune fille était honnête, ce qui est fait; maintenant nous allons arriver à cette affaire, après toutefois que je vous aurai dit comment j'ai été amenée à vous la proposer. Vous savez combien tendrement j'ai aimé ma sœur, votre mère. Cet amour, je l'ai reporté sur vous, et pendant plusieurs années vous avez été un fils pour moi; je me croyais votre mère. Ces sentiments ont changé; il est inutile que nous revenions sur les causes de ce changement. Mais les sentiments d'affection maternelle que j'avais éprouvés pour vous ne sont pas morts, ils se sont reportés sur vos enfants, qui étaient le sang de ma sœur et qui ne devaient pas souffrir de... je ne voudrais rien dire de désagréable pour vous...

— Parlez en toute liberté, je vous prie, dit-il avec une parfaite indifférence.

— ..... Enfin ces enfants ne devaient pas souffrir de nos dissentiments. Autant qu'il a été en moi, ils n'en ont pas souffert et je crois que j'ai été, je crois que je suis une grand'mère pour eux. Vous, comment avez-vous compris et pratiqué la paternité?

— Permettez-moi de vous dire que je ne relève que de ma conscience.

— Vous vous trompez, vous relevez aussi de Dieu, qui vous voit et vous juge.

Jusque-là elle avait parlé lentement, d'une voix faible, en s'arrêtant après chaque phrase pour respirer, mais ces derniers mots, elle les prononça avec énergie, la tête haute, la main levée, et, en la voyant ainsi, M. de Mussidan se demanda avec inquiétude si, sous cette apparence débile, il ne restait pas encore plus de force qu'on ne lui avait dit et qu'il ne croyait.

Elle continua :

— D'ailleurs je suis surprise que vous invoquiez votre conscience. Ce n'est pas elle assurément qui vous a inspiré l'idée de conduire vos fils chez cette jeune fille.

— Ils vous ont dit ?

— Ils m'ont dit qu'elle avait été très bonne pour

9.

eux et qu'elle s'était ingéniée à leur être agréable ; mais il ne s'agit pas de cela, bien que sa manière d'être avec eux ait influé sur ma résolution ; il ne s'agit pas d'elle, il s'agit de vous. Ce n'est pas elle qui a été chercher vos enfants ; c'est vous qui les avez menés chez elle ; vos fils chez votre maîtresse ! Cela vous a paru la chose la plus simple du monde, la plus naturelle. Vous ne saviez qu'en faire ; comment les amuser pendant leurs sorties, comment leur donner à dîner ? Vous vous êtes débarrassé de ce souci sur cette pauvre fille qui a pris votre place. Et vous n'avez pas senti ce qu'il y avait de coupable...

— Permettez...

— De honteux dans cette conduite. Ce n'est pas pour vous le faire sentir que je parle ainsi, mais pour que vous compreniez combien cruellement je l'ai senti, moi qui leur tiens lieu de mère. Croyiez-vous donc que ces enfants déjà grands ne sauraient pas que cette jeune femme était votre maîtresse ; que cette petite fille était leur sœur ? Et vous n'avez même pas eu l'idée de vous demander ce qu'ils penseraient, comment ils vous jugeraient ; quelle influence cet exemple pouvait exercer sur eux, à l'heure présente, dans leur conscience, plus tard dans leur vie même, dans leur avenir ; vous n'avez pas eu le souci de vous demander si cela ne pervertirait pas leur cœur à jamais.

Elle fit une pause, et comme il ne répondait rien, elle reprit :

— Moi j'ai eu ce souci. D'autre part, j'ai eu souci aussi de cet enfant nouveau-né, votre fille. Ne vous ai-je pas dit que je voyais dans vos fils le sang de ma sœur, le mien, celui des Puylaurens? Je le vois aussi dans cette petite. Je ne veux pas qu'elle soit un enfant abandonné, une bâtarde, je ne veux pas que la petite-fille de ma sœur finisse dans la honte, dans le crime peut-être. Et c'est pour cela qu'après avoir fait prendre des renseignements sur cette jeune personne et acquis ainsi la preuve qu'elle est une honnête fille, — ce que vous avez reconnu vous-même d'ailleurs, — je vous ai appelé pour vous dire que vous deviez l'épouser.

M. de Mussidan resta un moment abasourdi, en homme qui ne comprend rien à ce qu'on vient de lui dire et qui se demande s'il a ou n'a pas entendu; puis, tout à coup, se renversant sur le dos de sa chaise, il se mit à rire aux éclats :

— Moi, s'écria-t-il, moi, comte de Mussidan, épouser Angélique !

— Parfaitement, vous qui êtes le père de son enfant.

— Ah ! c'est trop drôle, laissez-moi rire.

Et il s'abandonna à son rire qui n'avait rien de forcé : c'était de la meilleure foi du monde qu'il trouvait extrêmement comique l'idée de vouloir le marier. Fallait-il que cette vieille fille fût de sa province ! Ah ! la pauvre femme, comme elle était ridicule et niaise !

Mademoiselle de Puylaurens assista, impassible, à cet accès d'hilarité; ce fut seulement lorsqu'elle vit que M. de Mussidan commençait à se calmer qu'elle continua :

— Je ne m'imaginais pas qu'une simple affaire pouvait être si drôle, dit-elle.

— Une simple affaire !

— Avez-vous donc cru que je vous demandais d'épouser cette jeune personne et, par ce mariage, de légitimer votre fille au nom de la morale et de notre sainte religion? Cela eût été drôle pour vous peut-être, mais je ne l'ai pas fait; et même j'ai évité de m'appuyer sur des idées et des croyances qui ne sont plus les vôtres. J'ai voulu me renfermer dans ce qui était affaire, et voilà pourquoi je ne comprends pas cette hilarité.

— En quoi mon mariage avec une fille qui n'a rien serait-il une affaire?

— En cela qu'en considération de ce mariage, je vous assurerais certains avantages qui, pour un homme qui n'a rien, seraient justement une affaire.

Sur ce mot, M. de Mussidan, qui avait pris ses grands airs d'indifférence et de gouaillerie, se fit attentif.

— Je vous écoute, dit-il.

Mademoiselle de Puylaurens continua :

— Dans la situation précaire où vous vous trouvez, il ne peut pas me venir à l'idée de vous demander de vous marier, sans penser en même temps à assurer la vie matérielle de votre femme et de votre enfant. Mais, d'autre part, avec les habitudes que je vous connais et les expériences que j'ai faites plusieurs fois, il ne peut pas non plus me venir à l'idée de mettre à votre disposition un capital quelconque,

que vous gaspilleriez en quelques mois, peut-être en quelques jours. Voici donc l'affaire que je vous propose en vue de ce mariage : vous prenez un appartement décent dont je paye le loyer ; vous choisissez un mobilier que je paye aussi ; je vous remets une certaine somme pour vos premiers besoins et je vous sers une pension mensuelle de trois cents francs, que vous touchez par quinzaine ; enfin, quand votre fille atteint sa dixième année, je la fais élever, et, plus tard, je la dote largement.

A mesure qu'elle parlait, M. de Mussidan, tout d'abord souriant, s'était rembruni, et peu à peu son visage avait exprimé la déception et la colère

— C'est une raillerie ! s'écria-t-il.

— Rien n'est plus sérieux.

— Et vous avez cru que j'accepterais un pareil marché, moi ?

— Et pourquoi ne l'accepteriez-vous pas ? Vous ne pourriez avoir qu'une raison, et elle ne vaut rien, je vais vous l'expliquer. Cette raison vous serait inspirée par l'espérance d'être bientôt en possession de ma fortune. Je sais que vous vous êtes vanté d'être mon héritier dans un délai prochain, et même que vous entretenez des gens à Cordes pour vous tenir au courant de mon état de santé. Dans ces conditions, vous imaginant que vous aurez bientôt ma fortune entière, vous pourriez trouver que c'est une raillerie de ma part de vous proposer une pension dont vous n'aurez bientôt plus besoin, et même que votre main droite payerait à votre main gauche. Eh bien, si vous refusez le marché que je vous offre en raisonnant ainsi, vous avez tort. Jamais, vous entendez bien, jamais vous n'hériterez de moi.

— Mais vous ferez ce que vous voudrez.

— Pourquoi vous laisserais-je ma fortune? Pour que vous la gaspilliez follement comme vous avez gaspillé celle de votre père et celle de votre mère. Pourquoi, je vous le demande?

— Simplement parce que je suis le chef de notre famille.

— Chef de notre famille, vous! Vous ne l'avez jamais été, — jamais pour rien de bon, jamais pour rien d'utile; vous ne le serez pas maintenant pour mon héritage. Une fortune qui fondrait entre vos mains en quelques années. Rayez donc cela de vos espérances: elle ira à vos enfants, à tous vos enfants.

Elle appuya sur ces derniers mots : « Tous vos enfants », et elle y mit une intention évidente; mais, suffoqué par la surprise et l'indignation, M. de Mussidan n'était sensible qu'à une seule chose : ce qu'elle lui avait dit : « Jamais vous n'hériterez de moi. » Et ce qu'il y avait de grave dans ces quatre ou cinq mots qui lui résonnaient dans les oreilles, c'est que sa tante ne revenait pas sur ce qu'elle avait dit. Il ne le savait que trop bien. Lors de leur dernière rupture, elle lui avait dit que désormais il n'avait rien à attendre d'elle, et elle lui avait tenu parole, même alors qu'il était mourant de faim. La pension qu'elle lui proposait maintenant, ce n'était pas à lui qu'elle l'offrait, c'était à celle qu'elle voulait lui faire épouser. Cette pensée l'exaspéra.

— Moi, épouser une ouvrière! s'écria-t-il.

— Une ouvrière vaut bien une écuyère, sans doute. Lors de votre premier mariage, vous n'avez pas eu ces scrupules, et avec la juste fierté d'un gentilhomme, vous ne vous êtes pas écrié : « Moi épouser une écuyère ! » Vous l'avez prise pour femme, cette écuyère, vous lui avez donné votre nom, vous en avez fait la mère de vos enfants. Et cependant vous n'aviez pas cinquante ans alors, et vous étiez — au moins pour le monde — dans une autre situation que maintenant. Pourquoi seriez-vous plus difficile que vous ne l'avez été? Il y a certaines gens qui sont nés pour épouser des femmes d'une condition au-dessous de la leur, et vous êtes de ces gens-là.

Il leva la tête d'un geste noble et hautain :

— Il y a des gens qui ne s'abaissent jamais.

— Comme vous voudrez ! Si cela est, vous n'avez pas à craindre d'épouser une ouvrière alors ; vous l'élèverez jusqu'à vous. Mais ce sont là des considérations que je ne veux pas traiter avec vous, je vous l'ai dit. Je reviens à l'affaire dont vous ne paraissez pas avoir saisi tous les avantages.

Mais avant d'expliquer ces avantages, que M. de Mussidan n'avait pas saisis, elle sonna, et son valet de chambre entrant presque aussitôt, lui apporta une tasse pleine d'un liquide fumant, une tisane sans doute. Elle y versa un sirop, et, après avoir bu quelques gorgées qui éclaircirent sa voix fatiguée, elle poursuivit :

— Il y a longtemps que je suis partagée sur le point de savoir si vous êtes capable ou incapable de calculer. Il y a des jours où vous paraissez calculer très bien et où vous vous montrez véritablement habile dans l'art de veiller à vos intérêts. Il y en a d'autres, au contraire, où vous semblez ne pas calculer du tout. Cela tient peut-être à ce que vous voyez ce qui vous touche immédiatement, et non ce qui est encore éloigné. Si vous étiez en ce moment dans un de vos bons jours, vous comprendriez que vos deux fils, qui seront mes héritiers, ne sont plus des petits enfants : Sébastien n'a plus que trois ans à attendre avant l'âge où les enfants ont la jouissance de leurs biens, et Frédéric quatre ans. Au contraire, votre dernier enfant, votre petite fille, qui serait aussi mon héritière pour un tiers si vous la légitimiez par un mariage avec sa mère, a encore dix-sept ans et dix mois avant cet âge où cesse pour les parents la jouissance des biens de leurs enfants.

Elle acheva de vider sa tasse, et comme M. de Mussidan, les yeux fixés sur le feu, paraissait réfléchir, elle poursuivit :

— Dans les jours où vous comptez bien, vous avez dû faire le calcul du temps que vous me donnez à vivre. Pas beaucoup, n'est-ce pas ? Mais je ne suis peut-être pas aussi malade que vous croyez. Et même pour ne pas vous tromper, je dois vous dire que je ne me sens pas près de mourir. Mais enfin, admettons que comme tous les malades je me fais illusion et que je suis condamnée, est-ce dans deux ans, est-ce dans trois ans que je mourrai ? Nul ne peut le savoir, n'est-ce pas ? Mettons trois ans. C'est juste le moment où Sébastien atteint ses dix-huit ans ; vous n'avez donc aucun droit de jouissance sur la part lui revenant.

Vous n'en avez un que sur la part revenant à Frédéric ; mais comme Frédéric a alors dix-sept ans, vous ne jouissez du revenu de sa part que pendant un an. Quelle misère !

Elle fit une pause comme pour laisser ces explications produire tout leur effet.

— Comme la situation change, reprit-elle, si vous légitimez votre fille. Dans trois ans, elle n'a que trois ans, et si je meurs à ce moment-là, vous jouissez du revenu de sa part, c'est-à-dire d'environ cinquante mille francs de rente, pendant quinze ans. Quand vous serez dans un de vos bons jours vous sentirez la force de ces calculs, j'en suis certaine, et je pense qu'ils exerceront une influence décisive sur votre réponse. Tout ce que j'ajouterais ne pourrait que les affaiblir. Donc, il est sage d'attendre jusque-là pour terminer...

Elle hésita :

— ... Pour terminer ce marché. Prenez votre temps. Je resterai à Paris jusqu'à mercredi prochain, et je serai chez moi tous les jours à partir de cinq heures. Je vous demande seulement de ne pas venir dimanche : je ferai sortir mes neveux.

Elle sonna.

— Reconduisez M. le comte, dit-elle à son valet de chambre.

M. de Mussidan salua sans dire un mot, et sortit la tête moins haute, avec un air moins superbe que lorsqu'il était entré.

Ce n'était pas son habitude de se laisser troubler ou démonter, mais il avait été si bien surpris par cette proposition, et surtout par les raisons que mademoiselle de Puylaurens avait déduites pour la lui expliquer, qu'il ne retrouva pas son chemin pour descendre. Il fallut qu'un domestique le lui indiquât; et encore n'entendit-il guère ce qu'on lui disait.

XXII

Ce fut dans la rue seulement qu'il releva la tête en pensant qu'on pouvait le regarder; lui, abattu, jamais.

Pourtant le coup était rude, bien fait pour écraser les plus robustes. Déshérité! privé de cette fortune qui était déjà sienne et dont il avait déjà réglé l'emploi! Il fallait renoncer à son hôtel de la rue Galilée, renoncer aussi au coupé qu'il avait choisi chez Binder, renoncer aux... à tout. Ruiné, il était ruiné.

Sans doute ce n'était pas la première fois que cela lui arrivait; mais au moins il avait joui des deux fortunes qui avaient fondu dans ses mains, tandis que celle-là lui échappait au moment même où il allait la saisir.

A cette pensée, il brandit sa canne par un geste si furieux, qu'un gamin qui passait près de lui se jeta de côté, effrayé, croyant la recevoir sur le dos.

Quelle femme! Comment une Puylaurens pouvait-elle penser si mesquinement, si bourgeoisement! C'était la dévotion qui lui avait rétréci les idées; voilà où la religion conduit quand ses ministres ne se recrutent plus que dans les classes inférieures. Il est vrai qu'elle ne les avait jamais eues ni hautes, ni larges, et déjà elle était la misérable femme de maintenant quand, avant leur dernière rupture, elle l'avait obligé à aller toucher tous les matins cent sous chez un marchand d'objets de piété de la rue Saint-Sulpice, qui ne les lui remettait que contre signature sur un registre numéroté. Lui, un Mussidan! Il les avait acceptés, ces cent sous, parce qu'il en avait besoin pour le pain quotidien, mais avec quelle humiliation et quelle haine! Chaque paraphe dont il accompagnait sa signature était un coup de poignard qu'il lançait à cette Puylaurens dégénérée, chaque point qu'il appliquait sur l'*i* de son nom une menace; si elle s'était fait représenter le registre elle aurait pu lire entre les lignes.

Bientôt sa fureur tourna. Comment avait-elle su tout ce qui concernait Angélique? Il fallait que celle-ci eût parlé.

Eh bien, ce serait elle qui payerait. Il allait lui dire son fait. Il allait la chasser, elle et son enfant. Une fille de son espèce se plaindre quand il l'avait tirée de sa crasse pour l'élever jusqu'à lui! Une fille qui lui devait tout. Voilà ce que c'est que d'être trop bon, la faiblesse devient de la duperie. C'était une leçon. Et il n'aimait pas les leçons, ah! mais non, non.

Et de sa canne il frappait le trottoir à coups rhythmés.

Il parcourut ainsi à pas pressés une partie du chemin qui va de la rue de Grenelle à Montmartre, et, devant cet homme de haute taille, à la large carrure, qui marchait violemment d'un air furibond, on s'écartait, lui laissant la place.

Mais en arrivant au boulevard il ralentit son allure et frappa moins rudement l'asphalte : la violence même de sa course avait usé sa colère.

Certainement Angélique avait été maladroite de se plaindre, si elle s'était plainte, cela était incontestable.

Certainement mademoiselle de Puylaurens ne méritait pas d'autre réponse que le mépris.

Mais enfin ce n'était pas à Angélique, ce n'était pas à mademoiselle de Puylaurens qu'il devait penser, c'était à lui; il était trop bon, comme toujours, de s'inquiéter des autres.

La colère est une chose, la raison en est une autre. La colère lui disait de faire payer à Angélique sa maladresse et de se venger de mademoiselle de Puylaurens par le mépris; mais d'un autre côté la raison commençait à lui murmurer certaines paroles auxquelles il devait prêter l'oreille.

Cela pouvait être vrai ce qu'avait dit mademoiselle de Puylaurens, et même elle n'avait sans doute répété que l'opinion des médecins : encore trois ans à vivre; mais si cela était, il ne jouirait donc pas de l'usufruit de la fortune de ses fils?

Elle savait calculer, la vieille fille, la vieille coquine, et manier assez bien les chiffres pour jongler avec.

Il ralentit encore sa marche et au lieu de rentrer idrectement, il prit la rue Notre-Dame-de-Lorette; il fallait réfléchir et ne pas se laisser entraîner par un premier mouvement qui pouvait être dangereux.

Quelques mois d'usufruit! Il ne s'était pas fait à cette idée qui ne s'était jamais présentée à son esprit. Et cependant cela était possible, il fallait le reconnaître. Non seulement cette fortune lui échappait, ce qu'il n'avait jamais admis, mais encore il pouvait en perdre la jouissance légale, puisque la loi a été assez bête pour permettre à des gamins de dix-huit ans d'entrer en possession de leurs revenus, au détriment de leur père et de leur mère injustement dépouillés.

Laisserait-il un pareil vol se réaliser ?

Un seul moyen de l'empêcher : la légitimation de cette petite, qui lui donnait dix-huit années d'usufruit.

Mais, pour légitimer cette enfant, il fallait épouser sa mère.

Il était arrivé à la rue Pigalle : il ne la prit pas ; il ne pouvait pas rentrer encore ; il fallait qu'il s'habituât à cette idée qui, au premier abord, le suffoquait : faire d'Angélique sa femme.

Après tout ce serait une bonne action : elle l'aimait si tendrement, si passionnément, la pauvre fille.

Mais cette idée n'eut pas plus tôt effleuré son esprit qu'il voulut la chasser. C'était son faible, les bonnes actions. A combien de fautes l'avaient-elles entraîné ! combien de sottises lui avaient-elles fait commettre ! C'était par bonté qu'il s'était ruiné, par bonté qu'il s'était déjà marié.

Mais il eut beau vouloir l'écarter, elle revint toujours, elle s'imposa ; elle le domina.

Elle serait si heureuse ! Quelle joie ! quel triomphe pour elle ! Que ne ferait-elle pas pour le payer du bonheur qu'il lui donnerait ! que ne serait-elle pas pour lui !

Et puis il y avait cela de terrible dans sa situation, qu'il était placé dans l'alternative de donner la fortune de mademoiselle de Puylaurens à cette enfant ou de condamner cette pauvre petite à la misère ; et cette enfant c'était sa fille, son sang, une Mussidan.

Héritier de mademoiselle de Puylaurens, il aurait pu assurer une vie heureuse à Angélique ainsi qu'à sa fille, et il l'eût fait largement ; mais maintenant il ne le pouvait que par son mariage, puisqu'il n'héritait plus.

Cela changeait la question et lui imposait des devoirs. Évidemment cette mère et cette fille avaient des droits sur lui, de ces droits sacrés qu'un homme d'honneur ne méconnaît jamais. En ne se mariant pas, il faisait perdre un million à cette petite. Avec le revenu de ce million, dont il jouirait lui-même pendant quinze ou seize ans, que ne pourrait-il pas faire pour elle ?

Pendant une demi-heure il arpenta le boulevard, allant de la place Moncey à la place Pigalle ; puis à la fin il se décida à rentrer : sa résolution était prise.

La table était mise et depuis près d'une heure Angélique l'attendait pour dîner ; l'enfant, la petite Geneviève, dormait dans son berceau, les rideaux fermés sur elle.

— Savez-vous d'où je viens ? dit-il en se débarrassant de son chapeau et de son pardessus.

Elle le regarda sans répondre.

Il continua :

— Je viens de chez ma tante, mademoiselle de Puylaurens. Et savez-vous ce que j'ai fait ? Je me suis fâché avec elle.

— Mon Dieu !

— A jamais fâché, sans retour possible; si bien fâché, qu'elle me déshérite.

Elle le regarda avec des yeux pleins de douleur et de crainte.

— Est-ce à cause de moi ? demanda-t-elle, à cause de Geneviève ?

— Justement, c'est-à-dire que ce n'est pas absolument à cause de vous, mais enfin vous avez dans cette rupture une part, une très large part.

— Il ne faut pas que cela soit, je ne le veux pas; cela ne peut pas être. J'irai la trouver; je lui expliquerai; s'il le faut, nous nous séparerons, au moins en apparence. Vous coûter votre fortune, moi, jamais.

— C'est inutile; votre démarche ne produirait rien. Je vous la défends d'ailleurs; elle m'a dit que je ne serais pas son héritier, et je ne le serai jamais.

Angélique tomba écrasée sur une chaise.

Il continua :

— Ne vous désolez pas; il y a pour vous du bon dans ce malheur.

Elle ne comprit pas.

— Pour moi ? Mais il ne s'agit pas de moi : il s'agit de vous, de votre fortune.

— Vous savez que c'est cette fortune précisément qui, jusqu'à ce jour, m'a empêché de céder à votre désir... et au mien ; si je ne vous ai pas encore donné mon nom, si je n'ai pas encore légitimé votre enfant par un mariage, c'est que j'en ai été empêché par cet héritage, que je ne pouvais pas, que je ne devais pas sacrifier.

Il fit une pause et la regarda ; elle était toujours sur sa chaise, le visage tourné vers lui, l'écoutant, mais ne le comprenant pas, certainement.

Pourquoi lui parlait-il de mariage à propos de cet héritage ? elle ne voyait aucun rapport là dedans.

— Aujourd'hui, continua-t-il, cet empêchement n'existe plus ; je n'ai plus à craindre de sacrifier cet héritage, puisque je suis déshérité.

Elle s'était soulevée à demi, tremblante, commençant à comprendre, mais n'osant pas croire ce qu'elle comprenait : un rêve, la folie, elle avait déjà été si cruellement frappée dans sa foi.

— Pourquoi ne pas vous fier à mes paroles ? dit-il. Ne savez-vous pas que je suis un galant homme ? Je n'étais pas libre, je le suis ; rien maintenant ne peut m'empêcher de faire mon devoir : dans un mois vous serez comtesse de Mussidan.

D'un bond elle fut au berceau et, saisissant l'enfant, elle l'enleva et le mit dans les bras de M. de Mussidan.

Puis, se jetant à genoux devant lui et l'embrassant de ses deux bras :

— Pour notre fille, soyez béni !

Il la releva :

— C'est bien, dit-il, vous avez toute votre vie pour me prouver votre reconnaissance.

XXIII

Bien que M. de Mussidan ne fût ni timide ni embarrassé, il n'avait pas voulu retourner chez mademoiselle de Puylaurens; il s'était contenté de faire connaître sa résolution à celle-ci par un mot aussi sec que possible. Il n'avait pas à la ménager, cette vieille coquine.

A ce mot, mademoiselle de Puylaurens avait répondu par une note d'affaires :

« Mademoiselle de Puylaurens s'engage :

» 1° A servir jusqu'au jour de sa mort une rente annuelle de trois mille six cents francs au profit de M. le comte de Mussidan, ladite rente payable par termes de cent cinquante francs les 1ᵉʳ et 15 de chaque mois, en l'étude de Mᵉ Le Genest de la Crochardière, notaire. Ces payements n'auront lieu qu'aux mains de M. de Mussidan, et sur sa signature donnée par lui en l'étude du notaire.

» 2° A acquitter tous les trois mois le terme du loyer de M. de Mussidan, à condition que ce loyer ne dépassera pas mille francs par an et qu'il sera payé par les soins de Mᵉ Le Genest de la Crochardière au propriétaire ou au concierge de la maison habitée par M. de Mussidan;

» 3° A acquitter jusqu'à concurrence de dix mille francs les factures de meubles et d'objets mobiliers dont M. de Mussidan peut avoir besoin pour garnir l'appartement dont il est parlé dans le paragraphe précédent;

» 4° Enfin à mettre à la disposition de M. de Mussidan une somme de cinq mille francs qu'il pourra toucher chez M° Le Genest de la Crochardière le jour même de la célébration de son mariage à la mairie, et sur le vu du bulletin de célébration. »

En lisant le premier paragraphe, qui disait que les payements de la rente annuelle se feraient en l'étude de M° Le Genest de la Crochardière, et contre reçu signé, M. de Mussidan avait agité avec colère le papier qu'il lisait; au dernier paragraphe, « sur le vu du bulletin de la célébration du mariage », il l'avait froissé dans ses mains crispées et l'avait jeté par terre.

Le traiter ainsi, lui! Cette défiance n'était-elle pas la plus mortifiante des injures? Et cette parcimonie n'était-elle pas vraiment misérable : un loyer de mille francs, un mobilier de dix mille francs? Il y avait là une intention si manifeste de le maintenir dans une médiocrité infâme que son indignation éclatait malgré lui. Quelle chute, des cent cinquante mille francs de rente sur lesquels il comptait, à ce piètre arrangement!

Cependant, après quelques instants d'abandon, il avait ramassé la note de mademoiselle de Puylaurens, et lentement il s'était appliqué à la remettre en état. Cette vieille fille était folle, voilà tout ; on ne se fâche pas avec les fous. Et comme les plis du papier ne voulaient pas s'effacer sous sa main, il l'avait placé entre les pages mouillées d'un livre sur lequel il avait entassé d'autres livres, presque toute la bibliothèque d'Angélique. Après tout, ce chiffon de papier valait plus de quatre mille francs de rente et un capital de quinze mille francs.

Une fois qu'il avait pris une résolution, il l'exécutait coûte que coûte. Il s'était donc aussitôt occupé de réunir les pièces nécessaires à la célébration de son mariage. C'était un pas à sauter et il ne gagnerait rien à en retarder le moment. Plus tôt il serait marié, plus tôt il toucherait sa rente et son capital de quinze mille francs, plus tôt aussi il assurerait à sa fille la fortune de mademoiselle de Puylaurens, et c'était là une considération qui avait son importance. Elle pouvait mourir, la vieille fée, mourir subitement ; alors Geneviève n'héritait pas, et lui perdait la jouissance légale du revenu de cet héritage, — cinquante mille francs, pendant dix-huit ans, près d'un million.

Ce fut une cruelle humiliation que lui apportèrent les pièces relatives à la filiation de sa femme future : Angélique Godart, fille de François Godart, artiste musicien, et de Marie Blanc, lingère. Si encore elle avait eu des ancêtres, si petits qu'ils eussent été ! Mais non : un musicien, une lingère.

Il avait dû s'occuper aussi de trouver un appartement ; mais dès là qu'il n'avait pas son hôtel de la rue Galilée et que son loyer ne devait pas dépasser mille francs, que lui importait? Il en avait arrêté un au cinquième étage d'une maison de la place Dancourt, qui avait l'avantage d'offrir une belle vue sur Paris.

— Vous aurez en face de bons voisins, lui avait dit le concierge, des musiciens : le père chef d'orchestre en province, la mère élevant six enfants, qui tous travaillent la musique : l'un le violon, une autre la harpe, une autre le piano. Ils sont bien connus, les Gueswiller, des Alsaciens.

Mais il ne connaissait pas ce nom-là, et il lui était bien indifférent que ces gens fussent ou ne fussent pas musiciens, pour les relations qu'il aurait avec eux.

Le logement arrêté, il l'avait meublé, et contrairement à ce qui se fait ordinairement, il n'avait adressé qu'une seule recommandation au tapissier : « Avant tout du goût; je ne tiens pas à la solidité. » Si peu solide que fût ce mobilier, il durerait toujours plus de trois ans, la tante assurément serait morte, c'est-à-dire qu'on vendrait ce mobilier plus que modeste pour le remplacer par un autre digne de la situation que créerait cette mort.

Quelque chose de beaucoup plus grave que tout cela pour lui, c'était le choix des témoins de son mariage.

Pour les siens il n'était pas embarrassé, il prendrait des étrangers ayant de grands noms, sinon de grandes situations : un Italien, le prince Mazzazoli, et un Espagnol, le marquis d'Arlanzon, aide de camp d'un prince en disponibilité qu'une révolution avait envoyé en France, où il attendait qu'une révolution le rappelât en Espagne. Il n'avait pas rompu toutes relations avec ces étrangers; presque tous les jours il rencontrait le prince Mazzazoli aux Champs-Elysées et échangeait avec lui un salut ou un mot; de temps en temps il allait chez le marquis d'Arlanzon. Ni l'un ni l'autre de ces étrangers ne connaissaient le vrai de sa situation, ils ne pourraient pas refuser d'être ses témoins, et leurs noms mis dans les journaux, avec leurs titres et l'énumération des ordres dont ils étaient décorés, produirait bel effet.

Mais pour les témoins de sa femme, « de la comtesse », il n'en était pas ainsi; il ne pouvait pas lui prendre ses témoins parmi les étrangers qu'il connaissait, et ceux qui étaient indiqués par la parenté ou les relations, ceux qu'elle voulait, un de ses oncles, professeur de musique à Lille, et M. Limonnier, n'étaient vraiment pas des gens qu'on pouvait avouer : un croque-notes et *Mille-z-amitiés* en compagnie du prince Mazzazoli et du marquis d'Arlanzon ! la honte serait pour lui.

Enfin, ne pouvant pas l'éviter, il s'efforça de l'atténuer au moins autant que possible, et pour cela il ne trouva rien de mieux que de noyer le croque-notes et *Mille-z-amitiés*. S'il n'avait à sa table que ses quatre témoins, ceux de la comtesse occuperaient fatalement une certaine place; au contraire, s'il avait un certain nombre de convives, ils seraient effacés. Sur les cinq mille francs que mademoiselle de Puylaurens mettait à sa disposition pour son mariage, une grosse part fut attribuée au déjeuner qu'il offrait à la *Maison-Dorée*, et à ce déjeuner il invita cinq ou six autres étrangers qui valaient le prince Mazzazoli et le marquis d'Arlanzon.

Chaque nom nouveau était une inquiétude pour Angélique, qui eût voulu se marier discrètement, simplement, comme il convenait, croyait-elle, à une fille qui était dans sa position. Le prince Mazzazoli, le marquis d'Arlanzon, c'était déjà terrible pour elle; mais le comte Vanackère-Vanackère, le baron Kanitz, le comte Algardi, don Cristobal de Yarritu n'étaient-ils pas vraiment effrayants? Que dirait-elle à tous ces personnages? Quelle figure ferait-elle devant eux?

Mais ce qui était plus effrayant encore, c'était la responsabilité dont il la chargeait.

— Surtout veillez à ce que votre oncle et M. Limonnier ne lâchent pas de sottises; stylez-les; tâchez qu'ils ne parlent pas.

Pouvait-elle leur faire cette injure? pouvait-elle leur dire de ne pas parler?

Et puis elle avait encore un autre souci : que ferait-elle de sa fille? A qui la confier? Heureusement madame Limonnier lui vint en aide avec sa bonté habituelle.

— Il vous faut quelqu'un pour garder Geneviève; je suis sûre que vous n'osez la confier à personne : je resterai avec elle.

Quel soulagement pour elle!

Elle en eut un autre. Quand elle parut devant son mari en robe de satin blanc couverte de fleurs d'oranger, — c'était lui qui avait commandé sa toilette de noces, et lui avait imposé les fleurs d'oranger avec l'obstination d'un homme qui se croit au-dessus du ridicule, — il la trouva très bien et lui fit des compliments qui la rassurèrent un peu.

A la mairie, ce fut M. de Mussidan qui eut des sujets de satisfaction : en lisant les noms des témoins le greffier bredouilla ceux de Joseph-Isidore Limonnier et de Alexis Godart, tandis qu'il insista longuement sur ceux du prince Mazzazoli et du marquis d'Arlanzon, les seuls qu'on entendit distinctement avec les titres et les décorations qui les accompagnaient.

A table, les deux témoins de « la comtesse » se tinrent convenablement ; seul, M. Limonnier lâcha une bêtise comme on lui offrait des fruits :

— Merci, dit-il, je ne prends jamais de *cruautés*.

Mais il n'y eut que M. de Mussidan qui comprit, les étrangers si Français qu'ils fussent devenus, n'étant guère en état de distinguer *cruautés* de *crudités*.

Le déjeuner fut donc très gai, très animé, très bruyant, si bruyant même que d'honnêtes bourgeois qui occupaient un cabinet voisin se plaignirent de ne pas s'entendre parler ; ils étaient là pour une affaire et non pour leur plaisir ; parmi eux se trouvait le notaire Le Genest de la Crochardière.

— Nos voisins ne pourraient-ils pas être moins bruyants, dit-il au maître d'hôtel ; qui donc est là ?

— C'est un grand seigneur, M. le comte de Mussidan ; il a commandé un déjeuner à cent francs par tête, et il y a des extras.

FIN DE LA PREMIÈRE PARTIE

DEUXIÈME PARTIE

I

Contrairement aux espérances de M. de Mussidan, contrairement aux pronostics du clerc de notaire de Cordes, contrairement aux probabilités, mademoiselle de Puylaurens n'était pas encore morte. Elle était toujours la meilleure cliente du docteur Azéma et du pharmacien Sénégas; chaque fois que les gens de Cordes la voyaient monter la côte pour aller à la messe, ils se disaient qu'elle ne la redescendrait peut-être pas; il y avait des paysans qui mettaient leur argent de côté pour acheter un morceau de ses terres lorsqu'on les vendrait après sa mort, mais enfin elle ne mourait point.

La première année qui avait suivi son mariage s'était écoulée sans que M. de Mussidan se plaignît. Sans doute, il était humiliant pour lui de s'en aller le 1ᵉʳ et le 15 de chaque mois toucher sa rente (qu'il appelait une indemnité) chez Mᵉ Le Genest de la Crochardière; et cette humiliation était encore aggravée par cela que ce notaire, au lieu de lui offrir convenablement cette indemnité, la lui faisait payer par un caissier, au milieu d'un tas de clercs au regard curieux et au sourire moqueur. Sans doute, il était pénible de monter tous les jours cinq étages. Sans doute il était triste de demeurer à Montmartre au lieu d'habiter les Champs-Elysées. Sans doute il était lamentable de se promener dans la boue ou dans la poussière, au lieu d'aller au Bois, dans un coupé correctement attelé. Sans doute, il était pitoyable de n'avoir que dix francs à dépenser par jour au lieu d'en avoir cinq cents. Sans doute, il fallait des trésors d'abnégation et de patience pour se résigner à n'être qu'un pauvre diable, quand on pourrait, quand on devrait être une des personnalités les plus en vue du monde parisien. Mais enfin il avait donné trois ans à vivre à cette coquine, et il ne serait pas généreux à lui de les reprendre. C'était trois années à passer, cruelles, terribles, éternelles, mais ce serait les allonger encore que de se laisser aller à l'impatience. Il fallait attendre. Il fallait supporter son malheur avec dignité, et quand les lettres de Ceydoux arrivaient annonçant quelque nouveau rhume ou quelque complication nouvelle dans l'état « de la vieille coquine », ne pas permettre à l'espérance d'ouvrir trop tôt ses ailes. On verrait. Du calme. De l'impassibilité. C'est le propre de l'homme fort de ne pas plus se laisser exalter par la bonne fortune que de se laisser abattre par la mauvaise. Et il était un homme fort.

Mais, malgré cette force, à la fin de la deuxième année il avait commencé à ne plus pouvoir s'enfermer dans son impassibilité. Qu'elle ne fût pas encore morte, il n'y avait rien à dire, l'échéance fixée n'était pas arrivée; mais au moins devrait-elle être tout à fait mourante. Et justement Ceydoux n'annonçait aucune aggravation sérieuse dans son état : faible, oui, plus faible, mais non moribonde.

Elle se moquait donc de lui? Les médecins étaient donc des ânes bâtés?

Non seulement cette attente, se prolongeant ainsi, devenait de jour en jour, d'heure en heure plus exaspérante, mais encore elle traînait à sa suite des ennuis de toute sorte.

Ce n'était pas avec trois cents francs par mois qu'un homme comme lui pouvait faire face à ses dépenses, et bien qu'il les appliquât exclusivement à son usage personnel, Angélique gagnant assez avec son travail pour subvenir aux besoins du ménage, il avait fait quelques dettes. Qu'importait? N'était-il pas sûr de pouvoir les payer le jour, jour prochain, où il jouirait du revenu total de la fortune dont hériteraient ses enfants? N'est-ce pas de la folie, de la pure folie, de s'imposer les plus dures privations aujourd'hui, quand on est certain d'avoir demain cent cinquante mille francs de rente? C'étaient là des dettes criardes d'autant plus ennuyeuses qu'elles étaient misérables. Plus les créanciers sont petits, plus ils sont hargneux. Peut-être cela tient-il à ce qu'ils ont plus que d'autres besoin de ce qui leur est dû; mais c'était là une considération indifférente pour lui, il n'était sensible qu'à une chose : leurs exigences, leurs criailleries, les querelles qu'ils venaient lui faire jusque chez lui.

D'autre part, le tapissier qui lui avait fourni son mobilier n'avait que trop fidèlement suivi ses instructions : du goût, pas de solidité ; le crin végétal, employé à la place de crin naturel, s'était aplati et mis en pelotes ; la cretonne du meuble était déjà usée par places.

La troisième année avait commencé; elle s'était écoulée. Allait-il donc en être réduit à payer ses créanciers avec l'argent de sa rente? Faudrait-il qu'il se privât de ses cigares de la Havane et les remplaçât par des cigares de la Régie ? Subirait-il l'humiliation de ne donner que cinq sous de pourboire comme un bourgeois crasseux, aux cochers qui le ramenaient les jours de pluie!

Comme ses meubles, ses vêtements montraient la corde; hélas! le velours de sa limousine était tout lustré, son chapeau était rougi; il faisait des économies sur ses gants. Cela ne pouvait pas durer davantage.

Et cependant cela se prolongeait, le temps s'écoulait, les jours, les semaines, les mois ; elle ne mourait point.

Il avait toujours été calme, mais maintenant c'était avec une vraie fièvre d'angoisse qu'il attendait, le 1er et le 15, le bulletin de Ceydoux. Ce Ceydoux ne se trompait-il pas? ne le trompait-il pas? Un clerc de notaire. Il aurait fallu un homme à l'esprit perspicace, au coup d'œil sûr, un homme comme lui qui, tout de suite, aurait su à quoi s'en tenir. Ah ! s'il pouvait la voir ; mais malheureusement elle ne venait pas à Paris.

Cette idée s'empara si bien de lui, l'obséda si souvent, qu'il trouva qu'il devait s'en débarrasser en la réalisant. Pourquoi ne ferait-il pas le voyage de Cordes ? Ce n'était pas une affaire. Il lui serait facile de voir sa tante sans qu'elle le vît elle-même, et, d'après l'impression qu'il emporterait, il arrangerait sa vie, qui ne pouvait pas rester plus longtemps livrée aux expédients.

Si le voyage n'était pas une affaire, le prix du voyage en était une : il fallait cent soixante francs pour l'aller et le retour, et il ne touchait que cent cinquante francs à la fois. Reporter une quinzaine sur l'autre était impossible. Il n'avait qu'un moyen : demander ce qui lui manquait à sa femme ; ce qu'il fit.

— Vous me rendrez cette justice, ma chère amie, que jusqu'à ce jour, si grands que fussent mes embarras, j'ai eu la délicatesse de ne jamais vous parler de choses d'argent. Vous travaillez, vous faites ce que vous pouvez, et vous disposez de l'argent que vous gagnez comme bon vous semble.

— Je l'emploie pour la maison.

— Pour la maison, pour votre fille, pour vous, pour vos toilettes, pour vos fantaisies, pour vos plaisirs, comme vous voulez ; rien n'est plus juste. Mais une circonstance se présente où j'aurais besoin d'une centaine de francs. Et si je vous en parle, c'est qu'il s'agit d'une dépense qui doit vous profiter, à vous et à votre fille : un voyage à Cordes pour surveiller l'héritage de ma tante. C'est très urgent. Vous devez avoir de l'argent, quelques petites économies.

— J'ai mis de côté trente francs pour acheter un manteau à Geneviève.

— Un manteau à Geneviève ! Ah ! je ne la vois pas du tout en manteau. Elle est bien plus gentille avec sa petite pèlerine. Le manteau peut donc attendre que vous ayez mis de nouveau de l'argent de côté. Seulement trente francs ne font pas les cent qu'il me faut.

— Je n'en ai pas davantage.

— Je pense bien. Mais Geneviève n'a plus besoin du hochet que mademoiselle de Puylaurens lui a envoyé. C'est très mauvais les hochets en métal pour un enfant de cet âge ; d'autre part elle ne se sert pas encore de la tasse en argent qu'elle a reçue cette année. Si vous portiez cela au mont-de-piété, vous auriez bien cent francs.

Elle eut effectivement cent francs, et il les prit avec les trente francs du manteau, de sorte qu'il partit pour Cordes plus riche qu'il n'avait espéré, ce qui lui permit d'abréger la longueur du chemin en fumant quelques bons cigares.

Il ne lui convenait pas d'entrer à Cordes en misérable ; pour s'y rendre de la station de Vindrac, il prit une voiture particulière.

Cordes est une petite ville bâtie au sommet d'un monticule en forme de cône, qu'elle couvre de ses vieilles maisons et de ses remparts qui datent du treizième siècle, — un mont Saint-Michel en plaine. C'était au bas de ce monticule que se trouvait le château de mademoiselle de Puylaurens, dans la vallée du Cérou; et c'était de là qu'elle partait tous les matins pour aller entendre la messe dans l'église qui couronne la ville.

M. de Mussidan, qui connaissait cette habitude, s'était arrangé de façon à arriver en temps pour la voir passer; et pour n'être pas vu lui-même, il s'était embusqué dans l'ombre de la porte des Houlmets, par où elle devait arriver.

Son attente n'avait pas été longue. Au moment où, dans le clocher, commençait à sonner la messe, il avait entendu un faible bruit de grelots qui s'était vite rapproché, et bientôt sous la voûte, en plein cintre de la porte, il avait vu paraître une petite voiture basse, traînée par une belle mule enguirlandée de pompons rouges. C'était mademoiselle de Puylaurens qui conduisait elle-même sa mule, et sur le siège de derrière se tenait le fidèle Buvat.

Mais M. de Mussidan n'avait d'yeux que pour sa tante : il croyait la trouver à peu près morte, et elle lui apparaissait exactement dans le même état où il l'avait vue à l'*Hôtel du Bon La Fontaine*, aussi pâle, aussi maigre, aussi faible, mais ni plus pâle, ni plus maigre, ni plus faible.

Elle avait ralenti l'allure de sa mule sous la voûte; mais, la porte passée, la mule fit sonner ses grelots et reprit le trot d'un pied assuré sans glisser sur les larges dalles qui pavent la rue montueuse.

Aussitôt que la voiture était entrée dans l'ombre et la fraîcheur, Buvat avait posé sur les épaules de sa maîtresse un manteau qu'il tenait prêt.

II

M. de Mussidan était revenu à Paris dans un état de fureur violente, car ce qu'il avait appris en déjeunant avec Ceydoux et des quelques personnes de Cordes qu'il avait pu interroger, n'avait fait que confirmer ce qu'il avait vu : elle n'était pas mourante ; elle pouvait s'éteindre subitement ou après une courte maladie, mais elle pouvait très bien aussi vivre encore pendant plusieurs années ; c'était l'opinion de son médecin, M. Azéma.

Mais alors c'était une infamie, une indignité, elle l'avait trompé ; elle l'avait volé. Pourquoi lui avait-elle parlé de trois ans comme d'un maximum ? Il lui avait alors paru terriblement éloigné, ce maximum, et voilà que maintenant on ne fixait même plus de date : quelques années ? Combien ? Cinq, dix peut-être.

Est-ce qu'il se serait marié s'il avait cru qu'elle ne devait pas mourir ? C'était là qu'était l'infamie de cette vieille coquine, qui avait employé des manœuvres frauduleuses, pour l'amener au mariage. Car c'était bien une manœuvre frauduleuse, une tromperie, une escroquerie que d'avoir fait miroiter à ses yeux l'espérance de la jouissance légale d'un héritage chimérique. Est-ce que la loi ne punit pas d'un emprisonnement de cinq ans ceux qui emploient des manœuvres frauduleuses pour faire naître l'espérance d'un succès, d'un accident ou de tout autre événement chimérique? C'était bien là le cas de cette coquine qui avait fait naître en lui l'espérance qu'elle mourrait dans un délai de trois ans, et qui ne mourrait pas; elle les avait méritées, ces cinq années d'emprisonnement et même plus.

Voleuse! La sœur de sa mère une voleuse, quelle honte pour lui! Et elle allait à la messe! Et elle affichait une ardente dévotion! Il avait vu bien des caractères vicieux dans son existence, mais jamais rien de si vil, de si bas, et certes s'il était un homme indulgent au monde, c'était lui.

Il voyait maintenant, il comprenait pourquoi elle avait tant tenu à le marier; c'était tout simplement par avarice, pour économiser son argent. Quel naïf il avait été de ne pas deviner cela! Mais aussi comment s'imaginer, quand on était un galant homme, que cette femme infernale ferait ce calcul diabolique : Mon neveu est ruiné; par respect humain, je suis obligée de lui assurer une situation digne de lui, digne de sa naissance, de son éducation, de son élégance, de sa distinction, et cela me coûtera cher. Tâchons de l'amoindrir, et plus il sera bas, moins il me coûtera cher.

Voilà comment elle l'avait marié en faisant tourner devant lui le miroir de l'héritage. Ayant pour femme une ouvrière, il n'avait pas de rang à tenir, il était obligé de la cacher, de se cacher lui-même, et avec une aumône on se débarrassait de lui.

Sans doute il aurait dû soupçonner cela; mais, si triste que fût son état présent, il ne pouvait pas ne pas éprouver un mouvement de satisfaction et de fierté à se dire qu'un pareil calcul n'avait même pas effleuré son esprit; il fallait les dures leçons de l'expérience et de la réalité pour le croire possible.

Un autre à sa place voyant comme il avait été trompé, aurait planté là femme et enfant; mais lui n'était pas homme à faire payer les innocents pour les coupables, et il s'était résigné à supporter son martyre.

Il continuerait d'être bon et généreux pour cette femme et cette enfant. Digne; il ne se plaindrait pas.

Et cependant, si quelqu'un pouvait accuser les hommes et la destinée, c'était lui.

A son âge, avec sa tournure, avec ses facultés, son nom, en être réduit à vivre à Montmartre, au cinquième étage, n'ayant pour compagnie qu'une femme qui travaillait et une enfant qui faisait du tapage! Ne pas oser donner son adresse! Ne pouvoir recevoir personne chez soi! S'asseoir devant une table sans nappe, manger des mirotons ou des grillades à la poêle! Se servir soi-même! S'éclairer au pétrole!

Dans son intérieur même il ne trouvait pas tout le bonheur, c'est-à-dire toute l'affection, toute la tendresse, tout le dévouement auxquels il avait droit, et cette femme qu'il avait faite sienne, cette ouvrière qu'il avait tirée de son humble condition, ne lui payait pas en reconnaissance le grand honneur qu'il lui avait accordé en l'élevant jusqu'à lui. Sans doute elle était attentive à lui plaire, prévenante, empressée, douce, soumise ; tout ce qu'elle savait lui être agréable elle le faisait. Mais elle n'était plus ce qu'il l'avait vue pendant la première année de leur liaison. A la naissance de l'enfant il s'était opéré en elle un changement qu'il n'avait pas remarqué tout d'abord, mais qui à la longue était devenu frappant. Elle ne s'occupait plus de lui exclusivement, elle n'avait plus d'yeux que pour lui ; maintenant elle était toujours à s'occuper de cette petite, à la regarder dans de longues contemplations, à la caresser, à l'embrasser, à la pomponner. Et c'étaient des admirations, des adulations sans fin : « Que tu es belle, ma mignonne ! quelle jolie petite bouche ! Comme ta peau est douce ! comme tes yeux sont tendres ! Et tes menottes ! et tes petons roses ! » Les litanies. Quel besoin avait-elle qu'on lui parlât ainsi, cette petite ? Elle n'y comprenait rien. Pourquoi sa femme ne lui disait-elle pas tout cela à lui ? Il ne tenait pas certainement à ce qu'on remarquât, tout au moins à ce qu'on dît qu'il avait ceci ou cela beau ; il savait ce qu'il était et ce qu'il valait mieux que personne, avec ses qualités et ses défauts, car il avait des défauts, comme tout le monde, qui n'étaient pas graves cependant, puisqu'il ne s'en était pas corrigé ; mais enfin s'il ne voulait pas qu'on le comblât de compliments, il tenait à ce qu'on ne parût pas le dédaigner. Il n'y avait aucune jalousie là dedans, un homme comme lui n'était pas jaloux ; simplement le sentiment et la dignité de ce qui lui était dû.

Il était assez intelligent peut-être pour connaître la vie, et son âge, aussi bien que ses relations, lui avaient permis de l'observer. Maintes fois dans le monde il avait vu des jeunes femmes qui, avant la naissance d'un enfant, adoraient leur mari et qui, du jour où elles étaient mères avaient préféré l'enfant au mari. Combien avait-il vu de ménages où, à partir de ce moment, le mari n'avait plus été rien et où l'enfant avait été tout, exactement comme s'il se passait un fait physiologique : la maternité remplaçant le sexe et prenant la place d'un organe atrophié.

Eh bien, il ne voulait pas qu'il en fût ainsi chez lui, il ne lui convenait pas que l'enfant prît sa place : lui et l'enfant, et non pas l'enfant et lui. Cela était juste sans doute; mais plus juste pour lui que pour tout autre, eu égard à la situation dans laquelle il avait été prendre cette femme pour en faire une comtesse de Mussidan. Elle ne mesurait donc pas les degrés qu'il lui avait fait franchir, — de Godart à Mussidan!

En tous cas, si elle en avait conscience, il n'y paraissait guère, non seulement dans son intérieur, mais encore dans ses relations.

N'avait-elle pas eu la fantaisie de se lier avec les gens logés au même étage qu'eux, ces musiciens, ces Gueswiller, dont la porte faisait face à la leur!

Sous prétexte que Geneviève ne pouvait pas vivre toujours seule et qu'elle avait besoin de jouer avec des camarades de son âge, la comtesse, pendant qu'il était absent, bien entendu, et sans lui en avoir préalablement demandé permission, avait fait commerce d'amitié avec ces Alsaciens, oubliant son titre et son rang.

Toutes les fois que le temps le permettait Geneviève s'établissait sur le balcon qui était commun aux deux locataires, tandis que le dernier enfant de madame Gueswiller, une petite fille nommée Odile, du même âge que Geneviève, s'établissait de l'autre côté, et séparées par une grille, elles restaient là en face l'une de l'autre, bavardant et jouant : on habillait ses poupées, on les parait, et à travers les barreaux on les faisait s'embrasser quand elles s'étaient fâchées par jalousie.

A table, Geneviève faisait deux parts de ce qu'on lui servait de bon : une pour elle, une pour son amie et, le repas fini, elle courait au balcon pour appeler Odile, à moins que ce ne fût celle-ci qui, arrivée la première, ne l'appelât pour partager avec elle ce qu'elle avait mis aussi de côté.

C'était une vraie boîte à musique que cet appartement des Alsaciens, et il y avait là dedans un tas d'enfants, des filles : Sophie, Augusta, Salomé; des garçons : Lutan, Florent, qui toute la journée jouaient d'un instrument quelconque; les filles, du piano, de la harpe et du violoncelle ; les fils, du violon, du cor ou de la trompette. Toute la journée c'était une assourdissante cacophonie. Dès le matin, les gammes commençaient; chacun dans sa chambre, s'était mis au travail, et excepté pendant les heures des cours du Conservatoire, tous ces instruments faisaient rage jusqu'à une heure avancée dans la soirée, les pianos, la harpe, le cor, les violons, le violoncelle. Les parquets tremblaient, les vitres vibraient dans les châssis des fenêtres : c'était à devenir fou et à prendre la musique en horreur.

Et cependant ce n'était pas ce qui arrivait pour Geneviève : alors même que ce n'était pas pour être en compagnie de sa petite camarade, elle restait sur le balcon à écouter ce qu'on jouait, et souvent le soir elle fredonnait le thème des sonates de Haydn ou de Mozart qu'elle avait entendues dans la journée, les nocturnes de Field, les variations de Dusseck.

Cela était indifférent à M. de Mussidan, il ne lui déplaisait point que sa fille montrât des dispositions pour la musique ; elle était douée, voilà tout ; mais ce qui ne lui était pas indifférent, ce qui lui déplaisait, c'était les relations forcées que cela établissait avec ces croque-notes ; ce qui l'humiliait, c'était que madame Gueswiller l'arrêtât dans la rue quand elle le rencontrait. Elle revenait du Conservatoire suivie de ses filles, et, pour économiser des pas inutiles, elle rapportait ses provisions de ménage, des choux, des salades, des carottes, un lapin, son panier était plein à crever ; et avec ses cheveux jaunes mal peignés, son châle rouge mis de travers, ses souliers fatigués, la robe pleine de poussière ou de boue, ce n'était pas une femme qu'un homme comme lui pouvait aborder décemment.

III

Aux dégoûts de cette existence vide et monotone qu'il traînait misérablement, étaient venus se joindre des ennuis d'une autre sorte, — ceux que ses fils lui avaient causés.

En quittant le pensionnat de l'abbé Quentin, Frédéric était entré au séminaire d'Albi, et Sébastien, qui avait échoué à son examen du baccalauréat, avait été placé par mademoiselle de Puylaurens sous la direction d'un professeur particulier qui devait le chauffer. Cela ne s'était pas fait sans difficultés : Frédéric ne voulait pas entrer au séminaire ; il n'avait aucune vocation pour la prêtrise, Albi ne lui convenait pas. De son côté, Sébastien ne voulait pas de professeur particulier ; il n'en avait pas besoin, il travaillerait mieux tout seul ; qu'on le fît attacher d'abord au ministère des affaires étrangères, les diplômes viendraient ensuite.

Mais M. de Mussidan n'avait pas toléré ces idées de résistance ; il était intervenu, et vigoureusement, comme son devoir de père l'y obligeait.

A Sébastien il avait fait comprendre que lorsqu'on a

été cancre pendant ses premières années d'études on doit, coûte que coûte, réparer le temps perdu; ce n'était pas par la petite porte qu'il devait entrer au ministère des affaires étrangères, mais par la grande; et puis, un précepteur, cela pose bien un jeune homme aux yeux du monde, et en réalité cela ne gêne en rien.

Avec Frédéric c'était des arguments du même genre qu'il avait employés. Pas de vocation pour la prêtrise, qu'est-ce que cela signifiait? Etait-il assez simple pour croire qu'un prêtre est privé des satisfactions mondaines! Il les a toutes, au contraire, quand il le désire, et plus facilement que personne; et puis quelle plus belle carrière pour l'ambition? Il serait évêque, cardinal, pape peut-être; pourquoi pas? A la vérité on ne prenait plus les papes parmi les Français; mais quand on trouverait dans le sacré collège un Mussidan, cela pourrait très bien changer la routine.

Ils avaient cédé.

Il avait alors éprouvé de ce côté un moment de tranquillité, et même avec Sébastien une certaine satisfaction. Grâce à la générosité de mademoiselle de Puylaurens et à l'intelligence de Buvat qu'elle avait envoyé à Paris, ne pouvant pas elle-même entreprendre ce voyage, Sébastien avait été très convenablement installé dans un petit appartement de la rue de Lille, et, en revenant de sa promenade, M. de Mussidan prenait plaisir à lui faire une courte visite; ils étaient très bons, les fauteuils de Sébastien; ses cigares aussi étaient excellents et assez abondants pour qu'on en pût mettre quelques-uns dans sa poche, sans que cet emprunt à la provision fût trop sensible; et puis il recevait quelques camarades, des jeunes gens, des anciens ou des nouveaux amis, et M. de Mussidan s'était toujours plu dans la compagnie des jeunes. Cela le retrempait, le tenait au courant.

Mais cette satisfaction n'avait pas eu une bien longue durée.

Un jour, Ceydoux lui avait écrit qu'on racontait des choses terribles sur le compte de Frédéric, qui s'était sauvé du séminaire d'Albi, sans qu'on sût au juste ce qu'il était devenu. Si ce qu'on disait était vrai, il avait été enlevé par une chanteuse de café-concert et il parcourait le Midi en sa compagnie, elle chantant, lui jouant à tous les jeux de hasard, dans les cafés et dans les cercles, où il se faisait admettre, en se servant de son nom. C'était ainsi qu'on l'avait vu à Agen, à Montauban, à Toulouse, à Cette, à Amélie-les-Bains, à Montpellier, à Nîmes, à Marseille, à Toulon. Maintenant, on croyait qu'il était en quelque-une des villes d'eaux du littoral, Hyères, Cannes, Nice, Menton. Le fidèle Buvat s'était mis à sa poursuite, muni d'une grosse somme pour le tirer des mains de son enjôleuse; mais jusqu'à ce jour il n'avait pas pu le rejoindre. Aussi mademoiselle de Puylaurens était-elle dans un violent état de désespoir : elle avait bâti tant d'espérances sur ce garçon ! Cependant elle ne disait rien, elle ne se plaignait pas de lui, et même elle dissimulait l'aggravation de son état pour qu'on ne pût pas en soupçonner la cause.

Elle espérait cacher cette escapade et réintégrer son petit-neveu au séminaire quand Buvat l'aurait rejoint.

Ce n'avait point été au séminaire d'Albi que Frédéric avait été réintégré, mais à celui de Saint-Nicolas, à Paris, où sa fugue était ignorée. Et c'avait été à Saint-Nicolas que M. de Mussidan avait été le tancer d'importance : « Ne peux-tu pas attendre, coquin? Tu seras ton maître en sortant du séminaire; jusque-là tiens-toi. »

Mais ce discours paternel n'avait produit aucun effet : Frédéric ne s'était pas tenu, et il s'était sauvé de Saint-Nicolas comme il s'était sauvé d'Albi. De nouveau Buvat, muni de billets de banque et de chèques, s'était mis à sa poursuite en France, en Allemagne, en Espagne, en Italie, partout où l'on joue, non pour le ramener au séminaire, mademoiselle de Puylaurens était trop sincèrement pieuse pour vouloir faire prêtre un garçon de ce caractère, mais pour payer ses dettes et le tirer des situations honteuses ou misérables dans lesquelles il se trouvait.

En même temps que Frédéric perdait l'argent de sa tante au jeu, Sébastien le dépensait avec des maîtresses, et en chevaux, en voitures, en objets de luxe de toutes sortes. Lui aussi comptait sur l'héritage de la tante de Cordes, lui aussi avait arrangé les dates où il devait entrer en possession de sa fortune, et à l'échéance de ces dates il s'était trouvé lourdement endetté. Une première fois Buvat était venu régler ces grosses dettes, puis une seconde, puis une troisième, puis une quatrième, la somme qu'il devait apporter augmentant à chaque voyage.

Il était ainsi arrivé une heure où Sébastien n'avait rien dû à son frère, et où Frédéric n'avait rien dû à Sébastien : tous deux étaient égaux devant le désespoir de leur tante qui, lasse de payer et d'engloutir des sommes considérables qui ne servaient à rien, avait pris à leur égard les mêmes mesures qu'à l'égard de leur père : c'est-à-dire que M. Le Genest de la Crochardière avait été chargé de leur payer, de quinze jours en quinze jours, une petite pension, juste ce qu'il fallait pour qu'ils ne mourussent pas de faim et pour qu'ils fussent obligés de la compléter par un gain dû à leur travail, — cent francs par mois.

En voyant quelle route prenaient ses fils, M. de Mussidan avait cru que mademoiselle de Puylaurens, qui les aimait si tendrement, mourrait de chagrin. A l'âge qu'elle avait atteint, faible comme elle l'était, enfiévrée par la colère, désespérée par les déceptions, ulcérée par la perte de son argent, il semblait qu'elle devait mourir. Cela était naturel. Cela semblait obligé. Et, pour lui c'était une consolation aux déceptions que ses fils lui causaient. Sans doute il n'était pas sottement sévère, il comprenait que des jeunes gens devaient s'amuser, mais pas jusqu'à compromettre leur avenir : ses fils devaient être ambassadeur et évêque, il avait arrangé cela : « Mon fils l'ambassadeur, mon fils l'évêque, » cela le complétait ; et il ne pouvait pas s'habituer à l'idée qu'il en fût autrement. Cependant mademoiselle de Puylaurens n'était pas morte. Ceydoux avait raconté les crises par lesquelles elle avait passé; tout le monde croyait qu'elle n'en avait plus que pour quelques jours, quelques heures; le médecin ne la quittait plus, le curé l'avait administrée, et toujours elle était revenue à la vie.

Les premières fois, M. de Mussidan n'avait rien compris à cette résistance extraordinaire; peu à peu la lumière s'était faite dans son esprit : cette vieille fille n'avait pas de cœur, ni fierté, ni dignité rien. Est-ce que, si elle avait eu du cœur, elle n'aurait pas été écrasée sous sa responsabilité? Est-ce que, si elle avait été vraiment pieuse, elle n'aurait pas senti la main de Dieu s'appesantir sur elle? A qui la faute dans ce qui arrivait? A elle, à elle seule. Est-ce que, si elle n'avait pas gâté ces enfants follement, bêtement; est-ce que, si, par ses dons maladroits d'argent elle ne les avait pas pervertis, ce qui arrivait se serait produit jamais? Elevés par lui, ils auraient reçu une éducation virile; près de lui, ils auraient puisé des leçons pratiques et ils seraient devenus des hommes.

Quelle douleur pour un père de voir la chute de ces malheureux enfants! Comme il y avait loin de la réalité à l'avenir qu'il avait voulu, qu'il avait préparé pour eux : l'ambassade pour Sébastien, l'évêché pour Frédéric!

Ce n'était pas avec la misérable pension que leur servait cette coquine qu'ils pouvaient vivre; et, dans la position où il se trouvait, il n'avait rien pu pour eux. A l'ambassade, à l'évêché, il les eût poussés, s'employant pour eux de tout cœur; mais, pour les positions subalternes auxquelles leur chute les condamnait, il n'avait pas pu les appuyer, et, à son grand chagrin, il avait dû les abandonner.

C'était ainsi que Sébastien, toujours élégant, plein de distinction, noble des pieds à la tête, malgré sa dégringolade, avait dû entrer comme employé chez Faugerolles, le couturier, l'habilleur du grand monde parisien. Pas même introducteur des ambassadeurs, mais simplement introducteur des belles mondaines auprès du célèbre Faugerolles, qui avait la lâcheté de l'appeler « mon cher vicomte » et la bassesse de ne payer cette familiarité que cent cinquante francs par mois. Pour cette misérable somme, Sébastien devait se tenir dans le premier salon de son couturier et recevoir, avec ses grandes manières, chaque femme qui arrivait pour commander, ou essayer ses robes, la faire patienter, la calmer quand elle se fâchait. Quelle vie, mon Dieu !

De son côté, Frédéric n'était pas plus heureux. Comme son frère, il avait dû demander au travail de compléter ses cent francs de pension, et il était entré comme croupier au service d'un entrepreneur de cercle qui donnait à jouer l'été dans les Pyrénées, l'hiver à Nice, un ancien lutteur célèbre en sa jeunesse dans toutes les arènes du Midi, — Barthelasse, Marius Barthelasse, de Cavaillon, qui se contentait de faire tomber maintenant dans sa cagnotte l'argent des joueurs naïfs. Fier aussi, celui-là, d'avoir un vicomte à son service, bien que son ambition fût d'avoir pour chef de partie un ancien ministre.

— Et j'en aurai un, disait-il. Le Cercle des étrangers a bien un ancien ambassadeur, j'aurai mon ministre en y mettant le prix; il n'aura pas besoin de tenir les cartes, pourvu qu'il se promène noblement dans mes salons cela suffira. — Est-ce que c'est M... qui a été ambassadeur à Madrid? — Justement.

IV

Cependant Geneviève avait grandi.

C'était maintenant une petite fille de dix ans, mignonne, jolie, à l'air recueilli, avec quelque chose de réservé et de mélancolique qui se trouve assez fréquemment chez les enfants à qui a manqué l'expansion. A son père elle avait pris la pureté des traits, la finesse, l'élégance des formes; à sa mère, la douceur de la physionomie, la tendresse du regard, la simplicité des manières. En tout une charmante enfant au visage gracieux, avec un nez droit, une bouche petite, aux lèvres régulièrement arquées, des grands yeux profonds, un front pur couronné d'une épaisse chevelure blonde frisée.

Adorée par sa mère, qui était en admiration devant elle, elle n'avait fait que ce qui lui plaisait depuis qu'elle était en âge de vouloir, et ce qui lui avait plu ç'avait été de jouer avec sa voisine, la petite Odile, ou bien de rester dans les plis de la jupe de sa mère, à regarder celle-ci travailler, sans bouger.

Un jour, quand elle avait atteint ses sept ans, son père, qui la traitait plutôt en petite bête gâtée qu'en enfant, avait parlé de l'envoyer à une pension des environs où on lui apprendrait à lire.

— Il faut aimer ses enfants pour eux et non pour soi, avait-il dit d'un ton grave; on a des devoirs envers eux.

Mais, le père parti, l'enfant avait si bien pleuré, que la mère, qui tout d'abord n'avait rien osé répondre, s'était laissé attendrir.

— Qu'est-ce qu'il veut que j'apprenne à la pension, papa?

— A lire, à compter, à écrire, tout ce qu'on enseigne aux petites filles.

— Pourquoi ne me l'enseignes-tu pas, toi, maman?

— Je ne suis pas une savante.

— Tu sais lire, compter, écrire, tu es assez savante; tu verrais comme j'apprendrais bien avec toi; je ferais tout ce que tu me dirais; Odile ne va pas à la pension.

— Ses sœurs la font travailler.

— On travaille bien mieux avec sa maman qu'avec ses sœurs. Je t'en prie!

La mère ne savait rien refuser à son enfant; mais, d'autre part, la femme n'osait pas résister à la volonté de son mari; elle s'était trouvée dans un terrible embarras. Pour en sortir, elle avait tâché de fléchir cette volonté; mais, aux premiers mots, M. de Mussidan s'était fâché.

— Je ne veux pas qu'on m'accuse de négliger mes devoirs envers mes enfants; elle ira en pension, je le veux.

Il avait fallu dire ce « je le veux » à l'enfant, qui

n'avait répondu que par un torrent de larmes et qui, la nuit, avait poussé des petits cris en dormant.

Le matin, elle s'était trouvée malade, douleurs de de tête violentes, fièvre, pupilles dilatées ; impossibilité de supporter la lumière.

On avait fait venir un médecin qui, après l'avoir examinée, avait interrogé les parents.

— Est-ce que cette enfant a éprouvé une vive contrariété ?

— Aucune, avait répondu M. de Mussidan, c'est l'enfant la plus heureuse qui soit au monde.

Mais la mère avait raconté l'histoire de la pension.

— Si vous tenez à l'envoyer en pension, avait dit le médecin, attendez un peu ; elle me paraît dans un état de surexcitation qui demande des ménagements.

— Craignez-vous donc quelque chose de grave ? s'écria M. de Mussidan.

— De grave, non, au moins pour le moment ; mais il pourrait survenir des accidents du côté des méninges, et nous devons veiller à les écarter.

— Une méningite !

— Je ne dis pas qu'elle soit menacée d'une méningite, mais enfin c'est une enfant qu'il faut surveiller, qu'il faut ménager.

— Elle sera ménagée, elle n'ira pas en pension. Une méningite, ma fille !

Une méningite, sa fille ! S'exposer à la perdre. Mais il l'aimait, cette petite bête ! Mais, c'était pour elle qu'il s'était marié ; mais c'était sur elle qu'il avait arrangé sa vie. Etait-il donc possible qu'elle mourût avant mademoiselle de Puylaurens!

Elle n'avait donc pas été mise en pension; c'avait été sous la direction de sa mère qu'elle avait appris à lire, à écrire, à compter, et très vite appris avec une grande facilité, surtout avec une extrême docilité!

Quand sa mère l'approuvait pour une leçon bien sue ou une fable récitée sans faute, la petite se mettait à rire avec malice :

— Est-ce que je l'aurais mieux apprise en pension? disait-elle.

C'avait été un grand chagrin pour madame de Mussidan de n'être pas savante, comme elle disait, et de ne pouvoir enseigner à son enfant que le peu qu'elle savait, — et ce n'était pas grand'chose. — Sans doute elle aurait pu s'adresser à son mari pour le prier de la guider et même pour lui demander de la suppléer dans ce qu'elle ignorait; mais elle n'osait pas. Jamais il n'avait paru s'intéresser à ce que faisait l'enfant, et souvent même, quand elle apprenait sa leçon dans un coin en la marmottant, il l'avait envoyée sur le balcon en lui disant qu'elle l'ennuyait. Assurément elle était trop jeune encore pour qu'il s'occupât d'elle et se mît à sa portée; cela n'était possible que pour un esprit simple, et non pour une intelligence supérieure comme la sienne. Plus tard, il l'élèverait jusqu'à lui, quand elle serait en état de le comprendre.

Ce qui l'avait surtout peinée, c'avait été de ne pas pouvoir faire travailler la musique à Geneviève, qui, de ce côté, était véritablement douée.

— Ah! si j'avais une fille comme la vôtre! disait souvent madame Gueswiller qui s'amusait à faire chanter à la petite les airs qu'elle avait entendus en jouant sur le balcon.

Précisément parce qu'elle n'avait rien appris, madame de Mussidan aurait voulu que sa fille apprît tout : le français, l'anglais, l'italien, la peinture, la musique. Elle s'imaginait que plus une femme sait de choses, plus elle est parfaite. Il ne fallait pas que sa fille souffrît auprès de son mari comme elle-même souffrait auprès du sien; il fallait qu'elle fût digne de lui, qu'elle le comprît, qu'elle lui plût, qu'elle se fît aimer, qu'ils n'eussent qu'un même esprit comme un même cœur.

Chez les Gueswiller, on ne vivait absolument que pour la musique; non seulement du matin au soir on faisait de la musique, mais encore, quand on n'en faisait point en jouant de quelque instrument, on en parlait. Pour la mère, pour le père quand il venait une fois par an, pour les fils, pour les filles, il n'y avait pas d'autre chose au monde que la musique, pas d'autre travail, pas d'autre plaisir : le français, la grammaire, l'écriture, à quoi bon? à quoi cela peut-il servir? Le solfège d'Italie, la méthode de celui-ci, les exercices de celui-là, à la bonne heure ! La petite Odile avait été mise à ce régime et, dès quatre ans, on l'avait campée devant un piano; il fallait qu'elle fît comme ses frères et sœurs : à quatre ans, Mozart avait du talent.

A dire vrai, Odile aurait mieux aimé jouer à la poupée sur le balcon avec son amie Geneviève que de travailler son piano ; mais, sur la question du travail madame Gueswiller, véritable pion de cette nombreuse famille, était inexorable, on n'avait le droit de s'amuser qu'après qu'on avait fait une demi-heure ou une heure de travail « par-dessus le marché ». Ne pouvant pas jouer avec sa camarade, Odile appelait Geneviève pour que celle-ci assistât à sa leçon, qui lui était donnée par sa sœur aînée ; et, tant que la leçon durait, Geneviève restait debout à côté du piano, immobile, silencieuse, recueillie, regardant tantôt la musique, tantôt les doigts de son amie courant sur les touches, le plus souvent ne regardant rien du tout, absorbée en elle-même. Puis, la leçon finie, au lieu de se mettre à courir avec Odile qui ne demandait qu'à secouer ses jambes engourdies, elle disait à Sophie, la sœur aînée :

— Joue-moi quelque chose.

— Que veux-tu que je te joue?

Alors elle indiquait le morceau qu'elle voulait entendre ; seulement, au lieu d'en donner le titre qu'elle ne savait pas, elle en chantait un passage, celui qui l'avait frappée, pendant qu'elle l'avait entendu étudier.

— Surtout n'accroche pas, disait-elle.

— Comment, que je n'accroche pas?

— Tu sais à ce passage, — elle le chantait, — si tu savais comme tu me donnes des émotions quand tu en arrives là ! Que papa me parle, que maman m'explique quelque chose, je n'entends que toi ; quand l'endroit dangereux approche, je me dis : « Elle va accrocher. » Comme je suis contente quand tu le passes bien! mais quel chagrin quand tu verses!

Quand M. de Mussidan avait, avec les dix mille francs de mademoiselle de Puylaurens, meublé son appartement, il avait acheté un piano, non pour en jouer lui-même, mais parce que cela complétait un ameublement. Rentrée près de sa mère, Geneviève ouvrait ce piano et, posant ses mains sur le clavier, elle cherchait à reproduire ce qu'elle avait vu faire et ce qu'elle avait entendu, ou simplement elle cherchait des combinaisons de sons, des successions de tierces qui lui plaisaient à l'oreille.

A assister aux leçons d'Odile, à écouter de son balcon les autres enfants travailler, elle avait si bien exercé son oreille, qu'elle savait reconnaître en quel ton ils jouaient et par quels tons ils passaient. De même pour les petits marchands qui venaient sur la place, elle les désignait à sa mère par une appellation musicale.

— Maman, c'est la marchande de légumes qui crie en *do*.

C'était cela qui faisait dire à madame Gueswiller :

— Si j'avais une fille comme la vôtre!

Et c'était cela aussi qui faisait dire à Sophie, donnant la leçon à Odile :

— Si tu étais douée comme Geneviève, c'est cela qui serait amusant de te faire travailler!

De là à vouloir faire travailler Geneviève, qui pousserait peut-être Odile par l'émulation, il n'y avait pas loin ; ce pas avait été franchi et les deux petites filles avaient travaillé ensemble.

V

C'avait été un grand point pour madame de Mussidan d'empêcher sa fille d'aller en pension ; mais il y en avait eu un autre qui, à mesure que la petite se rapprochait de ses dix ans, l'avait de plus en plus préoccupée.

C'était à dix ans, en effet, que mademoiselle de Puylaurens voulait se charger de sa petite-nièce pour la faire instruire dans un couvent de son choix, et rien n'indiquait qu'elle eût renoncé à ce projet.

Bien qu'elle n'écrivît jamais à M. de Mussidan, bien qu'elle ne répondît même plus aux lettres que Sébastien et Frédéric continuaient de lui adresser à chaque instant pour lui demander un secours dont ils avaient absolument besoin sous peine du déshonneur et peut-être de la mort, elle n'avait pas cessé de donner des marques d'intérêt à Geneviève qui prouvaient qu'elle pensait à elle : au premier janvier, des étrennes : une pièce d'argenterie à l'usage d'un enfant, un bijou ; à sa fête, un cadeau, bien que cette fête suivît de près le 1ᵉʳ janvier ; à l'anniversaire de sa naissance, un autre cadeau ; enfin, de temps en temps et sans date fixe, des envois de toutes sortes : un agneau aux environs de Pâques; dans l'été, des fruits : prunes, raisins; dans l'hiver, des marrons avec une caisse de vin de Cayssaguet.

Puisque mademoiselle de Puylaurens pensait si souvent à Geneviève, n'était-il pas à supposer qu'elle n'oublierait pas son engagement? Cela paraissait d'autant plus vraisemblable que, fâchée avec ses neveux, elle devait vouloir reporter sur sa nièce son affection et ses espérances.

Bien souvent madame de Mussidan avait agité la question de savoir s'il était ou n'était pas de l'intérêt de Geneviève que cet engagement fût exécuté, pesant le pour et le contre.

Sans doute Geneviève recevrait dans le couvent où sa tante voulait la placer une instruction qu'on ne pouvait pas lui donner dans la famille; mais cela était-il le meilleur pour elle? Ses frères avaient reçu chez l'abbé Quentin l'instruction la plus soignée et la plus brillante : à quoi cela leur avait-il servi? N'eût-il pas mieux valu pour eux qu'ils eussent été élevés dans des habitudes d'ordre et de régularité?

D'un autre côté et en admettant que cette éducation du couvent fût bonne pour elle, on devait se demander comment elle accepterait la vie de couvent. Si déjà elle avait été malade lorsqu'il avait été question de la mettre en pension tout simplement quelques heures par jour, que se passerait-il lorsqu'il s'agirait d'une véritable séparation? Etait-il sage, était-il prudent de l'exposer à un pareil danger?

12.

C'était cela qu'elle devait examiner et peser, et cela seul, en mettant le reste de côté.

Dans une aussi grave circonstance elle ne devait avoir souci que de sa fille, de son intérêt, de son bonheur, de sa santé, de son avenir, en écartant les autres et elle-même.

Il ne s'agissait pas de mademoiselle de Puylaurens et de la satisfaction ou de la déception qu'elle éprouverait à avoir ou à n'avoir pas sa nièce, et il ne s'agissait pas non plus des résultats que cette satisfaction ou cette déception pourrait exercer sur son testament; Dieu merci elle n'avait pas gagné la maladie des Mussidan, cette terrible manie de l'héritage qui les avait affolés et paralysés.

De même il ne s'agissait pas non plus de la douleur qui l'accablerait en se séparant de son enfant, qui était sa vie même; elle l'aimait assez, cette enfant, pour se sacrifier à son bonheur.

Il ne s'agissait que de Geneviève.

Longtemps elle hésita, d'autant plus tourmentée qu'elle ne pouvait parler à personne de ses angoisses, décidée à laisser partir sa fille quand elle la voyait dans une période de bonne santé, décidée au contraire à la garder près d'elle quand elle la voyait un peu pâle ou qu'elle lui trouvait le plus léger bobo. Que deviendrait-elle? qui la soignerait? qui la surveillerait? Il n'y avait pas que son état physique à surveiller en elle, il y avait son état moral, et avec une nature tendre comme la sienne, un cœur sensible, un caractère impressionnable comme les siens, cela était autrement grave.

Alors elle se disait que si mademoiselle de Puylaurens avait été une parente ordinaire, sans sa grande fortune, une tante à elle, par exemple, elle n'aurait pas eu toutes ces hésitations et qu'elle aurait très nettement refusé de lui donner sa fille. Si elle balançait ainsi, c'était donc que cette fortune la corrompait. N'était-ce pas lâche et misérable? Les leçons, les exemples qu'elle avait sous les yeux étaient donc sans influence sur elle?

Cependant, quoi qu'elle se dît et se répétât tantôt dans un sens, tantôt dans un autre, les choses auraient peut-être traîné longtemps ainsi sans qu'elle s'arrêtât à un parti, si un jour, en rentrant de sa promenade, M. de Mussidan n'était pas monté tenant une lettre à la main.

— Savez-vous de qui est cette lettre que je viens de recevoir? dit-il d'un ton furieux.

Comment l'aurait-elle su? Elle ne répondit pas.

— De mademoiselle de Puylaurens. Savez-vous ce qu'elle me dit?

Elle avait pour habitude d'être d'une extrême prudence avec son mari, ne sachant jamais si elle n'allait pas le contrarier. Elle ne répondit rien, et comme Geneviève allait de çà de là, elle lui fit signe de rester tranquille pour ne pas agacer son père.

— Elle me demande Geneviève. Au reste, la lettre est trop curieuse pour que vous ne la lisiez pas.

Et il se mit à la lire lui-même.

« Mademoiselle de Puylaurens rappelle à M. le
» comte de Mussidan qu'elle a pris l'engagement de
» faire élever la petite Geneviève quand celle-ci au-

» rait atteint sa dixième année. Le moment est venu
» de remplir cet engagement. En conséquence, made-
» moiselle de Puylaurens se rendra à Paris à la fin
» du mois prochain afin de prendre sa petite-nièce et
» de la ramener à Cordes avec elle. Son intention,
» en effet, est de faire élever l'enfant sous ses yeux
» par une institutrice particulière. »

— Que pensez-vous de cela? s'écria-t-il.

Mais elle était bien trop profondément émue pour trouver un mot à répondre. Lui prendre sa fille ! L'emmener à Cordes ! Elle n'entendait que cela. Elle n'était sensible qu'à cela, et aussi à l'étreinte nerveuse de sa fille qui, en écoutant la lecture de cette lettre, était venue à sa mère et, lui ayant pris la main, la lui serrait passionnément, comme pour lui dire :

— Je te tiens, tu ne m'abandonneras pas; on ne m'enlèvera pas.

— N'est-ce pas prodigieux ! continua-t-il, pas un mot de moi. Cette vieille fille est un monstre d'égoïsme. Quel horrible défaut ! Est-ce qu'elle s'imagine que ma fille lui appartient? Ma fille est à moi. Et puis qu'est-ce que c'est que cette institutrice particulière? quelle éducation donnera-t-elle à ma fille ? Je n'en sais rien, moi. Pas un mot de moi !

Au milieu des éclats de voix de M. de Mussidan, ce qu'on entendait à peu près distinctement, c'était moi, toujours moi, rien que moi.

Mais elles n'écoutaient pas : de leurs mains jointes elles s'étreignaient, et dans leur esprit, dans leur cœur il n'y avait qu'une pensée : le départ.

Il fallut se mettre à table cependant.

Et comme ni la mère ni la fille ne mangeaient, M. de Mussidan se fâcha :

— Je mange bien, moi! moi à qui l'on fait l'injure ; mangez donc. Allez-vous exciter ma colère par votre mauvaise humeur?

Madame de Mussidan fit semblant de manger, mais Geneviève n'avait pas la docilité voulue de sa mère.

— Je n'ai pas faim, dit-elle.

— Pourquoi n'as-tu pas faim ?

— Parce que je ne veux pas partir.

— Tu ne veux pas ? C'est à moi de vouloir, non à vous, mademoiselle. Mangez. Qu'est-ce que c'est que cette petite bête !

Mais au lieu de manger elle fondit en larmes en se jetant sur sa mère.

Alors il s'écria :

— Quelle vie que la mienne ! Je ne peux même pas dîner en paix ; faites taire votre fille, madame, ou je quitte la table. Voulez-vous donc me donner une mauvaise digestion?

Mais ce ne fut pas lui qui quitta la table, ce fut madame de Mussidan qui enleva Geneviève qu'elle ne pouvait pas calmer.

Elle la porta dans sa chambre et la déshabilla pour la coucher, l'embrassant, lui disant de douces paroles.

— Promets-moi que je ne partirai pas, disait l'enfant, promets-le-moi, maman.

Et en répétant sans s'arrêter ce mot « maman » elle ne cessait de pleurer et de sangloter, ne voulant pas lâcher le cou de sa mère.

— Il faut que je parle à ton père, disait celle-ci.

— Promets-moi d'abord, tu lui parleras ensuite; tu vois bien qu'il est fâché contre ma tante.

Que M. de Mussidan fût fâché aujourd'hui contre mademoiselle de Puylaurens, cela ne signifiait pas que demain il ne céderait pas à sa demande. Chez lui, la question de l'héritage dominait tout, et elle ne pouvait pas savoir s'il ne considérerait pas le séjour de Geneviève auprès de mademoiselle de Puylaurens comme favorable à la réalisation de ses espérances; dans ce cas, il faudrait que Geneviève allât à Cordes, dût-il la conduire lui-même. Sans qu'il eût jamais daigné s'expliquer avec elle, il ne lui avait pas fallu bien longtemps pour deviner quelles étaient ses espérances : jouir du revenu de la fortune que mademoiselle de Puylaurens laisserait à Geneviève. Si Geneviève allait à Cordes et faisait la conquête de sa tante, comme cela était probable, celle-ci ne l'avantagerait-elle pas dans son testament, au détriment de ses neveux Sébastien et Frédéric, qui lui avaient causé tant de chagrins ? Si ces avantages avaient lieu, la part de Geneviève se trouverait grossie d'autant et par conséquent ses revenus, dont son père espérait jouir, grossiraient aussi. Quelle influence un pareil calcul ne pouvait-elle pas exercer sur sa détermination?

Cependant, si peu rassurée qu'elle fût en présence d'une pareille situation, il fallut qu'elle fît à sa fille la promesse que celle-ci implorait si désespérément :

— Promets-moi, maman.

VI

Elle avait promis.

Mais comment tenir sa promesse, comment retenir Geneviève, dans le cas où M. de Mussidan voudrait qu'elle partît?

Si elle avait été effrayée à la pensée qu'on pouvait lui prendre sa fille pour la mettre dans un couvent de Paris, c'est-à-dire près d'elle et dans des conditions où il lui serait possible de la voir souvent, combien plus encore l'était-elle devant cette menace immédiate qu'on allait la lui prendre pour l'emmener à Cordes, où elle ne la verrait plus!

Il fallait qu'elle trouvât un moyen; il le fallait pour elle, il le fallait pour l'enfant.

Le soir, au lieu de se coucher à l'heure ordinaire, elle prétexta un travail pressé et resta seule, pour réfléchir, pour chercher. Ç'avait été toujours son habitude, lorsqu'elle était préoccupée, de suivre sa pensée en poussant son aiguille; sous sa lampe, dans le silence de la nuit, elle était plus libre, elle pouvait mieux s'absorber dans son sujet.

Ce qu'il fallait, c'était quelque chose qui touchât

son mari, et ils n'étaient pas communs, les moyens qui agissaient sur lui.

Jamais elle ne s'était dit qu'il était un égoïste, mais elle savait qu'il ne se déterminait que par des raisons qui mettaient son intérêt personnel en jeu ; c'était donc une de ces raisons qu'elle devait faire valoir auprès de lui.

Qu'il crût que le séjour de sa fille près de mademoiselle de Puylaurens pouvait compromettre son héritage, et bien certainement il ne la laisserait point aller à Cordes.

Mais comment l'amener à croire cela ?

Qui lui eût dit quelques années auparavant, qu'un jour viendrait où elle oserait faire croire quelque chose à ce mari si haut placé au-dessus d'elle ! Cependant la maternité lui avait donné ce courage en l'habituant à faire passer la mère avant la femme.

Le lendemain matin, pendant que son mari s'habillait, — ce qui était pour lui une occupation aussi longue que sérieuse, elle s'enhardit à lui parler de la lettre de mademoiselle de Puylaurens, et, bien qu'elle n'eût jamais étudié les lois de la rhétorique, elle employa le procédé qui consiste à se concilier tout d'abord la bienveillance de son interlocuteur :

— Plus je réfléchis à cette lettre de mademoiselle de Puylaurens, dit-elle, plus je la trouve inexplicable.

— Comment, abominable ! Dites impardonnable.

— Mademoiselle de Puylaurens est votre tante.

— Sans doute, sans doute.

Si M. de Mussidan ne se gênait guère pour appeler

sa tante sorcière, coquine, voleuse, il n'aurait pas toléré que d'autres que lui se permissent de parler d'elle peu révérencieusement ; elle était de sa famille, « sa tante », et, à ce titre, elle avait droit au respect... des autres.

— Comment peut-elle disposer ainsi de votre fille, continua madame de Mussidan, sans savoir si votre intention est de la lui confier?

— Cette vieille coquine se croit tout permis.

— Certainement le séjour à la campagne serait favorable à Geneviève.

— Si vous voulez m'influencer pour que je l'envoie à Cordes, je vous avertis que vous pouvez faire l'économie de vos discours; je sais ce qui convient ou ne convient pas à ma fille, peut-être.

— Je veux si peu que vous envoyiez Geneviève à Cordes, que je me dis que son séjour auprès de mademoiselle de Puylaurens pourrait être dangereux.

— En quoi, je vous prie?

Quand son mari l'interrogeait sur ce ton, elle avait l'habitude de se dérober : elle ne savait pas ; c'était une idée en l'air; rien de sérieux; mais dans le cas présent il fallait faire tête : elle se raidit contre son émotion, s'efforçant de rester calme.

— Vous comptez que Geneviève sera l'héritière de sa tante, n'est-ce pas? demanda-t-elle.

— Assurément, c'est pour cela que...

Il allait dire : « C'est pour cela que je me suis marié », mais il se retint.

— ... C'est pour cela que je l'ai légitimée, afin de lui conférer d'une façon inattaquable la qualité d'héritière de sa tante; d'ailleurs, en plus de cette qualité que la loi lui donne, j'ai la promesse de mademoiselle de Puylaurens.

— Vous aussi vous aviez la qualité d'héritier de mademoiselle de Puylaurens, et cependant vous n'hériterez pas d'elle.

— Parce qu'elle me déshérite.

— Elle vous déshérite parce que vous l'avez fâchée.

— Parce que c'est la coquine la plus vicieuse qui soit au monde, la plus orgueilleuse, la plus sottement infatuée d'elle-même, la plus injuste, la plus acariâtre.

— Assurément les torts sont de son côté.

— Dites qu'en cette circonstance elle a été abominable, — comme toujours, d'ailleurs.

— C'est précisément là ce qui m'inquiète en pensant au séjour de Geneviève près d'elle.

— Je ne crois pas qu'elle pousserait la méchanceté jusqu'à faire souffrir un enfant; elle ne manque pas d'une certaine bonté; la façon dont elle se conduit avec moi ne m'empêchera pas de lui rendre justice.

— Je ne veux pas dire qu'elle ferait souffrir Geneviève, mais simplement qu'elle peut la prendre en grippe.

— Geneviève sait se faire aimer.

— Est-ce suffisant avec mademoiselle de Puylaurens? Il me semble que si elle devait aimer quelqu'un, et l'aimer passionnément, c'était vous; et cependant elle s'est fâchée avec vous, fâchée à ce point qu'elle vous déshérite.

— Geneviève n'est qu'une enfant.

— Il me semble que c'est là justement qu'est le danger. Si elle était plus grande, plus raisonnable, on pourrait lui faire comprendre l'intérêt qu'il y a pour elle à ménager sa tante ; mais comment parler de cela à une enfant de son âge. Remarquez que si vous décidez de l'envoyer à Cordes...

— Je n'ai pas parlé de cela.

— Je dis que si vous décidiez de l'envoyer à Cordes, elle y arriverait assez mal disposée. Vous savez comme elle nous aime ; elle serait désespérée de nous quitter, et dans ces dispositions il se pourrait qu'elle accusât sa tante d'être la cause de cette séparation.

— Eh bien ?

— Eh bien, cela pourrait être dangereux, car si elle n'est pas aimable avec sa tante, celle-ci peut la prendre en grippe. Vous savez combien Geneviève est impressionnable : si elle ne se sent pas aimée, si on n'est pas doux et tendre avec elle, au lieu de se livrer, elle se tiendra sur la réserve, et mademoiselle de Puylaurens, qui est peut-être exigeante...

— Dites qu'elle est d'une exigence féroce.

— Mademoiselle de Puylaurens la trouvera insupportable ; il pourra survenir des difficultés entre elles ; et une fois que les choses auront pris cette voie, qui sait jusqu'où elles iront ; qui sait si un jour mademoiselle de Puylaurens ne vous rendra pas votre fille ; qui sait si alors elle ne la déshéritera pas ? Elle vous a bien déshérité, vous.

— Et si, au lieu de la prendre en aversion, elle la prend en affection ?

— Sans doute cela est possible, quoique cela ne paraisse pas probable, étant donné le caractère de mademoiselle de Puylaurens d'une part, exigeante et dure, et celui de Geneviève de l'autre, timide et tendre. Mais si ce que vous dites arrivait, cela ne changerait en rien la situation de Geneviève, qui ne deviendrait pas l'héritière de sa tante plus qu'elle ne l'est en ce moment, car vous vous croyez sûr, n'est-ce pas, que dans sa colère contre vos fils elle les déshéritera comme elle vous a vous-même déshérité, c'est-à-dire qu'au lieu de leur laisser une part de sa fortune, elle ne leur laissera qu'une rente viagère.

— Cela me paraît probable pour ne pas dire certain.

— La situation de Geneviève est donc celle-ci : si elle gagne l'affection de sa tante, son héritage reste ce qu'il est présentement; si, au contraire, elle ne gagne pas cette affection, cet héritage peut être entièrement perdu pour elle. Dans ces conditions il me semble que c'est courir gros jeu de l'envoyer à Cordes; je vois ce qu'elle peut perdre, et je ne vois pas ce qu'elle peut gagner. Elle a des chances contre elle et elle n'en a pas pour elle.

— Et si mademoiselle de Puylaurens se fâche de ne pas l'avoir?

— Ce serait contre vous qu'elle se fâcherait, contre moi; ce ne pourrait pas être contre Geneviève. Ce n'est pas Geneviève qui veut aller ou ne pas aller à Cordes; c'est nous qui l'envoyons ou qui la retenons. C'est donc contre nous, contre nous seuls, que peut se tourner la colère de mademoiselle de Puylaurens.

Et nous, que nous importe? Vos rapports avec elle ne nous engagent pas à faire quelque chose qui lui soit agréable, n'est-ce pas?

— Certes, non!

— Elle ne peut pas être plus fâchée contre vous qu'elle ne l'est; elle ne peut pas vous déshériter davantage. Vous n'avez donc pas à la ménager.

— Où voyez-vous que je la veux ménager?

— Je ne dis pas cela, mais seulement que les sentiments qu'elle peut éprouver à votre égard vous sont indifférents?

— Absolument.

— Moi, je ne compte pas. Nous n'avons donc à nous préoccuper que de ceux qu'elle peut éprouver à l'égard de Geneviève; et il me semble que notre refus de lui donner notre fille ne peut que l'attendrir pour cette pauvre enfant, victime de la dureté de ses parents.

Il la regarda un moment:

— Savez-vous que ce n'est vraiment pas mal raisonné, dit-il.

— Une mère a de ces raisonnements-là.

Mais elle se tut aussitôt, ayant peur d'en avoir déjà trop dit. Elle savait comme il se blessait facilement lorsqu'elle montrait mal à propos sa tendresse pour sa fille. Et ce n'était pas le moment de le fâcher.

Elle avait obtenu un succès inespéré : elle s'était fait écouter sans qu'il se moquât d'elle ou la rembarrât, et il lui semblait qu'elle n'avait pas trop mal expliqué ce qu'elle voulait dire. Plusieurs fois elle avait vu qu'elle avait touché juste ; il réfléchirait. Le mieux était de le laisser à ses réflexions.

Un mot qu'il lui dit augmenta encore son espérance.

— Je suis vraiment surpris que dans cette affaire vous ayez été si sensible à la question d'intérêt et si peu à la question de dignité, cela ne vous émeut pas, vous.

VII

Dès là que l'envoi de Geneviève à Cordes était une question de dignité, madame de Mussidan était tranquille : sa fille ne partirait pas.

Elle rentra souriante dans la pièce où Geneviève l'attendait tremblante et anxieuse, car sans que sa mère lui eût rien dit, elle avait compris ce qui se passait dans la chambre de son père.

— Qu'a dit papa ? demanda l'enfant.

— Il n'a rien dit, mais il y a bon espoir.

Elle se jeta sur sa mère et passionnément elle l'embrassa :

— Oh ! maman, maman !

Puis tout de suite, pensant à son père :

— Je vais l'embrasser ; je suis si heureuse.

Mais sa mère la retint ; depuis dix ans elle avait étudié son mari et elle savait que ce n'était pas ainsi qu'il fallait s'y prendre avec lui, de cette façon simple et spontanée. Que Geneviève se montrât à lui dans son ivresse de joie, et tout de suite il s'inquièterait de cette joie. Pourquoi était-elle si heureuse ? De là à chercher s'il n'y avait pas eu accord entre la fille et la mère, il n'y avait qu'un pas. Il ne pouvait pas supporter ces sortes d'accord ; c'était avec lui qu'on devait s'entendre, non avec d'autres ; c'était à lui qu'on devait s'adresser, à lui seul. Et puis ce qu'il ne pouvait pas supporter non plus, c'était que ceux qui lui appartenaient fussent heureux d'une joie qu'il ne leur aurait pas donnée lui-même ; c'était par lui qu'on devait être affligé, par lui qu'on devait se réjouir.

— Il ne faut pas montrer cette joie à ton père, dit-elle.

Geneviève regarda sa mère avec des yeux étonnés, mais sans oser l'interroger cependant.

— Ah ! dit-elle tristement.

— Ce n'est pas le moment.

— Cela ne lui ferait donc pas plaisir de voir combien je suis heureuse de ne pas aller à Cordes ?

C'était là une terrible question d'enfant à laquelle il fallait répondre sans hésiter.

— Ecoute-moi bien et tâche de me comprendre.

— C'est papa que je ne comprends pas quelquefois ; mais toi, je te comprends toujours.

— Eh bien ! ma mignonne, comprends que nous avons de grandes obligations envers ta tante de Cordes.

— Quelles obligations ?

— Nous ne sommes pas riches, et c'est elle qui nous permet de vivre.

— C'est toi qui nous fais vivre ; c'est avec l'argent que tu gagnes que nous vivons ; sans cela tu ne travaillerais pas tant.

— Ce n'est rien la vie de la maison. En dehors de cela, il y a d'autres dépenses : celles de ton père... et bien d'autres encore. C'est à ces dépenses-là que mademoiselle de Puylaurens subvient.

— Quelles dépenses a-t-il papa, puisqu'il mange ici ?

— Tu comprendras cela plus tard; pour le moment, tu n'as qu'une chose à comprendre : c'est que nous sommes les obligés de ta tante, et que, pour lui refuser ce qu'elle désire, il faut que ton père fasse un grand effort de volonté.

— Il l'appelle toujours vieille coquine.

C'était là aussi une terrible réflexion et qui montrait quel travail se faisait dans l'esprit de l'enfant.

— Quand ton père est fâché, il se laisse entraîner par la colère ; il dit alors tout ce qui lui passe par l'esprit, mais cela ne l'empêche pas d'aimer ceux dont il parle. Malgré ses fâcheries contre sa tante, il l'aime cependant ; cela le peine donc de lui refuser ce qu'elle demande, il ne le fait que par tendresse pour toi. C'est pour cela que ce n'est pas le moment de lui montrer ta joie ; quand il t'annoncera que tu ne vas pas à Cordes, tu pourras le remercier ; alors il sera heureux de la joie qu'il t'aura donnée.

— C'est toi qui me la donnes, c'est à toi que j'ai demandé de ne pas aller à Cordes.

— Et c'est ton père qui décidera que tu n'y vas pas, c'est donc lui qu'il faut remercier ; tu lui donneras la satisfaction de t'avoir fait plaisir ; tant qu'il ne te parlera pas tu ne dois rien dire, ni rien laisser paraître.

Il ne tarda pas à parler.

— Tu serais contente de ne pas aller à Cordes ? dit-il un matin à sa fille.

— Oh ! papa.

— Qu'est-ce que tu me dirais ?

— Je vous embrasserais de tout mon cœur.

— Eh bien, embrasse-moi, tu n'iras pas.

Puis, pendant qu'elle l'embrassait, il se tourna vers sa femme :

— Voici la lettre que j'écris à mademoiselle de Puylaurens.

Et il lut :

« J'ai l'honneur de présenter mes hommages à
» mademoiselle de Puylaurens et de lui faire savoir
» qu'un père n'accepte pas une proposition comme
» la sienne. J'aurais pu confier ma fille à une parente
» chez laquelle j'aurais eu la certitude qu'elle trou-
» verait de l'affection et de la tendresse, et où elle
» pourrait entendre parler de son père. Mais puisque
» ce père paraît ne pas exister pour cette parente, il
» garde sa fille. »

Il avait détaché chaque mot de manière à en faire sentir toute l'importance ; quand il fut arrivé au bout de sa lecture, il prit un temps :

— Eh bien ! dit-il, comment trouvez-vous cela ?

C'était mal, très mal qu'elle trouvait cela ou tout au moins il lui semblait que ce n'était pas du tout ce qu'il fallait répondre. Mais comment dire cela ? D'ailleurs, ne se trompait-elle pas ? C'était lui sans doute qui avait raison. Un homme comme lui, un homme de sa naissance et de son éducation, qui avait vu le monde où il avait occupé un haut rang, savait mieux qu'une pauvre femme comme elle ce qu'il convenait d'écrire dans une pareille circonstance. N'était-ce pas une maladresse de sa part de vouloir le juger? Et cependant elle sentait que si elle avait écrit cette lettre, elle n'aurait point parlé ainsi. Mais comment risquer une critique? D'ailleurs, si la forme n'était pas ce qu'elle aurait voulu, le fond, au contraire, était ce qu'elle avait demandé : on refusait Geneviève à mademoiselle de Puylaurens, c'était là l'essentiel. Qu'importait le reste?

Comme elle n'avait pas répondu, il insista :

— Trouvez-vous donc que je n'ai pas été assez raide?

— Oh! si.

— C'est un plaisir de traiter les gens comme ils le méritent, surtout quand on n'a pas besoin d'eux.

Mais il se trompait en s'imaginant qu'il n'avait plus besoin de mademoiselle de Puylaurens; la réponse de celle-ci le lui montra.

Ce fut en son absence qu'arriva cette réponse que le concierge remit à madame de Mussidan. Quand celle-ci reconnut la longue écriture de mademoiselle de Puylaurens et vit le timbre de Cordes, elle eut un mauvais pressentiment : si mademoiselle de Puylaurens écrivait, c'était assurément pour insister. Quels moyens employait-elle? quelles propositions faisait-elle? Il allait donc falloir soutenir une nouvelle lutte pour retenir Geneviève. Comme elle eût voulu savoir ce que disait cette lettre! Mais si son mari décachetait les lettres qu'elle recevait, elle ne décachetait pas les lettres de son mari et même elle ne les lisait pas. Il fallait attendre et préparer sa défense sans connaître le terrain sur lequel la lutte allait être portée.

La lettre avait été mise en belle place ; quand M. de Mussidan rentra elle lui sauta aux yeux.

— Ah ! une lettre de Cordes, dit-il. Est-ce que la vieille coquine s'excuserait ?

Et, prenant les ciseaux, il coupa un côté de l'enveloppe.

Si c'étaient des excuses, comme il le supposait, elles étaient courtes ; la lettre ne contenait que quelques lignes.

Il lut haut :

« Puisque M. de Mussidan peut se charger de l'é
» ducation de sa fille et la continuer comme il con-
» vient, c'est qu'il a certainement des ressources que
» mademoiselle de Puylaurens ne connaissait pas
» quand elle a consenti une pension qu'elle croyait in-
» dispensable. Cette pension, devenant désormais
» inutile, sera supprimée à partir du mois prochain. »

Madame de Mussidan écoutait, tout en continuant de travailler ; mais si son mari l'avait regardée, il aurait vu qu'elle tirait son aiguille d'une main tremblante. Pour Geneviève, sans se douter que c'était son sort qui allait se décider, elle écoutait, ne comprenant pas ce que son père lisait.

Jamais madame de Mussidan ne se permettait de parler la première, et avant d'émettre une opinion, elle attendait que son mari la lui eût demandée. Encore n'osait-elle pas toujours dire ce qu'elle pensait. Mais en ce moment il ne s'agissait pas de se montrer femme respectueuse, il fallait être mère intelligente ; il fallait prévenir l'impression que cette lecture allait produire dans l'esprit de son mari, et autant que possible diriger la résolution qu'elle allait inspirer.

— Quelle infamie ! s'écria-t-elle.

— Dites que c'est une basse vengeance.

— Comme mademoiselle de Puylaurens vous connaît peu ! Comment peut-elle s'imaginer que vous allez céder à cette menace ? Un homme comme vous !

— C'est une misérable coquine.

— Croire que vous allez lui vendre notre fille, car ce serait la vendre que de la lui confier en échange de cette pension qu'elle vous rendrait.

— Vous voyez quelle femme c'est. Avouez que vous me jugiez quelquefois injuste envers elle.

— Je ne la connaissais pas.

— Et vous aimiez mieux m'accuser d'injustice que de croire à ce que je vous disais.

— C'était si fort !

— Cela n'est-il pas plus fort que tout !

— Et maintenant qu'allez-vous faire ?

Il croisa ses bras sur sa large poitrine, et relevant la tête en secouant sa chevelure grise :

— Comment ! ce que je vais faire ? Vous me le demandez ! Vous imaginez-vous que je suis un homme qui cède à la menace ? Croyez-vous que je me détermine par des raisons d'intérêt personnel ? Suis-je un homme d'argent ? C'est vous, vous, qui me demandez ce que je vais faire ; moi, un Mussidan !

Elle n'avait plus rien à dire : il avait pris la voie qu'elle voulait ; cependant elle ajouta encore un mot.

— Si vous n'écriviez pas tout de suite, vous pourriez réfléchir.

— Réfléchir à quoi ? pourquoi ? Pour revenir sur ma résolution ? Est-ce cela que vous voulez dire ? Vous n'êtes... qu'une pauvre femme.

VIII

Oui, elle était une pauvre femme, en tout, pour tout, elle le sentait, elle le voyait, mais non pour sa fille cependant.

C'était même à ses yeux un sujet d'étonnement que, lorsqu'il s'agissait de sa fille, elle n'était plus la même femme; elle avait du courage, de la volonté, de l'initiative, presque de l'intelligence; elle osait avoir d'autres idées que son mari, résister à ce qu'il voulait, l'amener à faire ce qu'elle voulait elle-même ou ce que Geneviève désirait.

La réponse que M. de Mussidan avait faite à mademoiselle de Puylaurens, mise par elle à la poste le soir même, elle ne s'était pas endormie dans une paresseuse sécurité. C'était bien que cette réponse eût été écrite dans un moment de colère indignée. Mais ce n'était pas tout; il fallait maintenant que, la colère passée, il ne revînt pas sur cette fière réponse.

C'était le propre de M. de Mussidan de ne jamais penser à son intérêt, ni de ne jamais s'occuper des questions d'argent lorsqu'il voulait une chose; sous l'influence d'un désir, il ne voyait que la satisfaction de ce désir et sa réalisation immédiate, coûte que coûte, le reste n'existait pas; aujourd'hui, tout de suite, cela seul comptait. Mais le lendemain la réflexion arrivait et avec elle le souci de l'intérêt personnel. Exaspéré par la lettre de sa tante et sous le coup de la colère, il n'avait pas pensé à la suppression de « son indemnité »; mais le jour où cette indemnité viendrait à lui manquer, que se passerait-il?

Il n'était pas difficile de deviner que mademoiselle de Puylaurens n'avait supprimé la pension qu'elle servait à M. de Mussidan que pour obliger celui-ci à capituler par la famine; la première chose à faire était donc d'empêcher que cette famine se produisît.

Mais comment?

Si elle avait pu travailler davantage et ajouter ses nuits à ses journées déjà si longues, elle eût sans se plaindre accepté ce surcroît de fatigue; elle était née pour travailler, et travailler pour sa fille, ce serait un plaisir. Mais cela était impossible; elle faisait déjà plus que forces. Prendre encore quelques heures sur son sommeil, ce serait mourir à la peine, et elle ne voulait pas mourir. Que deviendrait Geneviève? On l'élèverait comme avaient été élevés Sébastien et Frédéric.

Et cependant il fallait qu'elle trouvât, n'importe comment, à remplacer cette indemnité dont son mari, bien certainement, ne se passerait pas longtemps.

Deux ans auparavant, elle avait perdu une tante, une tante qui vivait à Lille avec un frère aîné, le musicien, qui avait été témoin à son mariage. C'était une vieille fille simple et bonne et qui s'était consacrée à son frère qu'elle n'avait jamais quitté, se faisant sa servante, sa mère et sa sœur tout à la fois. A ce métier, elle n'avait pas fait sa fortune. Cependant à sa mort, elle avait laissé un petit avoir consistant surtout en objets mobiliers, meubles, linge, et aussi en une part de propriété indivise dans un petit jardin situé aux environs de la ville, où ils allaient passer les dimanches de la belle saison. Soit oubli, soit respect pour la loi d'héritage, cette vieille fille n'avait pas fait de testament en faveur de son frère, de sorte que, lorsqu'elle était morte, celui-ci s'était trouvé obligé à partager ce qu'elle laissait avec sa nièce « madame la comtesse de Mussidan ». Grand embarras pour lui, car ayant toujours vécu dans une étroite communauté avec sa sœur, il était assez difficile de distinguer ce qui appartenait à l'un ou à l'autre, et surtout de partager le jardin, — une languette de terre de soixante mètres de long sur dix de large, et à laquelle on ne pouvait accéder que d'un seul bout. Il avait écrit son embarras à sa nièce. A ce moment celle-ci était dans une situation qui lui permettait d'obéir à ses sentiments d'affection et de pitié pour ce pauvre homme si rudement frappé ; « l'indemnité » de mademoiselle de Puylaurens était exactement payée; elle-même gagnait assez pour subvenir aux besoins de son ménage ; elle avait donc écrit à son oncle de ne pas se tourmenter et de continuer à vivre comme il avait toujours vécu, sans rien vendre de son mobilier, sans vendre son jardin ; le jour où il aurait de l'argent, il lui tiendrait compte de ce qu'elle avait à recueillir dans cette succession, — là-dessus elle s'en rapportait à sa délicatesse

Mais si, à ce moment, elle avait pu ne pas exiger ce qui lui était dû, les circonstances n'étaient plus les mêmes; elle avait besoin de sa part d'héritage, et elle l'avait demandée en expliquant à son oncle, quelle était sa situation.

La réponse ne s'était pas fait attendre

« Ma chère nièce,

» Vous avez eu tort de supposer que je pouvais me
» fâcher de votre demande : elle est trop légitime
» pour me surprendre ou me peiner en quoi que ce
» soit; d'ailleurs la façon dont vous avez agi avec
» moi après la mort de ma pauvre sœur a prouvé une
» fois pour toutes combien vous étiez délicate dans
» vos relations de famille. Ce n'est pas maintenant
» que je vais vous suspecter.

» Ceci dit, j'arrive à votre demande. J'aurais
» voulu tout de suite vous envoyer ce que je vous
» dois; et pour cela j'ai fait estimer ce que ma sœur
» a laissé en meubles et en linge, ainsi que notre
» jardin; j'ai pris pour cela des gens en qui vous pou-
» vez avoir toute confiance, croyez-le bien. De cette
» estimation, il résulta que le mobilier et le linge
» valent trois mille francs, et que le jardin vaut deux
» mille francs; la succession de ma sœur s'élève
» donc à cinq mille francs, c'est-à-dire que la part
» qui vous revient est de deux mille cinq cents francs.

» Je vous avoue que je n'ai pas ces deux mille
» cinq cents francs. Nous ne faisons pas beaucoup

» d'économies, nous autres pauvres professeurs de
» musique de la province. J'en avais cependant quel-
» ques-unes, mais la longue maladie et la mort de
» ma sœur les ont dévorées. Il m'est donc impossible
» de verser immédiatement la somme que je vous
» dois, soit en totalité, soit par gros acomptes.

» Ce que je vous propose, c'est de vous envoyer
» jusqu'à ma complète libération cent cinquante
» francs tous les mois.

» Ne craignez rien; si vous acceptez cet arrange-
» ment, je le tiendrai. Voici comment je m'y pren-
» drai: après la mort de ma sœur, ne voulant rien
» changer à mes habitudes, qui avaient été les siennes,
» j'ai confié le soin de mon ménage à une vieille
» bonne, et depuis j'ai continué de vivre comme
» j'avais toujours vécu. Mais il est certain que je
» puis très bien me passer de cette bonne et manger
» au restaurant, ce qui me permettra d'économiser
» au moins cent francs par mois. J'en gagne trois
» cents; avec quelques autres économies sur mille
» choses, je peux arriver à prélever sur ces trois cents
» francs, cent cinquante francs. Si vous le voulez
» bien, je vous les enverrai le premier de chaque
» mois; de sorte que, dans le délai d'un an et demi,
» je me trouverai quitte de ce que je vous dois, capi-
» tal et intérêts.

» Encore un coup, ma chère nièce, je regrette de
» ne pouvoir pas vous verser en une fois la somme
» entière, mais je fais tout ce que je peux, croyez-le.

» Dites-moi si cet arrangement vous convient; et
» si votre réponse est, comme je l'espère, une accep-

» tation, vous recevrez aussitôt mon premier paye-
» ment.

» Présentez mes hommages à M. le comte de Mus-
» sidan, embrassez ma petite nièce pour son vieil
» oncle, et croyez à mes sentiments affectueux. »

Un pareil arrangement n'avait que des avantages pour elle, puisqu'il ne mettait pas aux mains de son mari une grosse somme qui pourrait être dépensée d'un coup. Mais comment celui-ci l'accepterait-il ? Elle ne pouvait pas le lui cacher, car il ne recevrait pas cent cinquante francs tous les mois sans demander d'où ils venaient.

Quand il rentra elle lui tendit la lettre.

— Qu'est-ce que c'est que ça ?

— Une lettre de mon oncle de Lille ; je lui ai écrit...

— Sans m'en parler ?

Elle continua comme si elle n'avait pas entendu cette observation.

— Et voici sa réponse :

— Est-ce que cela m'intéresse ?

— Il s'agit du règlement de la succession de ma tante.

Alors il prit la lettre et la lut.

— Comment ! s'écria-t-il, il vous était dû près de trois mille francs par votre oncle et vous ne m'en aviez rien dit !

— Je ne savais pas ce que valait réellement cet héritage et je croyais qu'il n'avait pas d'importance.

— Trois mille francs !

— Et puis il me semblait que, n'ayant pas absolument besoin de cette somme, nous pouvions ne pas tourmenter mon oncle.

— Ce n'est pas tourmenter les gens que de leur réclamer ce qu'ils vous doivent; nous n'étions pas en situation de faire des cadeaux à votre oncle.

— Ce n'était pas un cadeau, cela serait revenu un jour à Geneviève avec ce qu'il lui laissera, car elle sera son héritière.

— Le bel héritage, ma foi, je vous engage à en parler!

— Je n'en ai jamais parlé.

— Enfin voici un bonhomme qui en prend vraiment bien à son aise avec nous : cent cinquante francs par mois.

— Il ne peut pas faire plus.

— Je vous demande pardon, il pourrait faire plus; pourquoi ne vend-il pas les vieux meubles de sa sœur?

— Il les aime... pour le souvenir.

— Pourquoi ne vend-il pas son jardin? A quoi cela peut-il lui servir, un jardin? Soixante mètres de long, dix de large; on ne se promène pas là dedans; je suis sûr qu'il y perd son temps à piocher la terre; c'est une rage chez les gens qui travaillent toute la semaine d'aller ainsi se fatiguer à des niaiseries le dimanche.

Cependant après avoir exhalé son mécontentement, il finit par dire qu'il approuvait cet arrangement.

— C'est toujours cent cinquante francs, dit-il; maintenant il faudra me trouver les cent cinquante autres qui manquent pour former les trois cents francs nécessaires à ma dépense mensuelle; j'y suis habitué, je ne peux pas la réduire.

IX

Madame de Mussidan n'était pas la seule à ne pas vouloir que Geneviève allât chez mademoiselle de Puylaurens, Sébastien et Frédéric ne le voulaient pas plus qu'elle.

Quand ils avaient eu connaissance de la proposition de leur tante de prendre Geneviève chez elle, ils avaient poussé les hauts cris : « Ils ne supporteraient pas cela ; ce serait un vol. »

Bien qu'ils fussent fâchés avec leur tante, ou plutôt que leur tante fût fâchée avec eux, ils n'admettaient pas du tout l'idée qu'elle pouvait les déshériter ; chez eux aussi le principe d'héritage était article de foi ; ils étaient de par la loi les héritiers possibles de leur tante, donc la fortune de celle-ci leur appartenait ; qu'ils eussent consenti à la partager avec leur petite sœur, c'était déjà très beau, car enfin, après avoir possédé chacun la moitié de cette fortune, en être réduit à n'en avoir qu'un tiers était une déception cruelle ; mais que maintenant Geneviève allât à Cordes, s'insinuât dans les bonnes grâces de la tante tombée en enfance, la séduisît, la circonvint, et se fît par testament instituer légataire universelle, c'était ce qu'ils ne permettraient pas ; ils avaient des droits, ils les feraient valoir.

Quand ils avaient parlé de ces droits à leur père, celui-ci s'était emporté et les avait envoyés promener.

— Il n'y a qu'un héritier de mademoiselle de Puylaurens, c'est moi.

— Puisque vous êtes fâché avec elle.

— Et vous autres, n'êtes-vous point fâchés aussi ?

— Cela n'empêche pas que nous soyons ses petits-neveux.

— Comme ma rupture avec elle n'empêche pas que je sois son neveu ; le père passe avant les enfants peut-être.

— Elle a dit que vous n'hériteriez jamais d'elle.

— Ce que dit une folle n'a pas de valeur aux yeux de la loi, et à sa mort ce sera une question à vider que celle de savoir si son testament est ou n'est pas nul ; s'il n'y a pas de testament, c'est moi qui hérite, ce n'est pas vous.

— Et s'il y un testament en faveur de Geneviève, c'est elle qui hérite ; voilà ce que nous ne voulons pas ; vous nous l'avez imposée comme sœur, c'est déjà bien assez.

— Devais-je vous consulter pour me marier ?

Ils n'avaient rien répondu, mais il n'était pas difficile de voir ce qu'ils pensaient là-dessus ; évidemment c'était une absurdité qu'un père qui avait des enfants pût se remarier, plus qu'une absurdité un vol, puisqu'un nouvel enfant les dépouillait d'une partie de ce qui leur appartenait.

Mais avec leur belle-mère ils s'étaient mieux entendus.

Quand ils lui avaient dit qu'ils s'opposaient au départ de leur sœur pour Cordes, elle leur avait répondu qu'elle ne désirait pas ce départ plus qu'eux.

— Si Geneviève va à Cordes, vous lui en voudrez, n'est-ce pas ? avait-elle dit.

— Mortellement, dit Frédéric.

— Puisque nous n'y allons pas, elle ne doit pas y aller plus que nous, s'écria Sébastien.

— Je pense comme vous là-dessus ; ce que je souhaite c'est que vous restiez bien avec Geneviève, que vous la traitiez en sœur, et je sens qu'il n'en serait pas ainsi si elle allait à Cordes.

— Certes non.

— D'autre part je ne désire pas du tout qu'elle soit avantagée par sa tante à votre détriment ; je trouve qu'une fortune d'un million, c'est bien assez pour elle.

— Je le pense, dit Sébastien.

— C'est un beau rêve, continua Frédéric.

Elle eut l'air de ne pas comprendre tout ce qu'il y avait de reproches et d'envie dans ces deux exclamations, et elle continua, allant droit à son but :

— Tâchez donc d'empêcher votre père de la laisser partir, je vous promets que je serai avec vous. Mais si vous voulez réussir, ne le contrariez pas, ne le fâchez pas ; ce serait le plus sûr moyen de la faire partir ; tâchez plutôt de le persuader qu'il a intérêt à ce qu'elle reste à Paris.

La réponse de leur père à mademoiselle de Puylaurens leur avait rendu un peu de tranquillité; mais la suppression de « l'indemnité » les inquiéta. Si on coupait les vivres à leur père, tiendrait-il bon jusqu'au bout? Chaque fois qu'ils le voyaient, ils l'excitaient contre mademoiselle de Puylaurens; et c'était alors un accord parfait entre le père et les deux fils pour traiter, comme elle le méritait, « cette vieille coquine » qui ne mourait point.

Mais il aurait fallu plus que des paroles, ils le sentaient.

Ils le sentirent mieux encore quand ils virent leur père réduit aux cent cinquante francs de Lille au lieu des trois cents qu'il recevait de Cordes, avant la rupture avec mademoiselle de Puylaurens.

Dans ces conditions, ce qu'il aurait fallu ç'aurait été compléter ce qui manquait pour arriver aux trois cents francs, et certainement ce n'eût pas été un mauvais placement, quand même ils auraient dû le tirer de leurs poches; mais par malheur elles étaient trouées, ces poches, et avec la meilleure volonté du monde, ils n'en pouvaient rien tirer. Quant à emprunter, il y avait beau jour qu'ils ne trouvaient plus un sou pour eux et que partout ils étaient brûlés.

Tous deux connaissaient leur père et ne se faisaient aucune illusion sur ce qui arriverait quand il aurait besoin de cent francs.

— Il enverra la petite sœur à Cordes.

— Ce qui est à craindre, c'est que la tante ne négocie la cession de la petite; pour qu'elle ait supprimé les trois cents francs, il faut qu'elle soit enragée du désir d'avoir un enfant à élever, à aimer, un désir de vieille fille; un jour ou l'autre, demain peut-être, notre père ou Ceydoux s'en aviseront, un arrangement sera vite conclu : tant en sus de l'indemnité, et...

— ... Nous serons fichus.

— Précisément.

— Quelle idée aussi de se toquer de cette petite.

— Sans la connaître.

— C'est là ce qui est humain : sans doute le besoin de jouer à la poupée.

— Si encore c'était une peste; mais avec ses yeux tendres, son parler doux, ses manières timides, c'est une enjôleuse.

— Trouvons un moyen pour que la petite sœur soit indispensable à notre père.

Ils cherchèrent.

Mais c'était le diable à trouver : D'un côté, une petite fille de dix à onze ans; de l'autre, un homme qui ne faisait rien que de se promener, que de se montrer dans Paris. Si encore il avait été saltimbanque, il aurait pu la faire travailler devant « l'honorable société »; s'il avait été paralysé, il aurait pu se faire pousser par elle dans un fauteuil roulant; ou bien, si elle avait été « un phénomène vivant » on aurait pu la louer; si elle avait eu quinze ans on aurait pu l'exploiter autrement. Mais non, au lieu d'être un phénomène, elle était comme tous les enfants, plus jolie même que la plupart des enfants; au lieu d'avoir quinze ans, elle n'en avait pas onze. A quoi était-elle propre ? Plus tard on verrait; mais pour le moment il fallait attendre.

Un incident était venu leur prouver qu'au lieu d'attendre, ils devaient au contraire se hâter.

Un soir, en sortant de chez son couturier, Sébastien avait trouvé son frère qui l'attendait sous la grande porte.

— Sais-tu quelle visite j'ai reçue ce matin ?

— Peut-être la même que j'ai reçue ce soir.

— Mon père ?

— Qui avait besoin de cent francs pour demain.

— A qui il fallait cent francs.

— Tu vois !

— Tu vois !

— Je vois que nous sommes à la veille d'assister au départ de la petite sœur pour Cordes.

— Je crois que j'ai un moyen, dit Sébastien. Tu sais, Clara, la femme de *Bataclan* à qui j'ai fait une algarade ?

— Tu l'as revue ?

— J'avais été si bête et si grossier avec elle que je suis retourné la voir. Nous avons causé; ce n'est pas du tout une fille de comptoir comme les autres; c'est une honnête fille…

— Qui a eu des malheurs.

— Oui, mon cher, et très touchants; si je te racontais son histoire, tu verrais que c'est l'honnête fille que je te dis, et de plus une femme intelligente.

— Elle a cent francs à te prêter ?

— Non, ou si elle les a je ne les lui demanderai pas; mais elle a un frère, Altaras, qui est second régisseur à la Porte-Saint-Martin. J'ai fait sa connaissance. Il paraît qu'on va monter une pièce à son théâtre dans laquelle il y a un rôle d'enfant, une pièce sur laquelle on compte; trois cents représentations au moins. On cherche l'enfant...

— Tu voudrais...

— Je voudrais faire engager la petite; tu comprends que si notre père est sûr de trois cents représentations à vingt francs par soirée, il n'aura pas l'idée de laisser la petite partir pour Cordes; vingt francs par jour pendant un an, cela vaut mieux que tous les arrangements qu'il pourrait conclure avec la tante.

X

Il fut convenu entre Sébastien et le régisseur de la Porte-Saint-Martin qu'ils iraient à Montmartre pour examiner Geneviève et voir de quoi elle était capable.

— Elle est très intelligente, avait dit Sébastien, elle comprend tout.

— Ce n'est pas comprendre qu'il faut, c'est rendre.

— Et puis elle est très gentille.

— Ça c'est quelque chose.

Ancien troisième rôle en province, Altaras n'avait jamais été qu'un mauvais comédien, mais c'était un excellent régisseur qui faisait très bien dire aux autres ce qu'il ne pouvait pas dire lui-même.

— Sait-elle une scène quelconque? avait-il demandé.

— Je ne crois pas, mais elle sait des fables qu'elle dit dans la perfection.

— Enfin, nous verrons.

— Il est bien entendu que nous ne parlerons à mon père que si vous jugez qu'on peut l'engager, il faut ménager sa fierté; vous comprenez, un homme de son nom.

Altaras parut ne pas du tout comprendre qu'un homme de ce nom pût souffrir qu'on lui parlât de sa fille pour l'engager au théâtre de la Porte-Saint-Martin, tandis qu'il ne tolèrerait point qu'on lui en parlât pour ne pas l'engager; mais il ne fit pas tout haut ses réflexions; c'était un philosophe qui comprenait toutes les faiblesses.

Sébastien avait prévenu son frère de se trouver à la *Chartreuse*, ce café de la Porte-Saint-Denis où se réunissent les comédiens de la province de passage à Paris, et les deux frères avaient pris là Altaras pour monter tous les trois à Montmartre, un matin.

Quand ils arrivèrent, ils trouvèrent Geneviève occupée à travailler son piano dans le salon; M. de Mussidan achevait sa toilette dans sa chambre, et madame de Mussidan, comme toujours, travaillait dans la salle à manger, enfermée afin de ne pouvoir pas être surprise par les personnes qui venaient quelquefois voir son mari le matin, — ce qui eût été tout à fait déshonorant pour lui.

— Je vais prévenir mon père, dit Sébastien.

Et il laissa Altaras et Frédéric avec Geneviève.

— Voulez-vous continuer devant nous, mademoiselle? demanda Altaras.

— Si vous voulez, monsieur.

— Qu'est-ce que vous étudiez?

— La cinquième sonate de Mozart.

Et elle se remit au piano simplement, comme si elle avait été seule.

— Elle a un vrai talent, dit Altaras, qui avait chanté les deuxièmes basses et qui était quelque peu musicien.

— Elle a peu travaillé jusqu'à présent; mais elle est née musicienne.

— Comme elle est gracieuse au piano! C'est un plaisir de voir ses petits doigts courir sur le clavier.

M. de Mussidan, en entrant, interrompit cet éloge; ce fut du haut de sa grandeur et avec un certain dédain qu'il regarda cet homme au visage rasé.

— Mon fils m'a dit, monsieur, que vous désiriez entendre ma petite fille, dont on vous a parlé, vous réciter une fable; je suis tout disposé à vous faire ce plaisir : asseyez-vous, je vous prie.

Altaras était habitué à la majesté des rois de théâtre, il fut cependant frappé de la façon dont cela fut dit.

— Veux-tu nous dire le *Loup et l'Agneau?* demanda Sébastien.

— Si vous voulez, répondit Geneviève, quittant le piano et venant au milieu du salon.

— Donnez toute votre voix, mademoiselle, dit Altaras, qui l'examinait attentivement des pieds à la tête et, au lieu de s'asseoir, tournait autour d'elle avec une curiosité toute franche.

— Vous allez la troubler, dit Frédéric.

— Mais non, cela ne me trouble pas du tout, dit Geneviève.

— Bon, ça, très bon! dit Altaras s'asseyant, commencez.

— Surtout, ne fais pas la bête, dit M. de Mussidan.

Sans répondre, elle commença :

> Un agneau se désaltérait
> Dans le courant d'une onde pure.
> Un loup survient à jeun qui cherchait aventure
> Et que la faim en ces lieux attirait.

— Vous voyez comme elle dit le récit, interrompit Sébastien.

— Avec une justesse extraordinaire, de l'intelligence, de la grâce, et une petite voix claire qui porte bien, répondit Altaras ; c'est parfait.

— Attention ! continua Sébastien, s'adressant à sa sœur ; maintenant, nous allons jouer la scène du loup et de l'agneau. Tu es l'agneau et moi je suis le loup, cet animal plein de rage qui vient de te surprendre au bord de l'onde pure.

Et, grossissant sa voix, il récita :

> — Qui te rend si hardi de troubler mon breuvage ?
> Tu seras châtié de ta témérité.

Aussitôt Geneviève, d'un air timide et doux, en vrai agneau, répliqua :

> — Sire, que Votre Majesté
> Ne se mette pas en colère ;
> Mais plutôt qu'elle considère
> Que je me vas désaltérant
> Dans le courant
> Plus de vingt pas au-dessous d'elle,
> Et que, par conséquent, en aucune façon,
> Je ne puis troubler sa boisson.

— Bravo ! interrompit Altaras en applaudissant ; c'est très bien ! très bien !
— A moi, dit Sébastien :

> Tu la troubles...
> Et je sais que de moi tu médis l'an passé.

Attentive à la réplique, Geneviève répondit avec innocence :

> — Comment l'aurais-je fait si je n'étais pas né !
> ..... Je tète encore ma mère.

Sébastien s'écria :

> — Si ce n'est toi, c'est donc ton frère.

Ouvrant ses grands yeux limpides et le regardant avec un sourire assuré, elle dit :

> Je n'en ai point.

Alors entrant en fureur, Sébastien s'écria :

> C'est donc quelqu'un des tiens ;
> Car vous ne m'épargnez guère,
> Vous, vos bergers, et vos chiens.
> On me l'a dit : il faut que je me venge.

Là-dessus il se jeta sur elle, la prit dans ses bras et l'emporta « au fond des forêts pour la manger : »
Altaras applaudissait bruyamment et criait :
— Tous ! tous !
Quand Sébastien revint du vestibule tenant sa sœur par la main, le régisseur précisa son approbation.
— C'est la nature même que cette enfant. Pas une

mauvaise intonation, pas un geste faux. Qu'est-ce qui lui a donné des leçons?

— Personne, dit M. de Mussidan.

— Maman, dit Geneviève, c'est avec maman que je travaille.

— C'est-à-dire que sa mère lui fait réciter ses fables, continua M. de Mussidan, mais sans lui montrer comment il faut les dire.

— Je comprends, elle les dit avec sa nature, et c'est là ce qu'il y a de remarquable en elle, elle a le don.

— Voulez-vous qu'elle vous chante quelque chose? demanda Sébastien, très satisfait de la tournure que prenait l'examen.

— Volontiers; seulement pas un morceau d'opéra; j'aimerais mieux une chanson, quelque chose de gai ou de sentimental, où puisse se montrer le caractère; vous comprenez?

— Chante ta branle, dit M. de Mussidan.

Elle se mit au piano, et s'accompagnant, elle chanta :

>   Pour qui coudez-vous,
>   Ma p'tite brunette,
>   Pour qui coudez-vous?
>   — Monsieur, c'é pour vous.
>   Coudez-y donc bin,
>   Ma p'tite brunette,
>   Coudez-y donc bin
>   Dans tieu linge fin.

Elle faisait gracieusement valoir l'air, qui était

vif et enlevé, et c'était avec gentillesse qu'elle disait les paroles, mais sans appuyer.

— Charmant ! s'écria Altaras ; elle ferait crouler une salle ; elle a même la mesure, c'est très curieux.

— Elle est bonne musicienne, dit M. de Mussidan.

— Oh ! ça, je m'en fiche ; je veux dire qu'elle a de la mesure dans l'expression, ce qui est autrement intéressant.

Puis s'adressant à M. de Mussidan personnellement :

— J'ai déjà vu un enfant qui valait presque votre fille, monsieur le comte ; c'était un petit garçon avec qui j'ai joué la comédie à Bordeaux ; il avait été élevé à Venise sur une terrasse, sans jamais descendre dans la ville, sans camarades, sans frères ni sœurs. Arrivé à Bordeaux avec ses parents, on lui donna un rôle, par hasard, parce qu'on ne trouvait pas d'autre enfant ; il le joua si bien qu'on monta plusieurs pièces exprès pour lui. Depuis...

Il allait dire : « Depuis il est mort » ; mais il se retint à temps ; il n'était point sot, et il avait senti que son histoire n'avait pas besoin de cette conclusion ; ce n'était pas le lieu.

Mais ce souvenir l'avait jusqu'à un certain point attendri, et c'était avec émotion qu'il regardait Geneviève, ou tout au moins avec les signes qui, au théâtre, sont censés représenter l'attendrissement : les sourcils relevés obliquement, les coins de la bouche abaissés, le front plissé, le pied droit battant le tapis, la main levée à la hauteur du menton et tremblant.

Après un court moment donné à cette expansion sympathique, il appela Geneviève près de lui d'un signe de main et, la regardant dans les yeux :

— Cela vous gêne-t-il de vous coucher tard, mon enfant? demanda-t-il avec plus de curiosité que d'intérêt.

— Je ne sais pas, je ne me suis jamais couchée tard ; c'est maman qui se couche tard. Je voudrais bien veiller avec elle, mais elle ne me l'a jamais permis ; à neuf heures, dodo.

— Vous n'allez donc pas au théâtre quelquefois ?

— Jamais je n'y ai été.

— Vous n'aimez pas le théâtre?

— Oh ! si je l'aimerais bien ; cela me fait quelquefois envie de regarder de notre balcon les gens qui font queue, en bas, le dimanche et le lundi ; il faut qu'ils aient joliment envie d'entrer pour arriver de si bonne heure ; il y en a qui emportent des tabourets pour s'asseoir en attendant, et ils ont l'air si heureux quand les bureaux s'ouvrent !

— Eh bien ! je vous offrirai des places dans un théâtre plus grand et plus beau que celui de Montmartre.

— Ah! quel bonheur ! C'est maman qui va être contente ; elle a été une fois au théâtre ; elle a vu le *Duc Job*.

— C'est bien, interrompit M. de Mussidan, que ces bavardages gênaient.

Cet homme à face rasée n'avait pas besoin de sa

voir que la comtesse de Mussidan n'avait été au théâtre qu'une fois dans sa vie; c'était ridicule. Cependant il crut devoir expliquer pourquoi la comtesse n'allait pas au théâtre :

— Depuis son enfance, cette petite a toujours eu besoin de soins, dit-il, d'une tendre surveillance, et sa mère ne la quitte pas.

Mais cette explication, qui pouvait sauvegarder la dignité de M. de Mussidan, ne faisait pas l'affaire de Sébastien, qui ne voulait pas qu'Altaras pût croire que Geneviève était si faible que cela.

— Vous savez, dit-il, c'est là une inquiétude de mère qui pousse les choses à l'extrême : en réalité la petite est solide. Tenez, voyez.

Et il releva les manches de l'enfant pour montrer ses bras.

— Vous pouvez tâter, c'est ferme.

Mais Altaras n'usa pas de la permission, il s'était tourné vers M. de Mussidan.

— Monsieur le comte, j'aurais une affaire à vous proposer, et s'il vous plaisait de descendre au café du Théâtre, nous pourrions causer librement.

XI

M. de Mussidan avait été tout d'abord suffoqué par cette invitation ; ce comédien en prenait vraiment à son aise avec lui, mais le mot affaire était, en fin de compte, celui qui avait surnagé ; une affaire à lui proposer, il n'était pas en situation de refuser une affaire d'où qu'elle vînt ; il fallait voir.

D'ailleurs il fut satisfait des égards qu'Altaras lui témoigna en descendant l'escalier et en l'introduisant dans le café du théâtre, — on lui rendait ce qui lui était dû.

Il n'y avait que quelques personnes dans le café, des bourgeois qui lisaient les journaux, et à une table du fond, trois hommes : à leurs attitudes étudiées, à leur façon de parler et surtout d'écouter, on les reconnaissait tout de suite pour des comédiens.

En voyant entrer Altaras, ils lui adressèrent un signe de main qui était un bonjour amical, mais celui-ci le leur rendit d'assez mauvaise grâce, en homme qui n'était point flatté de cette rencontre.

— D'anciens camarades, dit-il à mi-voix, de pauvres diables qui n'ont pas eu de chance et qui sont venus échouer à Montmartre : extrême jeunesse ou extrême vieillesse, voilà ce qu'on rencontre ici ; ceux qui ne sont pas encore et ceux qui ne sont plus ; c'est ainsi que Delafosse, qui a tenu les grands rôles dans les pièces de Victor Hugo à côté de Frédérick Lemaître et de Lockroy est venu finir à Montmartre.

M. de Mussidan écoutait cette explication d'un air indifférent. Que lui importait les comédiens qui ne sont pas encore ou ceux qui ne sont plus ? d'ailleurs, ce n'était pas là un sujet qui pouvait lui être agréable : les vieilles gloires qui viennent s'éteindre à Montmartre.

— Heureusement, continuait Altaras, on n'a pas toujours la mauvaise chance au théâtre, on a quelquefois la bonne de faire fortune, sans parler de la réputation, des applaudissements, de la gloire. Vous me direz qu'il faut pour cela le talent, et c'est parfaitement juste. Aussi, quand on a le talent, quand on est doué, il n'y a pas de plus belle carrière que la carrière dramatique surtout pour les femmes qui arrivent jeunes, de sorte qu'elles ont la joie de pouvoir associer leurs parents à leur fortune. Justement, vous avez une enfant qui est douée. Positivement, elle m'a émerveillé.

— Ma fille sera une riche héritière, et elle porte un des plus beaux noms de France, dit M. de Mussidan avec noblesse.

Altaras salua en mettant sa main sur son cœur et avec une longue inclinaison de tête :

— Le nom, cela c'est vrai, dit-il, il est à elle dès maintenant et personne ne peut le lui enlever ; mais l'héritage? Si vous me le permettez, je vous dirai mon opinion sur les héritages; on les attend toujours, ils n'arrivent jamais.

Il avait fait servir à chacun de ses invités un verre de vermouth; il appela le garçon du ton dont on appelle « le tavernier du diable » dans la *Tour de Nesle*.

— Versez!

Et comme M. de Mussidan faisait mine de refuser:

— Je vous prie, dit-il, on ne cause bien que la langue humide.

Et, ayant humecté la sienne en prenant un temps comme s'il voulait que ce qu'il avait dit des héritages qu'on attend, produisît tout son effet, il continua:

— Certainement je suis loin de prétendre que l'héritage dont vous parlez n'arrivera pas un jour; seulement, quand ce jour se lèvera-t-il? C'est là qu'est la question: demain, dans deux, dans cinq, dans dix ans, personne ne peut le savoir:

> Non, l'avenir n'est à personne,
> Sire, l'avenir est à Dieu.

Cinq ans, dix ans, c'est bien long... quand on attend, aussi est-il sage quelquefois d'adoucir ce temps de l'attente, sans compter que c'est toujours prudent.

Il fit une pause; puis jugeant que ce préambule était assez long et que le moment de risquer sa proposition était venu, il la risqua:

— Que diriez-vous si je vous proposais un engagement avantageux pour votre fille?

— Ma fille!

— Beaucoup de talent ou, ce qui est mieux encore le don ; — un avenir splendide, Rachel enfant.

— Ma fille comédienne !

— Mario était marquis et cela 'ne l'a pas empêché, monsieur le comte, de se faire chanteur.

— Un Italien.

— Justement, en sa qualité d'Italien il savait compter, et il a trouvé que deux cent cinquante mille francs étaient bons à gagner.

— Il suffit, monsieur, toute parole que vous ajouteriez serait une injure.

Altaras se tourna du côté de Sébastien et le regarda d'un air de reproche qui se comprenait facilement :

— Si c'est pour cela que vous m'avez amené, disait-il, ce n'était pas la peine de me déranger.

Sébastien et Frédéric, qui n'avaient jusque-là ouvert la bouche que pour boire leur vermouth, comprirent que le moment était venu pour eux d'intervenir ; d'ailleurs maintenant que le premier mot avait été prononcé cela leur était plus facile.

— On n'entre pas au théâtre sous son nom, dit Sébastien.

— Une enfant passe inaperçue, dit Frédéric.

M. de Mussidan, se renversant en arrière, laissa tomber un regard de haut sur ses fils :

— De quoi vous mêlez-vous, je vous prie ?

Altaras jugea qu'il était de trop dans cette scène de famille, et que le mieux, pour lui, était maintenant d'aller serrer la main de ses camarades qui continuaient à taper leurs dominos sur le marbre de leur table.

Il se leva :

— Un mot à dire à l'un de mes camarades, vous permettez?

Et il s'en alla sans se retourner, les laissant s'arranger comme ils pourraient; il avait grand désir d'engager cette petite qui sûrement lui ferait honneur, mais il n'était pas d'humeur à endurer les rebuffades de ce « vieux portrait de mes aïeux »; il était vraiment drôle avec ses mines de capitan, mais de loin.

— Qui de vous a eu l'idée de cet engagement? demanda M. de Mussidan en examinant ses fils avec le regard sévère et scrutateur d'un juge d'instruction.

— C'est moi, dit Sébastien.

— Ah! c'est vous, monsieur.

— Vous m'aviez entretenu de vos embarras d'argent, et n'ayant pas pu faire ce que vous me demandiez, je cherchais comment vous venir en aide.

— Vraiment, dit M. de Mussidan en l'examinant avec une certaine surprise.

— N'est-ce pas tout naturel? c'est alors que l'idée de faire engager Geneviève à la Porte-Saint-Martin m'est venue. Altaras m'avait parlé d'une pièce pour laquelle il fallait une petite fille très intelligente, j'ai pensé à Geneviève.

— Et à moi, monsieur? vous n'avez pas pensé à moi?

— Au contraire.

— A notre nom.

— J'ai pensé surtout à la fâcheuse situation dans laquelle vous vous trouvez. Cette pièce se jouera au moins trois cents fois et je suis certain qu'en s'y prenant un peu adroitement, on obtiendra du directeur d'Altaras vingt francs par soirée, peut-être plus même. Vingt francs multipliés par trois cents, c'est six mille francs.

— Ah !

— Voilà mon calcul ; j'ai cru que si cruel que fût pour vous cet engagement de Geneviève au théâtre, vous céderiez à la nécessité.

— En réalité personne ne saurait son vrai nom, dit Frédéric.

— Ce ne serait pas vous qui la conduiriez au théâtre, continua Sébastien.

— Cela ne serait pas bien pénible pour elle.

— C'est-à-dire que ce serait un plaisir.

— Elle a besoin de distractions.

— Cela lui serait un bon exercice.

— N'est-il pas juste qu'un enfant travaille pour ses parents ?

— Moi, si je pouvais vous être utile, je ne laisserais pas ce plaisir à la petite sœur.

— D'ailleurs, il n'est pas du tout prouvé qu'elle ira jusqu'au bout des trois cents représentations.

— Ma tante peut mourir.

— En attendant, Geneviève vous sauve.

Ils se renvoyaient ainsi la balle sans lui laisser toucher terre, vivement la réplique du frère aîné s'enchaînait à celle du frère cadet ; jamais deux fils n'avaient montré pareille sollicitude pour leur père : quels bons cœurs !

— Vous êtes de braves garçons, dit M. de Mussidan.

— Nous faisons ce que nous pouvons, regrettant seulement de ne pouvoir pas faire plus.

Sur ce mot, Sébastien se leva et alla chercher Altaras, qui restait les deux mains appuyées sur la table de ses camarades. Quand il vit venir Sébastien il se redressa :

— Compte sur moi, dit-il à l'un des comédiens, je demanderai à Sardou de venir un de ces soirs, et quand il t'aura vu sois sûr qu'il te prendra.

Puis s'adressant à Sébastien :

— Où en sommes-nous? demanda-t-il.

— Le plus dur est fait; il n'y a plus qu'à l'amener à prononcer tout haut le oui qu'il a déjà dit tout bas.

— Nous allons lui arracher cela sans douleur.

— Ne parlez pas d'argent, insistez sur la gloire.

— Bon, je vais la lui faire au père noble.

Et instantanément il transforma sa physionomie et ses manières : la tête de trois quarts, le menton allongé, les bras arrondis, le pouce dans la poche de son gilet, et sur le visage l'air attendri.

— Eh bien, monsieur le comte, dit-il d'une voix mouillée, j'espère que vous avez réfléchi ; malgré la répugnance que vous éprouvez à laisser cette charmante enfant entrer au théâtre, vous avez pesé la responsabilité que vous assumiez en empêchant l'éclosion de ce grand talent; car douée comme elle l'est, ce sera un grand talent, un très grand talent; et, plus tard, quand elle aura acquis un nom glorieux et qu'elle sera en âge de comprendre, soyez sûr qu'elle vous bénira pour le sacrifice que vous vous serez imposé.

— Il sera cruel.

— Cela est certain; mais il faut aimer ses enfants pour eux, non pour soi.

— Hélas!

— Demain j'aurai l'honneur de vous revoir pour discuter les conditions matérielles de cette affaire.

XII

M. de Mussidan n'avait pas l'habitude de consulter « la comtesse »; quand il voulait faire quelque chose : « J'ai décidé que... Vous vous arrangerez pour que... » étaient les formes de langage qu'il employait avec elle.

Quand il rentra après son entretien avec Altaras, il la trouva très inquiète. Sans entendre ce qui s'était dit dans le salon, elle avait su par Geneviève ce qui s'était passé.

— J'ai joué la fable du *Loup et de l'Agneau* devant le monsieur qui était avec Sébastien et Frédéric, et puis j'ai chanté une ronde : « *Pour qui coudez-vous?* » Le monsieur a dit que c'était très bien et que je ferais crouler une salle.

— Quel est ce monsieur?

— Je ne sais pas; je ne l'ai jamais vu; il a la figure rasée et les joues bleues; il marche comme ça.

Et elle imita la marche théâtrale d'Altaras, le buste porté en avant, les jambes écartées, les bras arrondis.

— Il ressemble aux acteurs de notre théâtre; il

m'a dit qu'il me ferait aller dans un théâtre bien plus beau que celui de Montmartre.

— Sais-tu où ton père est parti ?

— Le monsieur aux joues bleues lui a dit : « J'aurais une affaire à vous proposer; s'il vous plaisait de descendre au café du Théâtre, nous pourrions causer librement. » Et ils sont partis ensemble, avec Sébastien et Frédéric.

Une affaire? Quelle affaire ce monsieur aux joues bleues, qui avait tout l'air d'un comédien, pouvait-il avoir à proposer à son mari? Comment Sébastien et Frédéric se trouvaient-ils mêlés à cette affaire? Pourquoi avait-on fait jouer une fable à Geneviève? Pourquoi lui avait-on fait chanter une ronde? Il y avait là toute une série de questions qui l'angoissaient d'autant plus cruellement qu'elle avait remarqué combien son mari avait été tourmenté en ces derniers temps. Que voulait-il?

— Va étudier ton piano, dit-il à sa fille en entrant dans la salle à manger où sa femme travaillait, et tape fort, il faut que je t'entende tout le temps.

Elle sortit en jetant à sa mère un regard inquiet :

— Tu me diras, maman.

Au lieu de s'asseoir il alla à la fenêtre et se mit à tambouriner sur les vitres.

Elle attendait tremblante.

Enfin il prit la parole, car malgré son émotion et son désir de savoir, elle n'osait l'interroger :

— J'ai décidé, dit-il, que Geneviève allait entrer au théâtre de la Porte-Saint-Martin, pour jouer un rôle dans une pièce nouvelle.

Elle n'eut pas la force de retenir un cri :

— Ma fille !

— Geneviève, ma fille.

Il la regarda avec autorité, en homme qui impose sa volonté sans permettre qu'on la discute ; puis, certain de l'avoir dominée parce qu'elle se recueillait avant de répondre, il crut devoir expliquer sa résolution :

— Geneviève est une petite fille intelligente ; elle a le don du théâtre ; nous serions fous, dans la situation où nous sommes, de ne pas tirer parti de ce don ; c'est aux enfants de travailler pour leurs parents.

Bien qu'elle voulût être prudente, car jamais elle n'avait traversé crise plus grave, elle ne put pas retenir une exclamation qui couvrit le bruit du piano, car, obéissant à son père, Geneviève s'était mise au travail et, gaiement, brillamment, elle enlevait l'ouverture du *Barbier*.

— Que signifie ce cri? demanda-t-il.

— La surprise... murmura-t-elle.

— Le surprise est pour moi. Avez-vous donc imaginé que nous devions nous réduire à la misère quand nous pouvons nous en tirer avec les heureuses dispositions de cette petite? On m'offre vingt francs par jour pendant trois cents représentations ; c'est une certaine somme; cela, et qui me permet de sortir de mes embarras; je serais un sot de ne pas les accepter.

Ces explications lui avaient permis de réfléchir et de se rendre compte de la gravité du danger qui menaçait sa fille : une fois encore il fallait qu'elle la sauvât.

Dans la détresse où il se trouvait, les vingt francs par jour l'avaient ébloui ; il n'avait vu que la cessation de sa misère. Si on lui montrait ce qu'il avait oublié, assurément il comprendrait tout de suite que cette idée n'était pas réalisable, et certainement il regretterait de l'avoir accueillie un court instant ; il n'y avait qu'un mot à lui dire.

— Sans doute je n'aurais pas éprouvé cette surprise si votre fille avait porté un autre nom, mais une Mussidan...

— C'est vous qui me rappelez mon nom, voilà qui est curieux.

— Celui de votre fille.

La riposte était si juste qu'il se fâcha.

— Vous me répondez, il me semble, s'écria-t-il. Ma fille, ma fille ! C'est justement parce qu'il s'agit de ma fille que je fais d'elle ce que bon me semble. Et ce qui me semble bon présentement, c'est qu'elle me gagne l'argent dont j'ai besoin. Croyez-vous pas qu'elle portera mon nom au théâtre ! Elle en prendra un, le premier venu : le vôtre, par exemple.

— Cela ne fera pas qu'elle ne soit plus une Mussidan.

— Assez ; je ne veux pas de discussions ; j'ai décidé qu'elle entrerait au théâtre, elle y entrera. D'ailleurs elle a besoin de distraction, cela lui sera un bon exercice.

Les arguments de Sébastien et de Frédéric étaient restés dans sa mémoire et il les faisait siens.

D'ordinaire, quand il lui imposait silence, elle se taisait aussitôt respectueusement sans oser jamais répliquer ; mais ce n'était pas le cas en ce moment : elle devait défendre sa fille, et puisque l'invocation à l'honneur du nom n'avait pas suffi, il fallait qu'elle trouvât un autre moyen. Mais lequel ? Elle n'était pas la femme de l'improvisation. Il lui aurait fallu du temps, de la réflexion pour chercher, pour combiner quelque chose qui le touchât sans le fâcher. Mais ce temps, elle ne l'avait pas ; il fallait qu'elle répondît tout de suite, troublée, affolée comme elle l'était par cette terrible nouvelle qui éclatait comme un coup de foudre. Si encore elle avait pu suivre ses idées ; mais non, elle était bouleversée par les regards furieux qu'il attachait sur elle, en même temps qu'elle était distraite par le piano de Geneviève : la pauvre petite qui jouait gaiement cette musique rieuse et qui, dans quelques jours, allait être jetée au théâtre, exposée à toutes les fatigues, à tous les dangers. Assurément il n'avait pas pensé à cela, il n'y avait qu'à lui en dire un mot pour que son cœur paternel s'émût.

— Vous parlez de distraction, s'écria-t-elle, vous croyez que l'exercice lui sera bon. Mais est-ce donc un exercice salutaire que de jouer la comédie enfermée dans un théâtre, exposée au froid, au chaud ? Est-ce donc une distraction pour une enfant de son âge, de répéter tous les soirs la même chose, de sept heures à minuit, et cela pendant trois cents jours, sans repos. Pensez à la fatigue. Vous savez bien qu'elle n'est pas forte. Pourra-t-elle résister aux fatigues, aux émotions de ce métier? Si elle tombe malade dans un mois, dans quinze jours, au lieu d'alléger vos embarras, comme vous l'espérez, cela les aggravera, sans parler de la peine que cela vous fera de voir souffrir cette chère petite qui vous aime tant!

— Quand on ne sait pas faire des enfants solides on s'en prive.

Elle resta étourdie sous le coup. Elle lui parlait de la santé de cette enfant, sa fille à lui aussi bien qu'à elle, de sa tendresse filiale, et il lui répondait par cette accusation. Le mot qui lui monta aux lèvres fut : « Est-ce donc moi qui l'ai voulue, cette enfant? » Mais heureusement elle eut la force de le retenir. A quoi bon répliquer? Si cruelle qu'eût été l'attaque, le mieux était de ne pas se défendre. Ce n'était pas d'elle qu'il s'agissait; ce n'était pas elle qu'il fallait défendre, c'était Geneviève. Ne la sauverait-elle donc pas? Ah! quelle misérable mère elle était, de ne rien pouvoir, de ne rien trouver! Il y a des mères qui arrachent leur enfant à la mort par leur courage, un trait du cœur ou de l'esprit, et elle ne faisait rien, elle restait là, lâchement, désarmée, gémissant, se désespérant.

Il allait sortir, et par la porte qu'il venait d'entr'ouvrir arrivait plus distincte la musique du *Barbier* qui, dans sa gaieté sautillante, semblait être une cruelle ironie; d'un geste éperdu elle le retint. Puisqu'il n'avait voulu entendre ni la voix de l'honneur nobiliaire ni celle de la tendresse paternelle, peut-être serait-il sensible à celle de l'intérêt personnel.

— Certainement, s'écria-t-elle, vous ne croyez pas que les fatigues de cette vie de théâtre feront du mal à Geneviève; certainement vous espérez qu'on ne saura pas dans le monde que vous êtes le père de la petite fille qui joue la comédie à la Porte-Saint-Martin; mais il y aura quelqu'un qui apprendra sûrement que la comédienne de la Porte-Saint-Martin est Geneviève de Mussidan : ce quelqu'un c'est mademoiselle de Puylaurens. Eh bien, croyez-vous, que quand elle aura appris cela, elle consentira, elle si pieuse, si rigide pour tout ce qui touche aux choses de la religion, croyez-vous qu'elle consentira à laisser sa fortune à une comédienne, à une excommuniée?

— Et qui le lui dira?

— Qu'importe! Ce qu'il y a de sûr, c'est qu'on le lui dira soit directement, soit indirectement. Je ne sais qui vous a inspiré cette idée de mettre Geneviève au théâtre, et je ne veux accuser personne; mais si cette idée ne vous est pas venue, — et je ne crois pas qu'elle vous soit venue, elle est trop contraire à vos principes, aussi bien qu'elle l'est à votre tendresse paternelle; je dis que si cette idée, au lieu de vous venir naturellement, vous a été inspirée par quelqu'un, vous devez chercher si ce quelqu'un n'a pas intérêt à ce que Geneviève soit déshéritée par sa tante.

En parlant, l'espérance lui était venue, car ce moyen, dont elle n'avait entrevu tout d'abord la portée que confusément, lui paraissait de plus en plus solide à mesure qu'elle le développait.

Aux premiers mots, il avait haussé les épaules; mais quand elle se tut, il resta assez longtemps silencieux.

— Certainement, dit-il enfin, je ne veux pas le malheur de cette enfant, et si cela peut la faire déshériter, ce serait son malheur. Je réfléchirai.

Quand il fut sorti, elle courut au salon et, embrassant sa fille passionnément :

— C'est maintenant que tu peux jouer, dit-elle. Joue gaiement.

XIII

Cependant madame de Mussidan ne s'endormit pas dans son triomphe; c'était beaucoup d'avoir arraché Geneviève au théâtre, mais ce n'était pas tout.

L'idée de théâtre en effet n'était qu'une conséquence des dispositions morales de M. de Mussidan et de sa situation matérielle; c'était là qu'était le danger qui pouvait éclater de nouveau, si de nouveau se présentait une occasion où l'enfant pourrait, comme elle le devait, travailler pour ses parents.

Dans son besoin de ne pas accuser son mari, le père de sa fille, l'homme qu'elle avait tant aimé, et si profondément admiré, elle ne voulait pas qu'il fût responsable de cette idée de mettre Geneviève au théâtre. C'était Sébastien, c'était Frédéric, c'était quelque diabolique personnage, leur ami et leur conseil qui avait inventé cette infernale combinaison du théâtre. « Votre père a besoin d'argent, il ne reculera devant rien pour s'en procurer, inspirez-lui l'idée de faire de votre petite sœur une comédienne, et votre tante, indignée, la déshéritera; par cela seul vous recouvrerez l'héritage que vous avez perdu. »

Tel avait été leur calcul bien certainement, elle le devinait comme si elle les avait entendus; maintenant quel serait celui qu'ils inventeraient pour remplacer leur combinaison de la Porte-Saint-Martin?

Comme elle réfléchissait à cela, et surtout aux moyens à trouver pour préserver son mari des tentations qu'ils ne manqueraient pas de faire luire à ses yeux, tirant son aiguille fiévreusement et machinalement, plus par habitude que par volonté, elle vit entrer sa voisine, madame Gueswiller, à qui Geneviève avait ouvert la porte.

Elles n'avaient pas l'habitude de se visiter l'une l'autre, ayant assez à faire chacune chez soi pour n'avoir pas le temps de voisiner : madame de Mussidan, son travail qui leur donnait le pain quotidien à elle, à sa fille, à son mari; madame Gueswiller, son ménage, les chambres de ses enfants, leur linge à entretenir, leurs chaussures à nettoyer, leurs vêtements à coudre ou à repriser, la cuisine, sans compter sa surveillance pour que chacun ne perdît pas une minute, et ses sorties pour accompagner ses filles au Conservatoire, où, pendant les classes, elle ravaudait des bas et des chaussettes dont elle avait toujours ses poches pleines. C'était seulement dans l'escalier, lorsqu'elles se rencontraient, qu'elles échangeaient quelques mots rapides en montant, sans flâner, ou bien sur le balcon, quand toutes deux, en même temps, éprouvaient le besoin de respirer un peu ou de s'étirer les bras.

C'était donc une affaire qu'une visite de madame Gueswiller.

— Voici ce que c'est, dit celle-ci en s'asseyant, je viens vous demander Geneviève pour demain pendant deux heures. Un service que vous pouvez me rendre : je voudrais faire entendre Odile et Geneviève, dans leur sonate à quatre mains, à madame Raphélis. Vous savez ce qu'elle est pour mes filles : une providence. Elle leur donne des leçons sans avoir jamais voulu rien accepter de nous, et toutes les fois qu'on leur fait des passe-droit au Conservatoire, elle prend leur défense aussi bien auprès des autres professeurs ses collègues, qu'auprès du directeur qu'elle ne craint pas, grâce à la belle situation de fortune de son mari. Une femme qui pourrait vivre de ses rentes, mener grand train, et qui continue à faire sa classe, rien que par amour de la musique, c'est beau ! Sophie et Salomé lui ont souvent parlé de Geneviève, de ses dispositions extraordinaires, de son talent si curieux chez quelqu'un qui n'a jamais sérieusement travaillé, et elle désire l'entendre avec Odile. Je sais bien qu'elle écrasera ma pauvre petite Odile, qui n'est pas douée comme elle; mais cela ne fait rien, je n'ai rien à refuser à madame Raphélis.

— Et moi je n'ai rien à vous refuser, ma chère madame Gueswiller.

— Ne vous inquiétez pas de la toilette : avec ses beaux cheveux blonds nattés, sa jolie figure intéressante, elle sera toujours très bien ; et puis madame Raphélis n'est pas une femme à s'occuper de ces niaiseries de la toilette. C'est une personne tout à fait supérieure : le talent et la bonté, le meilleur professeur-femme du Conservatoire. Je suis sûre que si vous vouliez faire de votre fille une artiste, elle se chargerait d'elle volontiers, et par amour de l'art tout simplement, sans rien vous faire payer; mais avec son grand héritage Geneviève n'a pas besoin de travailler sérieusement; elle en saura toujours assez pour son plaisir.

— A quel âge peut-on gagner de l'argent?

— Il n'y a pas d'âge; une enfant qui aurait beaucoup de talent gagnerait ce qu'elle voudrait. Le petit Dotto qui joue si merveilleusement du violon, gagnait vingt ou vingt-cinq mille francs par an à douze ans. Si Odile avait été douée comme l'est Geneviève, elle gagnerait aujourd'hui dix mille francs. Voilà comment tout n'est pas pour le mieux en ce monde; c'est celle qui n'en a pas besoin qui est douée.

Madame de Mussidan réfléchit un moment, et comme si elle se parlait à elle-même :

— Personne plus que Geneviève n'aurait besoin de gagner de l'argent.

— Comment cela? Est-ce que la tante du Midi veut la déshériter?

Madame de Mussidan n'avait pas de confidents et ce n'était point son habitude de raconter ses affaires à sa voisine; elle vivait discrètement au contraire, gardant pour elle ses espérances aussi bien que ses craintes; ne s'épanchant que quand elle voyait ses vieux amis d'Asnières, les Limonnier; mais, dans le cas présent, il pouvait être utile qu'elle consultât madame Gueswiller.

— Il n'est pas question que sa tante la déshérite; mais en attendant que cet héritage lui arrive, ce qui peut être long encore, nous aurions besoin qu'elle nous vînt en aide en travaillant. Ce n'est pas seulement pour la musique qu'elle a des dispositions, c'est aussi pour le théâtre ; de sorte qu'on nous a fait des propositions pour qu'elle joue à la Porte-Saint-Martin dans une pièce où elle aurait un grand rôle.

— Geneviève comédienne !

— Justement, c'est ce que nous nous sommes dit. Vous comprenez que M. de Mussidan ne peut pas accepter que sa fille monte sur un théâtre. Aussi, malgré les grands avantages qui nous étaient faits, avons-nous refusé. Et cependant, je vous l'ai dit, nous sommes dans un moment difficile. Mais jouer du piano n'est pas jouer la comédie; cela n'est pas déshonorant.

— Au contraire.

— C'est ce qui me semble. Aussi, dans le cas où madame Raphélis voudrait bien se charger de Geneviève, je crois que j'amènerais M. de Mussidan à la lui confier; ce qu'il faudrait, ce serait qu'elle pût gagner de l'argent aussi vite que possible.

— Je crois qu'elle pourrait effectivement en gagner; seulement si madame Raphélis accepte de la prendre pour son élève, il faudra vous garder de lui parler d'argent; elle ne comprendrait pas cela. Si elle se charge de Geneviève, ce ne sera pas pour que la petite gagne de l'argent, mais pour faire d'elle une artiste, une grande artiste. Si un professeur donne son temps, sa peine, son talent à une élève, ce n'est pas tout à fait pour l'élève, c'est aussi pour lui-même pour sa propre réputation, pour que l'élève le défende et le fasse triompher dans les concours, pour qu'il soit plus tard le représentant de ses idées et de son talent, pour qu'il le continue; et tout cela, vous comprenez, n'a aucun rapport avec l'argent.

— Mais nous, ce qu'il nous faut, c'est de l'argent.

— Enfin je tâcherai d'arranger cela pour le mieux avec madame Raphélis; l'essentiel est que Geneviève se distingue demain; si madame Raphélis s'enthousiasme pour elle, tout est possible.

— Si vous rencontrez M. de Mussidan, ne lui parlez de rien avant que je l'aie préparé.

Madame de Mussidan eût voulu accompagner sa fille le lendemain, non seulement parce que c'était la première fois qu'elle la laissait sortir, mais encore pour être là pendant cette épreuve qui pouvait décider de sa vie, pour l'encourager, la soutenir d'un mot ou d'un regard. Mais cet encouragement, elle dut se contenter de le lui donner le matin en l'habillant et en la faisant aussi belle qu'il lui était possible avec la pauvre toilette qu'elle avait elle-même arrangée dans sa nuit de travail, car elle n'avait pas cru que les cheveux blonds nattés seraient suffisants, et comme l'enfant n'avait rien ou presque rien, il avait fallu lui improviser un col, des manchettes, lui rafistoler une robe et un chapeau. Si adroite qu'elle fût de ses mains et si ingénieuse que fût sa sollicitude maternelle, elle n'avait pu cependant l'habiller complètement elle-même des pieds à la tête et elle avait dû lui acheter des bottines. Par malheur, elle n'avait pas pu aller jusqu'aux bottines de cuir qui étaient trop chères, et elle avait dû se contenter de bottines de coutil qui coûtaient meilleur marché. « Pourvu qu'il ne plût pas pendant qu'elle se rendrait chez madame Raphélis! » Et ç'avait été des recommandations sur la manière de marcher en ne posant que la pointe des pieds à terre.

— Sois tranquille, maman, répétait Geneviève, qui ne s'était jamais vue si belle, je marcherai bien, je jouerai bien. Je suis si contente!

Et elle se penchait en avant, avançant le bout des pieds pour admirer ses bottines neuves.

M. de Mussidan avait été consulté sur cette visite de sa fille chez madame Raphélis, et il avait bien voulu l'autoriser pour obliger « ces pauvres gens d'en face », comme il appelait les Gueswiller. Mais en donnant ce consentement par pure bienveillance il n'avait pas prévu que cette visite entraînerait à tant de tracas et à tant de frais.

— La belle affaire vraiment! dit-il. Pour aller chez une croque-notes faut-il donc tant de cérémonie? Certainement vous êtes libre de dépenser comme bon vous semble l'argent que vous gagnez; mais enfin, il me semble que dans la situation où nous sommes vous auriez pu faire des économies.

Quelle angoisse pendant les trois heures que Geneviève fut absente; enfin la sonnette retentit. C'était Geneviève qui avait monté l'escalier en courant :

— Madame Raphélis veut bien me donner des leçons, dit-elle à mots entrecoupés et en haletant.

Madame Gueswiller arrivait elle-même :

— Elle a joué comme un ange

XIV

Le premier trouble de joie s'étant un peu calmé, madame Guéswiller avait expliqué les propositions de madame Raphélis : Elle se chargeait de Geneviève, et dès le lendemain les leçons commençaient ; au mois d'octobre elle la faisait entrer au Conservatoire, dans sa classe, et si l'enfant travaillait bien, si les dispositions qui étaient en elle se développaient, comme il était probable, dès le mois d'août elle concourrait. Obtiendrait-elle le prix? Personne ne pouvait le dire ni le promettre. Mais c'était possible. Ce qu'il fallait, c'était qu'elle concourût cette année même et qu'elle séduisît le jury autant par le mérite de son exécution que par le charme de sa jeunesse. C'était une épreuve à risquer. Le talent, le vrai, sérieux, viendrait plus tard.

Madame de Mussidan se montra surprise de cette distinction qu'elle ne comprenait pas.

— Geneviève n'aura donc pas de talent? demanda-t-elle.

— Elle aura un certain talent, assez pour étonner les amateurs, et cela suffit pour gagner de l'argent ;

seulement, si elle veut être une artiste pour les artistes, elle aura encore à travailler, et joliment. Mais ça, c'est l'avenir, nous n'avons qu'à nous occuper du présent.

Pour madame de Mussidan, ce qu'elle avait à faire dans le présent, c'était d'obtenir que son mari consentît à cet arrangement.

Si, dès le lendemain, Geneviève avait dû gagner quelques centaines de francs par mois, son acceptation eût été certaine. Mais ce n'était pas dès le lendemain que l'enfant pouvait travailler pour ses parents. Ce ne serait que dans quelques mois, dans quelques années peut-être, et cela changeait tout à fait la situation. Que lui importait ce qui arriverait dans quelques années! Il savait bien, il était sûr qu'à un moment il jouirait de la fortune de mademoiselle de Puylaurens. Ce qu'il fallait pour lui, c'était le moyen d'attendre jusqu'à ce moment sans trop souffrir, c'est-à-dire sans en être réduit aux cent cinquante francs qui lui venaient de Lille tous les mois. Assurément, tant qu'il n'aurait pas l'équivalent de l'indemnité que sa tante lui avait supprimée, il s'inquiéterait, il chercherait, et toutes les combinaisons qui pourraient « amener la petite à travailler pour ses parents », il les accepterait. Ce qu'il fallait donc pour qu'il voulût bien attendre le moment où Geneviève, ayant obtenu son prix, gagnerait de l'argent, c'était une combinaison qui doublât les cent cinquante francs qu'il touchait déjà, et lui procurât ainsi les trois cents auxquels il s'était habitué.

Dans cet ordre d'idées elle n'avait qu'une chose à

faire, qui était de s'adresser à son oncle, et de lui demander un nouvel effort : au lieu de prendre un an et demi pour se libérer par fractions de cent cinquante francs, qu'il prît neuf mois avec des termes de trois cents francs, et elle était sauvée ; dans neuf mois Geneviève, qui aurait sans doute obtenu son prix, gagnerait quelques milliers de francs par an, et il ne pourrait plus être question de la lancer dans des aventures plus ou moins périlleuses.

Elle lui avait écrit dans ce sens en lui exposant franchement sa situation : pour que sa fille pût devenir la grande musicienne que ses dispositions naturelles promettaient, ils avaient besoin de trois cents francs par mois au lieu de cent cinquante ; pouvait-il les leur envoyer ? Elle s'adressait à lui en désespoir de cause, et le service qu'elle lui demandait était le plus grand qu'il pût leur rendre.

Le troisième jour après avoir envoyé sa lettre, elle avait reçu une réponse :

« Ma chère nièce,

» Je ne saurais vous dire combien je suis heu-
» reux d'apprendre que ma petite-nièce affirme de
» grandes dispositions pour la musique, car par
» là elle montre qu'elle est bien de notre famille ;
» à l'exception de vous, ma chère Angélique, nous
» avons tous été musiciens de père en fils, aussi
» loin que nous pouvons remonter. Notre bisaïeul
» était carillonneur à Bruges, notre grand-père,
» maître de chapelle de l'évêque de Spire ; notre
» père, chef d'orchestre du théâtre de Metz, et c'est

» pour moi un sentiment de douce fierté de voir que
» votre fille nous continue; sous la direction de ma-
» dame Raphélis, qui est une femme de grand talent,
» elle ne peut pas manquer de devenir une musi-
» cienne qui nous fera honneur.

» Vous comprenez, n'est-ce pas, que dans ces con-
» ditions je ne peux vous répondre que conformé-
» ment à votre désir, et comme parent, et comme
» artiste.

» Si, dans ma carrière déjà longue, je n'ai pas su
» mettre de l'argent de côté, ce qui, j'en conviens,
» est une grande faute, j'ai pu au moins acquérir
» ce qui vaut mieux souvent que la fortune, — l'es-
» time et l'amitié de ceux avec qui j'ai vécu. Dans
» mon embarras pour vous satisfaire, je me suis
» adressé à quelques-uns de ces amis, et bien que
» je n'aie jamais voulu jusqu'à ce jour contracter
» une dette, si petite qu'elle fût, je leur ai demandé
» de me prêter cent cinquante francs par mois, afin
» de parfaire les trois cents qui vous sont néces-
» saires, et je n'ai pas été refusé.

» Le mois prochain, vous recevrez vos trois cents
» francs pour continuer ainsi jusqu'à ma libération.

» Si, lorsque je me serai acquitté, quelques cen-
» taines de francs vous sont encore utiles pour achever
» l'instruction musicale de ma petite-nièce, ne vous
» gênez pas, je vous prie, pour me les demander; ce
» me sera un plaisir de les mettre à votre disposition
» et de contribuer ainsi, pour une faible part, au dé-
» veloppement du talent de cette chère petite, que
» je vous charge d'embrasser pour moi.

» Présentez mes hommages à M. le comte de Mus-
» sidan qui doit être heureux et fier d'avoir une
» fille aussi bien douée, et pour vous, ma chère
» Angélique, croyez à mes sentiments dévoués.

» J. GODART. »

Cette lettre lui mit des larmes aux yeux. Pourquoi donc M. de Mussidan disait-il toujours que le monde était peuplé d'égoïstes et de méchants? Cette lettre n'était-elle pas celle d'un brave homme? Et madame Gueswiller n'était-elle pas aussi une bonne femme? Et madame Raphélis? Comme il avait dû souffrir pour s'être ainsi laissé aigrir?

Maintenant elle pouvait lui soumettre la proposition de madame Raphélis : le jour où l'argent de Lille cesserait d'arriver, celui que gagnerait Geneviève le remplacerait : il pouvait donc laisser Geneviève travailler tranquillement la musique sans chercher d'autres combinaisons.

Cependant ce ne fut pas de madame Raphélis qu'elle lui parla tout d'abord, ce fut de la lettre de l'oncle de Lille.

— Voilà un particulier qui ne se gêne vraiment pas avec nous. Comment, il pouvait emprunter pour se libérer de ce qu'il nous doit et il ne l'a pas fait.

— Il le fait maintenant.

— Maintenant, la belle affaire!

— L'affaire a cela de bon au moins qu'elle permet d'attendre que Geneviève gagne de l'argent, ce qui pourrait arriver bientôt si vous vouliez accepter les propositions de madame Raphélis.

— Quelles propositions? De quel droit cette madame Raphélis, que je ne connais pas, se permet-elle de m'adresser des propositions par votre entremise, au lieu de me les faire directement comme il convient?

Elle expliqua de quoi il s'agissait :

— Et quel est le prix de ses leçons, à cette madame Raphélis?

— Elle ne les ferait pas payer.

— Comment! elle ne les ferait pas payer?

— Le prix de ses leçons est de quarante francs l'heure, et elle sait bien que nous ne pouvons pas dépenser quarante francs tous les jours.

— Comment elle sait bien! Et qui lui a dit que moi, comte de Mussidan, je ne pouvais pas dépenser quarante francs par jour? C'est cette Alsacienne, n'est-ce pas? Dites que c'est elle, et je la chasse de chez moi.

Elle se garda bien de rien dire; au reste cela était inutile, il était parti pour parler seul, sans rien écouter.

— Est-ce que vous vous imaginez par exemple, que je vais accepter que cette madame Raphélis que je ne connais pas me fasse cadeau de ses leçons! Quand un Mussidan reçoit un cadeau, il en rend deux. Vous ne sentez pas cela, vous; dans votre condition, on n'est pas sensible à ces choses.

Il fallait répondre, sinon à ce qui lui était personnel, au moins à ce qui touchait madame Raphélis.

— Ce n'est pas un cadeau que madame Raphélis veut nous faire. Si elle nous rend service, de son côté Geneviève peut lui être utile. Quand un professeur donne son temps et sa peine à une élève, ce n'est pas tout à fait pour l'élève, c'est aussi pour lui-même, pour sa propre réputation, pour que l'élève le défende et le fasse triompher dans les concours.

Elle croyait que cette explication, qui était celle que madame Gueswiller lui avait donnée, serait suffisante, mais elle se trompait.

— Je comprends, s'écria-t-il, nous y voilà; on veut exploiter ma fille. On a vu qu'elle avait du talent, un talent assez grand pour en tirer parti, et cette madame Raphélis, dont je me méfiais d'ailleurs, sans trop savoir pourquoi, mais d'instinct, veut se servir d'elle pour gagner des médailles : élève de madame Raphélis, cela fait bien. Et vous n'avez pas vu cela, vous? On vous a parlé d'art, de dévouement à l'art, et vous avez cru ce qu'on vous a dit. Sans moi vous auriez livré votre fille. Heureusement je suis là. Je vais l'aller trouver, cette madame Raphélis, et m'expliquer avec elle. Si c'est un cadeau qu'elle veut me faire, je vais lui dire que je n'en veux pas et que je lui payerai ses leçons... plus tard. S'il s'agit d'une exploitation de ma fille... nous verrons à nous entendre; il ne faut pas être dupe en ce monde, c'est bête.

Elle eut un moment de découragement et de défaillance.

— Où demeure cette madame Raphélis?

— Je ne sais; je le demanderai à madame Gueswiller.

M. de Mussidan eut le temps de se calmer; après tout, on pouvait essayer.

XV

Cet essai commença et se continua sans que M. de Mussidan parût savoir que sa fille allait au Conservatoire trois fois par semaine, et les autres jours chez madame Raphélis.

Après réflexion, il s'était dit que le mieux était qu'il en fût ainsi : comme il pourrait toujours payer les leçons de madame Raphélis quand mademoiselle de Puylaurens mourrait, il n'était pas nécessaire qu'il s'engageât à ce payement d'une façon précise ; et, d'autre part, comme il n'avait aucun intérêt à traiter dès maintenant la question d'exploitation de l'élève par le professeur, le jour où cette exploitation se produirait il interviendrait, et alors il n'aurait que plus d'autorité pour faire valoir ses droits de père de famille ; l'argent de Lille lui permettait d'attendre et de continuer l'existence qu'il menait depuis dix ans. Sans doute ce n'était pas celle qu'il aurait voulue et qu'il avait espérée. Mais enfin, il pouvait tous les jours descendre à Paris, se montrer là où se réunit le monde, visiter quelques amis où il avait la satisfaction d'entendre un valet jeter à pleine voix son nom et son titre ; enfin, le soir, s'étaler dans toute la grâce de sa noble prestance sur les divans de son café, en frappant du plat de sa belle main sa cuisse allongée, tandis que d'une voix sonore il expliquait à ceux qui voulaient bien l'écouter ce qu'était la grande vie vingt ans auparavant, racontant ce qu'il avait fait, répétant ce qu'il avait dit. Ah ! ce n'était pas comme aujourd'hui. Cela ne le gênait en rien que sa fille travaillât ; le matin, pendant qu'il dormait encore, elle s'en allait, accompagnée de sa mère, au Conservatoire, ou chez madame Raphélis ; après déjeuner, quand elle se mettait au piano, il sortait pour faire sa promenade habituelle, et le soir, quand il revenait de son café, elle était couchée et depuis une heure ou deux déjà endormie.

— Nous verrons bien, répétait-il, il faut essayer.

Mais si cela n'avait apporté aucun changement dans sa vie, par contre cela en avait apporté un considérable dans celle de Geneviève. Il ne s'agissait plus d'étudier un morceau pour le plaisir. Il s'agissait de travailler sans repos de midi à sept heures, non des morceaux plus ou moins amusants, mais des exercices aussi fatigants que fastidieux qui n'ont d'intérêt qu'au point de vue du mécanisme et de l'exécution et qui découragent tant d'élèves. Il ne s'agissait plus maintenant de prendre son temps pour se reposer quand ses bras endoloris refusaient de continuer ; si intense que fût cette douleur de l'avant-bras que connaissent tous les pianistes, il fallait persévérer après quelques secondes d'arrêt seulement sans s'abandonner aux défaillances qui lui noyaient le cœur.

— Ah! maman! s'écriait-elle quelquefois.

Alors sa mère venait à elle pour l'encourager en l'embrassant.

— J'ai les bras cassés, disait-elle.

— Cela n'est rien, répondait la mère, tu sais que madame Raphélis t'a dit qu'il faut ça, et que tout le monde passait par là.

— Oui, une heure je veux bien, mais six heures, mais sept heures.

— Avec une heure tu n'arriverais jamais, et il faut que tu arrives cette année, il le faut pour ton père et pour moi. Travaille quand même tes exercices du quatrième doigt.

— Oui, maman.

Et ses petits doigts recommençaient à répéter sur le clavier la même note pendant une heure.

C'était la lassitude seule qui lui arrachait parfois ces quelques cris de douleur, et jamais elle ne se plaignait de trop travailler.

— Je sais bien, disait-elle, qu'il faut que je me dépêche.

Et alors, s'interrompant un moment, elle faisait des projets pour le jour où elle gagnerait de l'argent.

— D'abord, toi, tu ne travailleras plus; tu me conduiras dans les concerts. Tu auras une belle robe, nous irons en voiture. Le dimanche nous nous promènerons depuis le matin jusqu'au soir à la campagne, et nous prendrons Odile avec nous; elle sera si contente d'aller à la campagne ! elle est si fatiguée !

Mais c'était le plus souvent pendant le trajet de Montmartre au Conservatoire ou en revenant à Montmartre qu'elle arrangeait leur avenir avec cette audace enfantine que rien n'arrête et qui met à la place de la réalité qu'elle ignore, la féerie qui la charme.

— Tu verras, tu verras.

Que de choses on verrait ; elle n'avait jamais fini de les énumérer ou de les montrer quand elle arrivait au Conservatoire. Alors, au lieu de continuer à trottiner à côté de sa mère en bavardant, elle prenait un air grave, et la petite fille devenait une jeune fille qui sait qu'on la regarde. Et en effet on la regardait réellement, car on lui avait inventé une sorte de légende connue de tous. — C'était un enfant-prodige, — l'élève préférée de madame Raphélis, qui voulait avoir la première médaille avec cette petite. — Il n'y avait pas à s'exterminer le tempérament cette année-là, le prix était donné à l'avance ; on choisirait le morceau de concours de façon à ce que ses petites mains pussent l'exécuter ; le jury serait gagné et mademoiselle de Mussidan passerait sur le corps de tout le monde. — Et si elle méritait vraiment le prix ? — Une gamine !

Et quand cette gamine entrait dans la cour où allaient et venaient les élèves, elle produisait toujours un mouvement de curiosité. Parmi les élèves des classes de déclamation lyrique ou de déclamation dramatique, on la regardait pour la regarder, sans malveillance comme sans envie. Ce n'était pas une rivale : une petite bête intéressante, voilà tout. Il en était de même chez les élèves des classes de composition idéale, de violon, de contrebasse, de flûte ou de trompette à coulisse. Mais avec les élèves des classes de piano il en était tout autrement, et c'était pour la critiquer qu'on l'examinait. Que ne pouvait-on la manger des yeux, la faire rentrer sous terre, cette voleuse de médailles ! Chez les petites comme chez les grandes, chez celles qui arrivaient avec une misérable robe de laine et un châle tartan, comme chez celles qui étalaient fièrement leur manteau de loutre et leurs bijoux en filles qui ont pris la vie par le côté pratique, le sentiment était le même ; et il n'y avait pas que les élèves qui la regardaient avec ces méchants yeux, les mères étaient encore plus enragées. Mais ce n'était pas à Geneviève qu'elles adressaient leurs coups d'œil haineux ou leurs propos méprisants, c'était à madame de Mussidan ; c'était sur elle qu'elles exerçaient leur langue et leur esprit. Sur son passage s'élevait toujours un murmure dont elle n'entendait pas distinctement les paroles ; mais dont elle ne comprenait que trop bien la musique. Qu'on la rencontrât dans un corridor ou un escalier, et on la toisait des pieds à la tête, s'écartant d'elle avec dégoût ou la frôlant avec insolence. — Vous n'avez pas la prétention de prendre partout la première place, peut-être ? — Après vous, madame, s'il en reste. — Quand madame Raphélis adressait un compliment à Geneviève on la faisait responsable de cette injustice ; quand, au lieu d'une approbation, c'était une réprimande, c'était à elle que s'adressaient les sourires moqueurs. — Pas si forte que ça la gamine. — On s'était trompé sur son compte. — Elle baissait. — Elle n'aurait pas le prix.

Et alors ces jours-là on daignait lui adresser la parole directement.

— Est-ce qu'elle n'est pas malade votre petite ?
— Mais non.
— Vous en êtes sûre ?
— Sans doute...
— C'est étonnant : elle est toute pâle ; elle n'a pas d'énergie, elle travaille peut-être trop.
— Pas plus que d'habitude.
— A la longue on se fatigue, surtout quand on est si jeune ; et puis on dit que les enfants qui ont des dispositions si extraordinaires sont toujours fragiles ; il faut les mener en douceur.

Et on lui racontait des histoires terribles d'enfants qui avaient été surmenés ; ils ne s'étaient rétablis que par le repos.

— Je sais bien que c'est une année de perdue quand on arrête un enfant, mais enfin il vaut encore mieux perdre la médaille que de perdre la santé. La médaille, on la retrouve l'année suivante ; la santé, on ne la retrouve pas !

C'étaient les mères de celles qui devaient quitter le Conservatoire à la fin de cette même année qui parlaient ainsi. Quant à celles qui avaient encore du temps devant elles, leur langage était différent et leur calcul aussi. Si cette gamine devait avoir le prix, qu'elle l'obtint tout de suite : on serait débarrassé d'elle l'année suivante.

Si ces propos attristaient la mère, les réprimandes de madame Raphélis, si légères qu'elles fussent, bouleversaient la fille profondément. Alors à ses élans d'espérance succédaient des heures d'accablement et de défaillance.

Ce n'était plus en trottinant auprès de sa mère, le nez au vent, gaie, souriante, bavarde, qu'elle remontait à Montmartre; c'était en marchant tristement, la tête basse, silencieuse, se faisant traîner, en répétant seulement de temps en temps :

— Je ne pourrai jamais.

— Mais si, ma chérie.

— Non, maman, je suis trop petite, j'ai les doigts trop petits.

Et elle montrait sa main toute mignonne, aux doigts allongés, amincis en fuseau avec de gracieuses fossettes.

— Et puis ce n'est pas seulement la main qui me manque, c'est le poignet, c'est l'avant-bras, c'est la force : Qu'est-ce que tu veux que je fasse, si le morceau de concours est un morceau de force ? Et puis il y en a qui ont tant de talent.

Elle nommait celles qui avaient tant de talent avec une justice parfaite, leur rendant ce qui leur était dû ; des grandes filles qui avaient presque le double de son âge, qui travaillaient depuis dix ans et qui savaient tout ce qui s'apprend.

— Comment veux-tu que je lutte contre elles, moi qui ne sais rien !

Elle baissait la voix :

— Car c'est vrai, maman, je ne sais rien ; quand je suis toute seule, je crois que je sais quelque chose ; mais quand, en classe, je les vois, je les entends, je sens que je ne sais rien.

— Si tu n'étais pas en état de concourir, crois-tu que madame Raphélis te présenterait comme son élève ?

— Oh ! madame Raphélis ! il y a des moments où je l'étonne, et puis il y en a d'autres où je la décourage, je vois bien cela. Ah ! si papa n'avait pas besoin que je lui gagne de l'argent cette année !

— Il ne faut pas lui faire de la peine.

— Non, maman... ni à toi.

XVI

C'était par sympathie, par besoin d'obliger, par amitié, que madame Gueswiller s'était employée auprès de madame Raphélis pour que celle-ci voulût bien prendre Geneviève comme élève ; mais c'était aussi, jusqu'à un certain point, par intérêt personnel, dans l'espérance que les progrès de Geneviève hâteraient ceux d'Odile.

Tout d'abord, quand Geneviève avait commencé la musique, c'avait été Odile, qui moitié en jouant, moitié sérieusement, lui avait donné les premières leçons ; mais l'élève avait bien vite laissé son professeur en arrière, et Sophie, la sœur aînée, avait dû prendre la place de la petite Odile.

C'était une enfant intelligente pourtant que la petite Odile, mais qui ne se mettait au piano qu'à son corps défendant. Aimait-elle la musique ? ne l'aimait-elle point ? On n'en savait rien ; par cette excellente raison qu'on ne l'avait jamais interrogée sur ce point qui, pour les Gueswiller, ne pouvait pas être mis en discussion. Pour eux, tout le monde aimait la musique, comme tout le monde respire; on respire plus ou moins bien, on a des poumons plus ou moins bons, voilà tout. Odile semblait n'avoir que de médiocres poumons, l'exercice les fortifierait, et alors elle respirerait comme ses frères et ses sœurs.

Justement l'exercice avec Geneviève, si richement douée de ce côté, lui serait bon; et quand les deux enfants avaient commencé à travailler ensemble, ce calcul s'était trouvé excellent : Odile, tant bien que mal, avait suivi sa camarade jusqu'au jour où celle-ci, trop forte, l'avait laissée en arrière, à une courte distance d'abord, mais qui bien vite s'était terriblement allongée.

Faire donner des leçons à Geneviève par madame Raphélis n'était pas précisément le meilleur moyen à prendre pour abréger cette distance, puisque les dispositions naturelles de Geneviève allaient, grâce à ces leçons, se transformer vite en talent acquis. Aussi n'était-ce pas cela que madame Gueswiller avait cherché. Ce qu'elle avait espéré, c'avait été simplement que l'émulation piquerait sa fille. En voyant d'où sa camarade était partie et où elle était arrivée, Odile serait touchée dans son amour-propre et poussée en avant.

— Vois Geneviève.

Ce « Vois Geneviève », on le lui avait dit et répété dix fois, vingt fois par jour, pendant les douze heures de travail qu'on lui imposait, sans repos et sans relâche, de sept heures du matin à huit heures du soir. A ce mot, toujours le même, elle avait une réponse, toujours la même aussi :

— Je vois que Geneviève ne travaille pas douze heures comme moi.

— Parce qu'elle travaille mieux que toi ; travaille aussi bien, tu ne travailleras pas plus longtemps qu'elle.

Sur cette question du travail, madame Gueswiller était implacable, aussi dure pour ses enfants qu'elle l'était pour elle-même.

— Je n'ai pas une minute de repos, de six heures du matin à onze heures du soir ; je ne me plains pas.

Et comme elle ne se plaignait pas, elle n'admettait pas que ses enfants se plaignissent.

— Votre père travaille de son côté, je travaille du mien : travaillez du vôtre.

Levée la première à six heures, elle commençait sa journée par éveiller ses enfants, ses filles d'abord, les garçons qui étaient, l'un triangle aux Variétés, l'autre violon aux Folies-Dramatiques, rentrant tard dans la nuit ; bon gré, mal gré, il fallait sauter à bas du lit ; si l'on tardait, elle vous secouait d'une main vigoureuse qui chassait le sommeil. On avait une heure pour faire sa toilette et sa chambre ; à sept heures, le travail commençait pour les quatre filles. Alors les garçons se levaient à leur tour et sans qu'elle eût besoin de les éveiller ; c'était le piano de Sophie et d'Odile, la harpe de Salomé, le violoncelle d'Auguste qui les secouaient de vibrations et de trépidations exaspérantes.

Elle ne faisait grâce à personne ; la maladie même n'était pas une excuse, et si elle jugeait qu'un des enfants avait vraiment besoin de rester au lit, elle le faisait travailler dans son lit ; il y avait toujours des devoirs d'harmonie en retard, et la petite Odile devait travailler ses exercices sur le clavier muet, assise sur son lit, un oreiller dans le dos, enveloppée dans un vieux châle.

Alors sa mère s'installait près d'elle pour la surveiller des yeux, tandis que l'oreille aux aguets elle écoutait si ses autres filles et ses garçons ne profitaient pas de son absence pour prendre une minute de repos.

C'était là qu'un tablier de cuisine sur les genoux elle grattait ses carottes, épluchait ses choux, ou bien, son panier à ouvrage devant elle, elle ravaudait les bas de ses enfants, — travail terrible qui ne finissait jamais, qui recommençait toujours et qui était devenu pour elle le cauchemar de ses nuits, dans lequel elle voyait s'agiter furieusement ces douze jambes chaussées de bas troués.

Si attentive qu'elle fût à chercher ses mailles et à suivre les petites mains d'Odile sur le clavier, elle ne perdait rien de ce que ses autres enfants faisaient dans les pièces voisines et par les portes qu'elle tenait ouvertes, il leur arrivait de temps en temps un mot qui leur rappelait que leur mère veillait en chef d'orchestre féroce.

— Sophie, ton accord n'est pas juste.
— Auguste, gare à toi, je vais y aller.
— *Forte, forte*, Salomé, tu as les doigts en coton.
— Lutan, tu as manqué ton trille.
— Florent, ta reprise ! Tu te fiches de moi !
Et l'admirable, c'est qu'elle ne perdait pas la tête

et se reconnaissait au milieu de ce charivari qui eût affolé tout autre qu'elle.

Elle avait même une oreille pour suivre ce que Geneviève travaillait de l'autre côté de la muraille.

— Vois Geneviève, disait-elle à Odile, vois comme elle a enlevé son *grupetto;* comme c'est aisé, comme c'est net!

« Vois Geneviève », c'était le refrain auquel revenait madame Gueswiller toujours et à propos de tout.

Le plus souvent Odile ne répliquait pas; mais sur son pâle visage, encadré de cheveux jaunes nattés, passait un sourire.

Mais parfois aussi elle répondait :

— Geneviève, oh! Geneviève, elle fait ce qu'elle veut, Geneviève; et puis elle n'est pas fatiguée, et moi je suis si fatiguée! Tu ne veux pas me croire quand je te dis que je suis fatiguée, tu m'accuses d'être paresseuse; je t'assure que je ne suis pas paresseuse, je suis fatiguée, si fatiguée!

Ce n'était pas parce qu'elle n'aimait pas sa fille que madame Gueswiller ne voulait pas croire à cette fatigue, mais c'était parce qu'elle n'admettait pas qu'on ne pût point, avec de la volonté, surmonter sa fatigue. Si quelqu'un était fatigué dans la maison, c'était elle. Si quelqu'un avait envie de dormir le matin et de rester au lit, c'était elle. Cependant jamais elle n'avait cédé à la fatigue. Et depuis son mariage elle n'était restée au lit que quand elle avait eu ses enfants; c'était alors seulement qu'elle s'était reposée, et encore pas longtemps. Pour elle le travail était une loi naturelle, et elle n'avait que de la haine ou du dégoût pour ceux qui ne travaillaient pas ; des lâches ou des misérables.

— Voyez M. de Mussidan, disait-elle à ses enfants quand ils se plaignaient, voilà où on en arrive quand on ne travaille pas.

Ainsi la fille et le père lui servaient d'exemples vivants : « Faites comme celle-ci, ne faites pas comme celui-là. » Si M. de Mussidan avait pour cette commère mal peignée un parfait dédain, elle avait pour ce bel homme toujours si soigné un profond mépris ; il n'y avait qu'un point sur lequel ils étaient d'accord : le jugement qu'ils portaient l'un sur l'autre.

— Cette mégère fera mourir ses enfants à la peine ! disait M. de Mussidan.

— Ce vieux fainéant tuera d'abord sa femme de travail, disait madame Gueswiller, puis ensuite il tuera sa fille.

Chose curieuse, elle admettait très bien que les autres pussent mourir tués par le travail, mais elle ne l'admettait pas pour les siens. Aussi quand on essayait de lui faire remarquer que sa petite Odile était bien faible, bien pâle, se contentait-elle de hausser les épaules.

— Ses sœurs ont été comme ça, disait-elle, et elles ont pris le dessus, c'est un moment à passer ; elle ne mange pas assez, quand elle mangera, ça ira mieux.

Et elle rompait l'entretien en femme qui ne veut rien entendre, ni rien croire ; elle savait comment on élève les enfants sans doute ; jamais elle ne sup-

17.

porterait que les siens prissent des habitudes de paresse : voyez M. de Mussidan.

Cependant si ferme qu'elle fût dans ses principes, si dure qu'elle se montrât dans leur stricte application, elle avait fini par être obligée de permettre à Odile, « de plus en plus fatiguée », de se reposer.

L'enfant, qui avait toujours été rieuse et joueuse, était devenue d'une tristesse morne, cherchant la solitude et les coins sombres, ne pensant qu'à se reposer : — « Ah ! maman, je suis si fatiguée, si fatiguée. » Quand ses frères et ses sœurs, pour la distraire, essayaient de jouer avec elle, elle poussait des cris aussitôt qu'ils la touchaient. Pendant des semaines elle ne voulait pas manger; puis tout à coup elle dévorait pendant quelques jours, ce qui aussitôt rassurait sa mère : « Quand on mange, on travaille. » Mais, pour travailler, il faut des forces, et elle n'en avait plus. Plus de vivacité non plus. Plus de mine. La peau terne, terreuse, tantôt sèche, tantôt couverte de sueurs qui lui inondaient les cheveux et le visage. Avec cela un regard brillant, brûlant, qui éclairait cette face amaigrie, d'autant plus chétive que la tête était volumineuse.

Le repos n'ayant pas suffi pour la « défatiguer, » madame Gueswiller s'était décidée à appeler un médecin, qui avait ordonné le repos dans une chambre exposée au soleil et comme médicament des tartines de pain beurré saupoudrées de gros sel gris.

Elle n'avait pas discuté, mais quand il avait été parti, elle avait haussé les épaules.

— Quand pour tout médicament on ordonne aux gens du sel gris, c'est qu'ils ne sont guère malades.

Et, de très bonne foi, elle avait remis Odile au travail, en se disant que le médecin avait tout simplement voulu gagner le prix de sa visite.

Mais cette reprise de travail n'avait pas été longue ; il avait fallu reconnaître qu'Odile était malade, vraiment malade.

On avait appelé un nouveau médecin.

— Du beurre et du sel gris pour tout médicament à une enfant malade !

Averti, le nouveau médecin n'avait eu garde de tomber dans l'erreur de son confrère.

— Le beurre a du bon, et je le conseille aussi, mais nous l'assaisonnerons avec du chlorure de sodium.

Et il s'était retiré, regrettant presque de n'avoir pas ordonné de prendre le chlorure de sodium avec une cuiller en aluminium.

A la bonne heure, il connaissait son affaire, celui-là, et à une enfant vraiment malade il ne se contentait pas d'ordonner du sel de cuisine. Ah ! si elle l'avait appelé tout d'abord !

Odile avait si bien pris l'habitude du travail que, lorsqu'elle s'était trouvée dans son lit, et après le premier moment de repos passé, sans avoir de devoirs d'harmonie à faire ou de clavier muet à étudier, elle était tombée dans une tristesse morose.

— Tu vois comme on s'ennuie quand on ne travaille pas, lui disait sans cesse sa mère.

— Mais puisque je ne puis pas travailler ; ce n'était

pas travailler qui m'ennuyait, c'était travailler toujours.

Maintenant, ce qui l'ennuyait, c'était, dans la chambre exposée au midi où on l'avait installée, de n'avoir qu'à regarder les toits de la ville immense mêlés au-dessous d'elle en une confusion monotone où rien ne se détachait, si ce n'est de temps en temps les effets de lumière produits par les nuages, et aussi les rubans de fumée qui se déroulaient à l'horizon.

Pour la distraire, sa mère avait demandé à madame de Mussidan de lui donner Geneviève toutes les fois que celle-ci ne travaillerait pas, et même quand cela se pourrait de la laisser travailler auprès d'Odile. Sans doute il lui eût été facile de mettre l'un de ses garçons ou l'une de ses filles auprès de l'enfant malade; mais cela les eût dérangés; et puis d'ailleurs Odile n'était contente que quand elle avait près d'elle sa petite camarade.

— Etudie ton piano, ne fais rien, cela m'est égal, mais reste avec moi, disait-elle souvent.

En réalité elle n'était pas franche lorsqu'elle disait: « Etudie ton piano ou ne fais rien, cela m'est égal. » Ce qu'elle désirait, ce qu'elle voulait, c'était que Geneviève ne fît rien; une fois même, en l'absence de sa mère, elle s'était expliquée à ce sujet.

— Tais-toi donc, avait-elle dit à Geneviève qui continuait à étudier consciencieusement, nous sommes seules.

— Cela t'ennuie?

Depuis assez longtemps elle ne remuait presque plus dans son lit : en entendant cette question, elle

s'était mise à taper, à trépigner sur ses draps :
— Cela m'embête, m'embête, m'embête ! s'était-elle écriée, cela me fait pleurer, cela me fait grincer des dents. Crois-tu donc que ce n'est pas exaspérant d'entendre toute la journée le piano, le violon, la harpe, le violoncelle? J'en pleure, j'en meurs.

Geneviève l'avait regardée avec étonnement.

— Ça t'étonne, continua Odile, mais toi tu n'entends pas toute la journée le piano, le violon, la harpe, le violoncelle; toi tu ne travailles pas toute la journée; quand tu es à table, à déjeuner ou à dîner, ton père et ta mère ne parlent pas tout le temps de piano, de violon, de harpe, de violoncelle. Oh! si tu savais comme ça m'embête, ça m'embête!

Elle disait cela avec rage, comme si elle avait défilé un chapelet de jurons en tapant sur son lit.

Puis, se calmant un peu, elle appela sa camarade.

— Viens là, près de mon lit.

Et quand Geneviève fut venue, lui prenant la main en inclinant la tête vers elle :

— Si tu savais, dit-elle, comme je serais contente de ne plus jamais travailler mon piano, jamais, jamais !

— Tu aimes mieux la harpe? demanda Geneviève.

— Es-tu bête ! Ni la harpe, ni le piano, ni le violon, ni rien.

Alors baissant la voix :

— Je voudrais aller à la campagne, en Alsace, et garder les vaches.

Du coup Geneviève fut stupéfaite.

— Si tu savais ce que c'est que de garder les vaches !

Il y a deux ans j'ai été en Alsace, et tout le temps j'ai gardé les vaches avec ma cousine Aurélie. Nous partions dès le matin derrière les vaches, emportant notre manger dans un panier. Pendant que les vaches paissaient on jouait dans les bois ; il y avait des haies, des prés, des rivières, qui faisaient glou glou sur les cailloux rouges. En voilà une jolie musique ! Quand les vaches se couchaient pour ruminer... Tu ne sais pas ce que c'est que ruminer ! Eh bien, c'est une opération par laquelle les vaches mangent une seconde fois ce qu'elles ont déjà avalé.

— Quelles farces !

— Non ; je t'assure que c'est vrai. Eh bien, pendant que les vaches ruminaient, nous allumions du feu avec du bois sec et des feuilles. C'est ça qui sent bon, les feuilles brûlées, et ça fait une belle fumée jaune avec des pétillements. En voilà encore une belle musique !

Quand Geneviève revint le lendemain, elle apporta une vacherie que mademoiselle de Puylaurens lui avait donnée et dans laquelle il y avait des vaches en carton, des claies en allumettes et des arbres bleus ; elles jouèrent sur le lit d'Odile « à garder les vaches », mais si amusant que cela fût, il manquait cependant l'air de la verte forêt, le glou glou de la rivière sur les cailloux rouges, les pétillements du feu de feuilles, et bien d'autres choses encore, hélas ! qui ne se trouvent pas dans une chambre du cinquième étage à Montmartre. Pourtant ce fut une bonne journée pour Odile. Cette fois, ce n'était pas comme au piano, c'était elle qui avait la supériorité, qui était la mattresse. Elle avait gardé des vraies vaches, fait du vrai feu; elle connaissait son affaire et pouvait commander, dire ce qu'il fallait donner aux vaches, leur parler, les traire. Une seule chose cependant laissait à désirer : les arbres; elle n'avait jamais vu des arbres bleus; si seulement elles avaient un petit arbre vrai dans un pot.

Alors Geneviève n'avait plus eu qu'un désir : lui donner un arbre dans un pot. Mais quel arbre? Et puis combien cela coûtait-il, un arbre en pot? Elle n'en avait aucune idée. D'ailleurs, cela serait toujours trop cher pour elle, qui n'avait jamais eu un sou dans sa poche. Enfin, n'y tenant plus, elle avait fait part de son envie à sa mère. Mais celle-ci, non plus, ne savait pas ce que coûtait un arbre en pot; c'était là un objet de luxe qu'elle n'avait jamais fait la folie de se payer. Autrefois, avant son mariage, quand elle habitait l'impasse des Tilleuls et qu'elle avait une caisse à fleurs devant sa fenêtre, elle avait acheté quelquefois des *mères de famille* et des *pois de senteur*; mais elle n'avait jamais été jusqu'à l'arbre en pot. Un matin, en sortant du Conservatoire, elles avaient couru jusqu'au marché du Château-d'Eau.

— Auras-tu assez d'argent, maman? demanda Geneviève.

— Je l'espère.

Mais leur premier choix fut désastreux; c'était un palmier qui avait séduit Geneviève.

— N'est-ce pas, maman, qu'il est beau? Demande combien.

— Cinquante francs.

Elles restèrent interdites; puis elles se sauvèrent sans écouter le marchand, qui consentait une diminution de cinq francs, et elles allèrent ainsi jusqu'à l'autre bout du marché où Geneviève aperçut un petit arbre à feuillage gracieux en fer de lance, tout couvert de petites baies rouges semblables à des cerises sauvages.

— Si tu osais, s'écria Geneviève en serrant la main de sa mère.

Madame de Mussidan fut longtemps sans oser, mais enfin les serrements de main de sa fille la décidèrent.

— Quatre francs, répondit le marchand.

Geneviève poussa un cri de joie triomphante.

Madame de Mussidan avait déjà donné les quatre francs.

— Et comment s'appelle notre arbre, demanda Geneviève.

— Cerisette ou oranger des savetiers, ou mieux *solanum pseudo-capsicum*.

Geneviève écrivit ces noms et elle voulut porter elle-même son arbre.

— Ce ne sera pas la peine de parler d'oranger des savetiers, dit-elle en chemin.

— Bien sûr.

Quand Odile vit entrer dans sa chambre l'arbre en pot qu'elle avait tant désiré, elle eut une défaillance, et toute la journée elle fut si gaie, si heureuse qu'on eût pu la croire guérie.

Cependant, au bout de quelques jours, elle trahit encore devant Geneviève un autre désir.

— Ce qui serait bien amusant, ce serait une bête qui se promènerait sous mon arbre en pot.

— Ou un oiseau dans ses branches, dit Geneviève, un serin.

— Oh! non, pas un serin; une vraie bête de la campagne.

— Une vache?

— Tu te moques de moi.

Elle se moquait si peu qu'elle ne pensa plus qu'à compléter son cadeau en y ajoutant une vraie bête de la campagne. Mais quelle vraie bête de la campagne? On n'introduit pas dans une chambre, au cinquième étage, une vache ou un mouton.

Longtemps elle chercha en vain; mais un dimanche qu'elle avait été à Asnières, chez ses amis les Limonier, elle trouva une petite poule Cayenne qu'elle vit dans leur poulailler et qu'elle leur demanda, en disant franchement ce qu'elle en voulait faire; une poule, c'était une bête de la campagne. Ils la lui donnèrent avec plaisir, et elle revint à Paris portant sa poule sur son cœur.

Cette fois, ce fut un délire de joie pour Odile : son arbre en pot, sa poule, la vraie campagne, cela était presque aussi amusant que de garder les vaches.

La gaieté lui revint, mais non la force, non la santé; la maigreur s'était accentuée, la respiration était courte; le moindre effort était suivi d'essoufflement et d'étouffements.

Un jour que Geneviève rentrait avec sa mère, elle avait entendu le médecin dire à madame Gueswiller, sur le palier, qu'il craignait l'asphyxie pas asystolie.

Elle avait retenu ces deux mots et les avait cherchés dans son dictionnaire; elle n'avait pas trouvé asystolie, mais seulement asphyxie : mort par strangulation, et elle avait été épouvantée : Odile était donc en danger de mort?

Cela avait rendu son sommeil léger. Une nuit elle avait été réveillée par le bruit d'une porte qui s'ouvrait, et dans le vestibule elle avait entendu la voix éplorée de madame Gueswiller :

— Ma pauvre Odile, morte! Oh! mon Dieu!

XVII

La mort d'Odile amena de grands changements dans la vie de Geneviève.

Non seulement des changements moraux par le chagrin qu'elle lui causa, le vide de cœur qui en résulta, le sentiment de la mort qu'elle dut admettre, mais encore des changements matériels dans ses habitudes et son travail.

Bien que M. de Mussidan sût peu ce qui se passait chez ses voisines, « ces gens d'en face » n'étant point dignes qu'il s'occupât d'eux, il n'avait pas pu ne pas apprendre cependant le dur labeur auquel « cette petite » était condamnée : — Oh ! maman, si tu savais comme Odile est fatiguée aujourd'hui, disait souvent Geneviève pendant les repas. — A cela il avait toujours répondu : — C'est qu'elle n'a pas de courage; les enfants doivent travailler. — Et chez lui cette réponse n'avait jamais été que théorique, une opinion sur le travail et les devoirs des enfants qu'il exprimait, car au fond il lui était complètement indifférent que « cette petite » fût ou ne fût pas condamnée à un dur labeur; quand un père ou une mère font beaucoup travailler un enfant, c'est qu'ils ont besoin que cet enfant travaille beaucoup, voilà tout ; les enfants ne sont pas au monde pour s'amuser.

Mais à l'enterrement de « cette petite », où il avait été « pour faire honneur à ces gens », il avait entendu certains propos qui lui avaient donné à réfléchir sur la méthode de travail imposée par madame Gueswiller à ses enfants.

— Le chagrin de cette pauvre mère fait peine à voir.

— Elle a d'autant plus de chagrin qu'elle peut se reprocher d'avoir tué sa fille.

— C'est donc vrai qu'elle la faisait trop travailler ?

— Douze heures par jour sans jamais de repos, sans jamais sortir ; une enfant toujours enfermée, ne prenant pas l'air, claquemurée dans une chambre et attachée à son piano du matin au soir ; elle est morte à la peine.

— C'est étonnant qu'elle ne soit pas morte plus tôt, car elle était malade depuis longtemps, n'est-ce pas ?

— Malade, non pas précisément ; on n'a pas le droit d'être malade chez madame Gueswiller : mais souffrante, chétive ; une mine affreuse, les os se déformaient ; la crise s'est déclarée au moment où elle allait devenir une jeune fille, et elle n'a pas eu la force de la surmonter ; il aurait fallu l'exercice, le séjour à la campagne, les bains de mer ; une nourriture substantielle.

— C'est une leçon pour elle.

— Trop tard.

Ce ne fut pas seulement pour madame Gueswiller que cette mort de la petite Odile fut une leçon; en écoutant ces propos qui s'échangeaient autour de lui, M. de Mussidan s'inquiéta, et lorsque, en sortant du cimetière de Saint-Ouen, il gagna les Champs-Elysées pour faire sa promenade ordinaire, plus d'une fois il se répéta un mot qui l'avait frappé : « Ce n'est pas seulement en faisant porter aux enfants des fardeaux trop lourds qu'on les tue ».

Ce n'était point son habitude, lorsqu'il se promenait, de se laisser aller à ses pensées; il se promenait pour se promener, pour se distraire, pour voir ce qu'il y avait de curieux, pour se montrer lui-même et recueillir sur son passage les coups d'œil approbatifs, les murmures flatteurs qu'il se croyait sûr de provoquer partout où il passait, et il y avait là de quoi l'occuper pleinement. Mais ce jour-là il n'avait rien remarqué, rien entendu autour de lui.

« Ce n'est pas seulement en faisant porter aux enfants des fardeaux trop lourds qu'on les tue ».

Si on avait tué « la petite des gens d'en face », on pouvait donc aussi lui tuer sa fille?

Lui tuer sa fille !

Mais il l'aimait sa fille.

Mais il avait bâti sa vie sur elle.

Mais il s'était marié pour elle.

Mais, en plus de ses qualités morales qu'il appréciait plus que personne, en plus de sa gentillesse, de son charme, elle valait trois millions, cette enfant !

Comment ne l'avait-on pas averti que le piano pouvait la tuer par un excès de travail?

Est-ce qu'il savait cela, lui, est-ce qu'il connaissait ces machines-là? Pour lui cela était tout simplement un instrument ennuyeux, comme les autres d'ailleurs; mais il ne savait pas que ce pouvait être aussi un instrument homicide.

Sa fille n'était-elle pas déjà malade?

Cette pensée l'avait si furieusement angoissé qu'il avait interrompu sa promenade, — ce qui ne lui était pas arrivé depuis plus de dix ans, — pour rentrer à Montmartre; il avait hâte de voir, de savoir.

En montant son escalier il avait entendu un piano, le sien, et reconnu l'exercice que sa fille étudiait depuis quelques jours.

— Comment, elle était au piano! Mais c'était absurde, cela!

Il avait vivement ouvert sa porte et s'était précipité dans son salon.

— Pourquoi travailles-tu?

Surprise par cette question, elle l'avait regardé sans répondre.

— Pourquoi travailles-tu?

— Mais parce que c'est l'heure de travailler; cela ne fait rien que je travaille, je n'en pense pas moins à Odile.

Elle dit cela tristement, avec des larmes dans les yeux.

— Il ne s'agit pas d'Odile, il s'agit de toi; viens ici.

Elle quitta le piano et vint à son père qui s'était

placé dans l'embrasure de la fenêtre, tournant le dos au jour.

— Regarde-moi en face.

Elle le regarda, un peu inquiète ; qu'avait-elle donc fait ?

— Tu n'es pas plus pâle que de coutume ?

Elle ne répondit pas.

— Je te demande si tu n'es pas plus pâle ?

— Mais... je ne sais pas.

— Tu ne te sens pas malade ?

— Mais non.

— Réponds-moi franchement. Ce n'est pas pour te gronder que je t'interroge, si tu étais malade ce ne serait pas ta faute.

— Je ne suis pas malade.

— As-tu bien déjeuné ce matin ?

— Vous avez vu.

— Mais non, je n'ai pas vu... j'étais préoccupé, je n'ai pas fait attention à ce que tu mangeais. Avais-tu faim ?

— Non.

— Ah ! tu n'avais pas faim. Pourquoi n'avais-tu pas faim ?

— Parce que... parce que je pensais à Odile ; justement il y avait des saucisses aux choux rouges... (elle se mit à pleurer), et les saucisses aux choux rouges, c'était tout ce qu'Odile aimait le mieux.

— C'est stupide de penser aux autres quand on mange, surtout de penser aux morts. A quoi cela leur sert-il ?

— Je ne l'ai pas fait exprès.

— On pense à soi; on mange pour soi des choses substantielles qui vous nourrissent. Donne-moi ta main.

Il la lui tâta, il la lui palpa longuement; puis ensuite il lui palpa les bras.

— Cela ne te fait pas mal?
— Non.
— Dans les os?
— Pas du tout.
— Tu en es sûre?
— Mais oui.
— Dans la poitrine, dans les jambes?
— Ni dans la poitrine, ni dans les jambes.
— Allons tant mieux, c'est bien; mais si jamais tu te sentais mal, dis-le moi, tu entends, tout de suite.
— Oui, papa.

Après un moment d'attente, voyant qu'il ne lui adressait plus de questions, elle se dirigea vers son piano pour reprendre son travail; mais il la retint:

— Assez de travail aujourd'hui; je ne veux pas qu'on se fatigue.

— Mais si je ne travaille pas je vais trop penser à Odile.

— Je ne veux pas que tu penses à Odile, je veux que tu te distraies, que tu t'amuses; lis, saute, danse, fais ce que tu voudras.

Ce qu'elle voulut ou plutôt ce qu'elle fit, ce fut, lorsqu'il la laissa seule, de penser à son amie et de pleurer.

Bien surprise fut sa mère quand elle lui dit que son père lui avait défendu de continuer à travailler, et lui avait ordonné de lire, de s'amuser. Que se passait-il donc ? C'était la première fois qu'il paraissait s'apercevoir que sa fille travaillait.

Ce fut seulement le soir, quand Geneviève fut couchée et ne put entendre ce que disaient ses parents, que madame de Mussidan eut l'explication de cette intervention extraordinaire.

— Savez-vous, madame, que je vous trouve bien imprudente ? dit-il sévèrement.

C'était donc elle qui était le coupable ? Qu'avait-elle fait ?

— Quand vous avez voulu que votre fille étudie avec cette madame Raphélis pour concourir au Conservatoire, je ne vous ai pas fait les objections qui se présentaient à mon esprit. Vous vous étiez si bien férue de cette belle idée, que je n'ai pas voulu vous contrarier. Mais je pensais que votre tendresse maternelle saurait maintenir votre ambition dans de sages limites. Cela s'est-il réalisé ?

— Je ne vous comprends pas.

— Dites que vous n'osez pas me comprendre. Je m'explique. Votre fille n'a-t-elle pas trop travaillé ? Voilà une mort qui doit nous servir d'exemple, car cette petite a été tuée par sa mère... par le travail forcé auquel sa mère l'a condamnée, si vous aimez mieux. N'avez-vous pas condamné aussi la vôtre à un travail trop dur ?

— Mon Dieu, qui vous fait craindre...

— Ma sagesse, ma tendresse paternelle. Pour vous laisser le soin de l'éducation de Geneviève, je ne l'ai pas abandonnée ; je la surveille de haut, et Dieu merci pour elle! je suis là attentif. Tandis que vous vous laissez séduire par cette madame Raphélis, qui me paraît une enjôleuse, moi qui me tiens au loin, je juge les choses et les pèse. Eh bien ! je vous déclare que je ne laisserai pas exploiter ma fille.

— Mais je vous assure que Geneviève ne travaille pas trop ! s'écria-t-elle, épouvantée.

— Vous n'en savez rien.

— Elle n'est pas malade.

— Vous n'en savez rien. D'ailleurs, il serait trop tard si elle était malade. Je dois veiller à ce qu'elle ne devienne pas malade, et voilà pourquoi je vous signifie que, dès demain, je la conduirai chez Carbonneau, à qui je demanderai une consultation. Je ne veux pas que, par ignorance, vous exposiez la santé de ma fille. Je ne veux pas qu'on tue mon enfant, comme on a tué « cette petite des gens d'en face ».

XVIII

Malgré la forme sous laquelle ces observations lui avaient été adressées, madame de Mussidan en fut heureuse : elles venaient d'un père qui aime sa fille et qui s'inquiète, qui s'effraye pour elle. N'était-il pas tout naturel que, sous le coup de l'émoi causé par la mort d'Odile, cette inquiétude se traduisît d'une façon violente? Et puis peut-être méritait-elle ces reproches dans une certaine mesure; peut-être avait-elle été imprudente; c'était avec son cœur qu'elle regardait sa fille, non avec ses yeux, et elle lui trouvait tous les mérites, toutes les qualités : la beauté, l'intelligence, la bonté, la tendresse, la générosité, la santé; peut-être sur ce point, mais sur ce point seulement, se trompait-elle; peut-être cette santé n'était-elle pas ce qu'elle avait cru; ce serait ce que le médecin verrait.

Elle eût voulu l'accompagner elle-même chez ce grand médecin, car une mère voit et sait bien des petites choses qui échappent à un père; mais quand elle essaya de dire quelques mots de son désir, elle fut si rudement rembarrée qu'elle ne put pas insister.

— Croyez-vous que je ne connais pas ma fille? craignez-vous que je ne sache pas ce que je dois dire? Ne vous inquiétez que d'une chose : me dire par écrit de quoi sont morts vos parents, père, mère, grand-père, grand'mère... si vous le savez, — ce qui, avec des gens de leur condition, est assez difficile, je le reconnais.

Elle prépara sa note pour le lendemain; mais au moment de partir pour se rendre chez Carbonneau, M. de Mussidan, après avoir regardé sa fille des pieds à la tête, déclara qu'il ne sortirait point avec une petite bête ainsi fagotée qui avait l'air d'un chien savant.

— Cela est bon quand elle sort avec vous, dit-il; mais pour que je la prenne avec moi, il faut l'habiller autrement.

C'était bien là le difficile; on était à la fin de novembre et la toilette qui avait servi pour la présentation à madame Raphélis, surtout les bottines de coutil, n'étaient plus de mise. Elle avait, il est vrai, la toilette qu'elle mettait pour aller au Conservatoire, mais c'était justement celle-là que son père n'admettait pas.

Il fallut en organiser une, ce qui ne fut possible qu'après une visite préalable au mont-de-piété, où, sur quelques pièces d'argenterie données par mademoiselle de Puylaurens et qui faisaient continuellement la navette, on prêta à madame de Mussidan à peu près ce qu'il lui fallait pour habiller Geneviève de façon à ce que son père la trouvât digne de sortir avec lui. Et ce n'était point chose facile ni ordinaire, car jamais il ne leur faisait cet insigne honneur, ni à elle, ni à l'enfant, de les admettre près de lui. Son habitude était, en effet, de se promener toujours seul, et ce n'était que quand ils allaient quelquefois, le dimanche, dîner tous les trois à Asnières, chez les Limonnier, qu'elles pouvaient l'accompagner. Encore n'était-ce point en lui donnant le bras ou la main, ni même en marchant près de lui, mais de loin, lui, prenant les devants, elles, venant derrière. A la gare, s'il arrivait trop tôt, il ne restait pas avec elles, mais il arpentait la salle des Pas-Perdus, le nez au vent, dévisageant les jolis minois, tandis qu'elles restaient dans un coin, ne se mettant en marche que lorsqu'elles le voyaient entrer dans la salle d'attente. Une fois à Asnières, il prenait encore la tête pour sonner à la porte des Limonnier, alors qu'elles n'étaient seulement pas au bout de l'impasse.

C'était une grande affaire pour Geneviève que cette toilette, car elle se réjouissait de sortir avec son père. Que de fois en s'habillant se regarda-t-elle dans sa glace :

— Crois-tu que papa voudra de moi? demandait-elle à chaque instant.

Et madame de Mussidan la regardant, l'admirant, la trouvant la plus belle des petites filles, se disait qu'il faudrait qu'il n'eût pas d'yeux pour la voir, s'il ne voulait pas d'elle ; mais cependant ce n'était qu'à demi qu'elle osait la rassurer.

Enfin le moment de passer l'inspection arriva, et ce

18.

fut en tremblant que Geneviève comparut devant son juge.

Longuement il l'examina depuis les bottines en veau jusqu'à la toque en feutre garnie de velours noir.

— Allons, vous êtes belle, dit-il enfin, vous donnerez la main à votre papa et nous prendrons par les boulevards.

Par les boulevards, avec lui !

La mère fut encore plus fière que la fille, et pendant qu'ils descendaient l'escalier elle courut au balcon et se pencha par-dessus la rampe pour voir Geneviève « donner la main à son papa ».

S'il y avait pour Geneviève de quoi être fière de sortir « avec son papa », il n'y avait pas de quoi être bien joyeuse, car de Montmartre à la place Vendôme, où demeurait le grand médecin, ils n'échangèrent pas deux paroles ; elle n'osait pas questionner son père qui ne pensait pas à lui parler ; il ne lui dit qu'un mot en arrivant au coin de la rue de la Paix.

— Tiens-toi bien ; on te regarde.

Cela lui était bien égal qu'on la regardât ; elle ne pensait qu'à regarder elle-même autour d'elle.

— Tu ne diras rien au médecin, lui recommanda son père en montant l'escalier de Carbonneau ; tu me laisseras parler, tu répondras seulement quand il t'interrogera.

Après deux heures d'attente dans le grand salon, ils furent introduits dans le cabinet de M. Carbonneau, et M. de Mussidan se nomma, mais sans que cela parût faire aucune impression sur le médecin.

— C'est pour cette enfant que vous désirez me consulter?

— Oui, monsieur, et voici dans quelles circonstances : la santé de cette enfant est précieuse, extrêmement précieuse.

Cela aussi, bien que dit avec une importante gravité, parut ne faire aucune impression sur le médecin qui regardait sans doute comme également précieuse la santé de tous les enfants; — ce qui est évidemment absurde, car s'il y a des enfants qui valent trois millions, et Geneviève était de ceux-là, il y en a qui ne valent pas deux sous, ce qui détruit toute idée d'égalité entre eux.

— Toute petite, cette enfant a montré des dispositions exceptionnelles pour la musique, de sorte que sa mère, — vous savez ce qu'est l'ambition des mères, — a eu l'idée de lui faire obtenir le prix de piano au Conservatoire.

— Quel âge a l'enfant?

— Onze ans.

— Et elle a des chances?

— Elle est l'espérance de son professeur. Mais les dispositions exceptionnelles ne suffisent pas pour obtenir la première médaille à cet âge; on fait donc travailler, beaucoup travailler cette enfant. Je vous l'amène pour que vous l'examiniez et me disiez si elle est en état de supporter ce travail.

— Qu'appelez-vous beaucoup travailler? Combien d'heures par jour?

— Sept ou huit heures.

— Quel exercice physique fait-elle?

— Elle va au Conservatoire et elle en revient.

— Quelles maladies d'enfant a-t-elle eues?

— Elle n'a jamais été dangereusement malade; on a craint seulement des accidents du côté du cerveau; elle est très sensible, très impressionnable.

— Cela se voit. Quel âge a sa mère?

— Trente-cinq ans.

Et tout de suite M. de Mussidan parla des ascendants paternels et maternels; pour ceux-ci il glissa, mais pour les siens il appuya; cependant il eut la discrétion de ne pas remonter jusqu'à Guillaume de Puylaurens, ni même jusqu'à Sébastien de Mussidan.

Assise dans un fauteuil, Geneviève n'avait encore rien dit; elle regardait le médecin et elle trouvait qu'avec ses longs cheveux blancs, qui par-derrière tombaient sur le col de son habit boutonné, il avait une très belle tête, l'air bon; il ne lui faisait pas peur du tout.

Aussi, quand il l'interrogea, répondit-elle sans aucune gêne, et se prêta-t-elle gaiement à l'examen qu'il fit d'elle.

— Est-ce que cela vous ferait de la peine, mon enfant, de ne pas travailler votre piano?

— Oh! oui, monsieur, et puis cela en ferait à madame Raphélis.

— Et vous ne voulez pas faire de peine à madame Raphélis?

— Elle est si bonne!

— Soyez tranquille, je ne vous en ferai ni à vous ni à elle.

S'adressant à M. de Mussidan :

— Où demeurez-vous, monsieur?

Il n'y avait pas de question plus désagréable que celle-là pour M. de Mussidan, et toutes les fois qu'on la lui posait il s'arrangeait toujours pour ne pas répondre. Comment dire: « A Montmartre? » Un homme de son nom ne demeure pas à Montmartre. Sans doute ce que ce médecin voulait savoir c'était dans quelles conditions hygiéniques était l'appartement qu'il habitait. Ce fut à cela qu'il répondit.

— La situation de mon appartement est admirable; de l'air, de la lumière, du soleil, deux expositions, celle du nord et celle du midi.

— Vous avez un jardin?

— Non... mon Dieu, non; dans ces conditions de bon air et d'étendue... pour la vue, un jardin ne me serait d'aucun agrément.

— Il servirait de lieu de récréation à cette enfant; mais puisque vous n'en avez point, nous pouvons facilement le remplacer. Voici ce que je conseille: deux à trois heures d'exercice à pied tous les jours, sans avoir égard au temps, qu'il soit beau, qu'il soit mauvais, peu importe; il faut marcher en plein air et marcher à grands pas; ne confiez donc cette enfant qu'à quelqu'un dont vous serez sûr et qui ne s'amusera pas à flâner.

— Je ne la confierai à personne; je lui ferai faire moi-même ces trois heures d'exercice, sa vie est trop précieuse pour que je la confie à un autre qu'à moi.

XIX

Quand M. de Mussidan avait fièrement répondu à Carbonneau qu'il ne confierait sa fille à personne et qu'il lui ferait faire lui-même les trois heures d'exercice ordonnées, il n'avait pas pensé qu'il faudrait marcher à grands pas. Il n'avait eu qu'une idée, une idée paternelle : il prenait sa fille avec lui quand il sortait, et comme la petite était convenablement habillée, comme elle était jolie, il n'y avait rien là de désagréable. — A qui cette jolie enfant ? — Ma fille ! — Ah ! vraiment ; elle est tout à fait charmante.

C'était par la réflexion qu'il avait compris que cet arrangement était impossible. Un homme comme lui, habitué à se montrer sur les boulevards où il était connu, ne marche pas à grands pas ; il se promène pour se promener, et il ne s'expose pas, en marchant vite, à ce qu'on croie qu'il va quelque part, qu'il est pressé, qu'il fait des courses. Pour rien au monde il n'accepterait cela. Qu'il consentît à changer sa démarche, c'était une preuve, une grande preuve de tendresse paternelle qu'il donnait à cette enfant ;

mais il mettait une condition à ce sacrifice, qui était qu'il ne s'accomplît pas sous les yeux de tout Paris. Il avait successivement tout perdu : sa fortune, ses relations, le rang qu'il occupait dans le monde. Il n'allait pas maintenant, même pour sa fille, perdre ce qui lui restait de l'homme supérieur, — son élégance et sa distinction.

S'il consentait à marcher à pas pressés, et il le fallait bien pour la santé, pour la précieuse santé de cette gamine, il voulait que ce fût dans un quartier de Paris où il ne serait pas exposé à être vu par des gens de son monde ou qui le connaîtraient. Cela abrégerait, il est vrai, la promenade pendant laquelle il se montrait sur les boulevards, et ce serait un pénible changement à ses habitudes, qui étaient sa vie même, le seul moment dans son existence si monotone, si misérable, où il se retrouvât l'homme d'autrefois ; mais enfin il ferait cela pour son enfant ; elle se le rappellerait plus tard avec émotion, avec reconnaissance ; une larme lui mouillerait les yeux quand elle se dirait : « Quel bon père était le mien ! » Heureux ceux qui font toujours leur devoir ! heureux ceux qui le voient toujours clairement sans que l'égoïsme leur obscurcisse les yeux !

Et effectivement il s'était consciencieusement acquitté de ce devoir : tous les jours, quand midi sonnait aux horloges voisines, il se levait de table pour partir. Il fallait que Geneviève fût habillée, chaussée à l'avance et qu'elle n'eût plus qu'à mettre son chapeau et son manteau ; pendant ce temps il se préparait devant la glace du salon, qu'il prenait pour lui seul, bien entendu, ainsi qu'il convient au père de famille, se drapant dans sa limousine, inclinant son chapeau sur son oreille dans une juste mesure, de façon à ce que cela fût distingué et non vulgaire, ramenant sur ses tempes, de chaque côté de ses oreilles, les grosses mèches de ses cheveux gris.

— Partons, disait-il.

Et, qu'elle fût prête ou non, qu'elle eût ou n'eût pas embrassé sa mère, il descendait l'escalier sans s'inquiéter de savoir si elle le suivait ou si elle allait le rejoindre.

Sur le boulevard la marche à grands pas commençait, la fille trottinant à côté de son père sans que celui-ci songeât jamais à lui donner la main, ni à lui adresser un mot. Ils allaient ainsi, lui raide et droit, elle penchée en avant. A la place Moncey, ils prenaient l'avenue de Clichy et ils la suivaient plus ou moins longtemps, selon que le pavé sec ou glissant leur permettait de marcher plus ou moins vite. Quelquefois ils s'arrêtaient au milieu de Clichy et revenaient en arrière; quelquefois ils poussaient jusqu'au pont d'Asnières; mais jamais ils ne le traversaient et c'était là un crève-cœur pour Geneviève; elle eût été si heureuse d'aller chez les Limonnier, de jouer avec les poules, avec les enfants de Gros-Milord! de se reposer une minute en mangeant une tartine de confiture! Mais son père trouvait cela inutile. Qu'eût-il été faire chez ces gens-là? Il n'avait pas envie de jouer avec les poules; les enfants de Gros-Milord lui étaient indifférents et il n'aimait pas les confitures. Quant à la compagnie de M. Limonnier, quant à échanger avec lui *Mille-z-amitiés*, il n'y tenait nullement.

Au contraire, il tenait beaucoup à rentrer au plus vite à Paris, de manière à faire un tour sur les boulevards et à ce que sa journée ne fût pas perdue.

Le dimanche seulement il n'accompagnait pas sa fille dans cette banale promenade ; ce jour-là l'avenue de Clichy était si grouillante d'un tas de gens endimanchés qui entraient chez les marchands de vin, de femmes en cheveux, de bandes d'amis qui marchaient en troupe, qui chantaient, que cela le dégoûtait.

Il se faisait remplacer par « la comtesse » et s'en allait bien tranquillement aux Champs-Elysées ou au Bois se retremper.

— Vous savez, disait-il à sa femme, trois heures de marche ; je vous la confie ; arrangez-vous pour qu'elle ne souffre pas de mon absence.

Et madame de Mussidan s'arrangeait, en effet, pour cela.

Quand le temps le permettait, elles allaient à Asnières chez leurs vieux amis, et Geneviève avait la liberté de jouer avec les enfants de Gros-Milord.

Quand il était trop mauvais, elles montaient tout simplement au haut de Montmartre, sur les buttes, rue Girardon, chez des amis des Gueswiller que Geneviève avait connus en allant jouer avec Odile. Ce n'étaient point des gens brillants que ces amis des Gueswiller, et cela avait fait que madame de Mussidan s'était tout de suite liée avec eux.

Une mère veuve et son fils : la mère, madame Faré,

une paysanne bourguignonne qui avait dû être superbe à vingt ans et qui était encore belle à quarante, grande, bien faite, le visage régulier, avec de doux yeux bruns, mais dont l'expression mobile et inquiète s'expliquait quand on savait qu'elle était sourde-muette; — le fils, Ernest Faré, un jeune homme de vingt ans qui avait la beauté de sa mère, mais non son infirmité, car il était doué d'un son de voix qui était un charme; avec cela, solide comme un paysan et fier comme si ses pères avaient brillé à la cour; bon garçon, gai, plus jeune, plus enfant qu'un Parisien de son âge.

Cet enfant cependant gagnait sa vie et celle de sa mère. A quinze ans il s'était trouvé orphelin, et, la succession de son père liquidée, il lui était resté quelques centaines de francs. Comment vivre? Sa mère ne pouvait guère travailler : à quoi est bonne une muette dans la lutte pour l'existence? Pour lui, il était petit clerc chez le greffier de la justice de paix de son village natal, où il gagnait trente francs par mois, sans la nourriture, ni le logement. C'était peu; mais pour ce qu'il avait à faire, c'était payé assez bien encore : rester au greffe, balayer l'étude, aller à l'enregistrement, bourrer le poêle pendant l'hiver était à peu près tout ce qu'on lui demandait. Il pouvait employer son temps à lire des livres de la bibliothèque de son patron. Et il avait largement usé de cette liberté, non pour les commentaires du Code, mais pour les livres de littérature. Son père mort, il fallait, pour faire vivre sa mère et vivre lui-même, ajouter quelque chose, si peu que ce fût, à son mois de trente francs. Après avoir longtemps cherché, l'idée lui était venue d'envoyer une nouvelle « au journal de la localité », s'imaginant, dans son ignorance naïve, que les journaux payent ce qu'on leur envoie ainsi. Cette nouvelle, il l'avait copiée de sa belle main et en avait presque fait un modèle d'écriture; puis, avec des angoisses terribles, il l'avait mise à la poste. Trois jours après il avait reçu une réponse dans laquelle on lui disait de passer au bureau du journal, et là il avait trouvé le rédacteur en chef qui était à la fois imprimeur, correcteur, lithographe, libraire, papetier en train de vendre pour deux sous de plumes métalliques, à un gamin des écoles. Cette opération commerciale terminée, le papetier était redevenu journaliste et lui avait dit :

— C'est moi le rédacteur en chef de l'*Espérance*, que voulez-vous?

— Je viens pour la lettre que vous m'avez écrite en réponse à l'envoi de ma nouvelle.

— Comment, c'est vous, un gamin! J'aurais dû m'en douter aux fautes d'orthographe. Où avez-vous copié cela, mon garçon?

— Je ne l'ai pas copié, je l'ai inventé.

— Pas possible. Comment cela vous est-il venu? Contez-moi cela.

L'histoire contée, le directeur-gérant, propriétaire et rédacteur en chef de l'*Espérance*, avait adressé à ce gamin de quinze ans des propositions bien faites pour le tenter :

— Vous avez des dispositions, de l'invention, de l'imagination, du style, mais pas pour deux sous d'orthographe ; vous avez aussi une belle écriture. Je peux vous prendre avec moi : dans la semaine vous me ferez de la lithographie, je vous l'apprendrai ; le mercredi et le samedi, vous me ferez les articles du journal que je vous demanderai, je vous corrigerai votre orthographe. Je vous donnerai quatre-vingts francs par mois la première année, cent francs la seconde.

C'était la fortune pour lui ; pendant quatre ans il avait fait la lithographie et l'*Espérance* à cent francs.

Au bout de ces quatre ans, le journal, l'imprimerie, la librairie, la papeterie étaient tombés en faillite, et le pauvre rédacteur en chef s'était séparé de son gamin :

— Il faut aller à Paris, mon petit Faré, lui avait-il dit ; c'est là qu'est ta place. Tu as du talent, beaucoup de talent, pardonne-moi de ne pas te l'avoir dit plus tôt. Mais écoute mon conseil : garde-toi des cafés et des camaraderies ; tu perdrais ta saveur et tu ne ferais que ce que font ceux qui t'entoureraient ; tu passerais sous le niveau de leur médiocrité. Ce qui m'a séduit en toi il y a quatre ans, ç'a été tes fautes d'orthographe et de grammaire autant que ton originalité. Tu as perdu tes fautes, garde ton originalité, ta naïveté.

C'était alors qu'il était venu avec sa mère s'établir à Montmartre dans une petite maisonnette de la rue Girardon.

Elle était curieuse, cette maisonnette, comme l'est la rue elle-même d'ailleurs, qui, par une pente raide non pavée, descend des hauteurs de la butte vers la plaine Saint-Denis : des murs de soutènement, des palissades, quelques portes çà et là, et c'est tout ; par ces portes ou à travers ces palissades, on aperçoit des arbres fruitiers, des groupes de lilas et les façades de quelques maisons d'aspect modeste ; — une rue de village, non de Paris, — et par delà les jardins, des terrains vagues.

Au fond d'une des allées couvertes de berceaux de vignes et de houblon ouvrant sur cette rue, se trouve une toute petite maison, composée d'un simple rez-de-chaussée avec trois fenêtres de façade et un toit de vieilles tuiles moussues, qui date de cent cinquante ou de deux cents ans et qui a dû être construite pour servir primitivement de hangar. Un jardin planté d'arbres fruitiers et de lilas l'entoure, et, grâce à la pente du terrain, ses fenêtres commandent un horizon immense depuis le Mont-Valérien jusqu'aux coteaux de Cormeilles et de Montmorency.

C'était cette petite maison que Faré, en arrivant à Paris, avait louée pour s'y installer avec sa mère. Ç'avait été pour lui une grosse affaire que de quitter sa province pour venir à Paris, une question de vie ou de mort. Malgré ce que son rédacteur en chef lui avait dit, il n'était pas du tout certain que sa place fût à Paris. Quelle place d'ailleurs ? Où ? comment la conquérir ? Et puis, il n'avait pas qu'à penser à lui, il n'avait pas qu'à travailler pour lui. Il devait penser à sa mère ; il devait travailler pour elle. Souffrir de la faim et de la misère n'est rien quand on est seul et qu'on a vingt ans ; mais quand on est deux ! Et celle dont il avait chargée était une enfant ; sa mère et sa fille à la fois. Depuis la mort de son père, cela avait été pour lui une lourde responsabilité, mais en même temps cela avait été aussi un soutien, surtout un empêchement à plus d'une folie qui l'aurait entraîné et à laquelle il avait résisté, n'ayant pour cela qu'à penser à la pauvre muette qui l'attendait. Que deviendrait-elle s'il n'était pas là? A qui s'adresserait-elle? Qui comprendrait son inquiétude?

Mais à Paris, son souci à l'égard de sa mère s'était changé en une lourde responsabilité. Dans le village, dans la maison, où elle avait vécu entourée de gens qu'elle connaissait, madame Faré pouvait supporter la triste solitude que lui faisait son infirmité; elle avait ses habitudes, la société que vous tiennent les choses aimées, le sourire d'un voisin, la gaieté de la campagne, le mouvement des nuages, le balancement des arbres, la fumée qui monte au-dessus du toit d'à-côté. Mais à Paris que ferait-elle dans un petit logement entre quatre murs, elle qui n'entendrait pas le fourmillement de la grande ville et qui serait là plus perdue que dans un bois? Il fallait donc qu'il lui rendît l'équivalent de son village.

C'était cela qu'il avait cherché et c'était pour cela qu'il avait choisi la maison de la rue Girardon, où elle trouverait la vue libre, un jardin à cultiver, de l'herbe, des arbres; où elle pourrait avoir des poules, une chèvre; dans une certaine mesure, la vie de campagne.

Sur les cent francs par mois qu'il gagnait à l'*Espérance*, ils avaient fait des économies, et surtout grâce à quelques nouvelles qui avaient été publiées par des journaux de Paris ; de sorte que, pour s'emménager, ils avaient quelques centaines de francs devant eux qui leur avaient permis d'acheter les meubles indispensables, strictement indispensables à leur installation, et aussi les poules et la chèvre qu'il voulait.

Si ses nouvelles ne lui avaient pas rapporté grand argent, elles lui avaient permis au moins de se présenter dans les journaux qui les avaient publiées, sans avoir à répondre, aux garçons qui lui demanderaient son nom, la terrible phrase : « Je ne suis pas connu. » Mais pour cela on ne l'avait pas mieux accueilli : « Nous n'avons besoin de personne en ce moment ; mais comptez sur moi pour plus tard. »

Plus tard ! Quand plus tard ? Il ne pouvait pas attendre et ne rien faire en attendant.

Dans un seul endroit, on lui avait fait une réponse pratique.

— Qu'est-ce que vous savez ?

— Mais...

— Je veux dire avez-vous une spécialité ? Êtes-vous savant ?

— Non.

— Êtes-vous ingénieur ?

— Non.

— Bigre ! Sortez-vous de l'Ecole normale ?

— Non.

— Vous avez fait votre droit ?

— Non.

— Eh bien, alors ?

— Je crois que j'ai de l'imagination.

— Qu'est-ce que vous voulez que j'en fasse de votre imagination ?

Il était resté décontenancé ; en réalité il ne savait bien qu'une chose : la lithographie, et on ne lithographie pas les journaux. Peut-être avait-il du talent ; au moins il sentait que si on lui mettait une plume à la main, il saurait s'en servir, mais c'était justement cette plume qu'il demandait.

— Voyons, je voudrais faire quelque chose pour vous. Vous avez été élevé aux champs, n'est-ce pas ?

— Oui.

— Vous savez comment le blé pousse ?

— Oui.

— Vous ne le confondez pas avec l'avoine ?

— Jamais.

— Vous connaissez les haricots, les pommes de terre, les carottes et le bel oignon ?

Il se demanda si on ne se moquait pas de lui. Cependant il répondit affirmativement.

— Eh bien, c'est bon, j'ai votre affaire : vous nous ferez les halles et marchés et le bulletin commercial. Vous savez : « Les suifs sont doux ; les haricots se tiennent ; l'huile de colza est très calme ; les métaux sont languissants ; les plombs restent dans la même situation. » Vous vous y ferez très vite.

Il s'y était réellement fait très vite, mais cela n'avait pas suffi à son ambition ; les suifs ne lui étaient pas doux et les métaux le laissaient languissant ; ce n'était pas pour cela qu'il voulait une plume. Alors il avait vécu de la vie des débutants, cherchant à placer où il pouvait un article, une nouvelle, des vers, une pièce, et c'était en courant les journaux et les théâtres qu'il avait rencontré l'aîné des Gueswiller, Lutan, qui faisait pour sa musique ce que lui-même faisait pour sa littérature.

De ces relations entre deux jeunes hommes confiants et enthousiastes était résultée une intimité amicale : Faré était venu chez les Gueswiller et Lutan, avec son frère et ses sœurs, avaient été chez madame Faré, car ce n'était pas pour cacher sa mère qu'il l'avait logée sur les buttes Montmartre ; il n'avait pas honte d'elle, ni parce qu'elle était une paysanne, ni parce qu'elle était muette ; au contraire, il était heureux qu'on vit comme elle était bonne, comme elle était tendre, comme ils s'aimaient.

C'était ce sentiment qui l'avait fait inviter madame de Mussidan à venir quelquefois, le dimanche, rue Girardon, avec sa jolie petite fille qui, sans doute, serait heureuse de courir librement dans un jardin, de boire du lait de chèvre qu'elle trairait elle-même..... si elle pouvait.

Et de fait Geneviève avait été très heureuse des quelques heures qu'elle avait passées là, qui, pour l'exercice, valaient bien celles où elle trottinait derrière son père dans la boue de l'avenue de Clichy.

C'était très amusant, ce jardin en pente où l'on dévalait toute seule quand on était lancée, et où personne ne vous arrêtait comme chez les Limonnier, « à cause des *estatues* ».

Très amusante aussi la chèvre qui avait bien voulu se laisser traire par elle, quoique cela eût été joliment difficile.

19

Très drôles, des ailes de moulin qui se trouvaient dans la pièce où se tenait habituellement madame Faré et qui se mettaient en mouvement quand du dehors on tirait la sonnette. Elle n'avait pas besoin de sonnette, madame Faré, puisqu'elle n'entendait rien, et ce moulin qu'elle voyait tourner sur la muraille ou se refléter dans la glace lui disait que quelqu'un était à la porte d'entrée.

Bien que Geneviève n'eût pas pu lui parler ou peut-être même justement parce qu'elle ne lui avait pas parlé, elle avait éprouvé un sentiment attendri de sympathie pour cette pauvre femme aux yeux si doux, toujours en mouvement, qui la suivaient, qui la caressaient comme ceux d'un chien qui a l'air d'avoir toujours tant de choses à dire.

A un certain moment elle avait demandé à Faré, à M. Ernest, comme elle disait, de lui enseigner le langage des sourds-muets; et avec sa facilité habituelle de compréhension, elle avait vite appris cet alphabet, assez bien au moins pour qu'elle pût en parlant dire avec ses doigts à madame Faré :

— A bientôt, madame.

Elle avait fait cela si gentiment, que la pauvre femme, qui n'était pas habituée à voir les enfants s'occuper d'elle, l'avait embrassée, tout émue.

Le « bientôt » de Geneviève s'était réalisé le dimanche suivant et cette fois elle ne s'était pas moins amusée que la première.

« M. Ernest » lui avait préparé deux surprises.

La première : un jeune cochon d'Inde qu'il lui avait donné en disant qu'on le gardait en pension rue

Girardon à cause du jardin, avec qui elle avait joué, l'embrassant sur ses petits yeux noirs qu'elle trouvait si purs, si vifs, noirs et brillants comme des clous de jais, — et qu'elle avait baptisé « M. Couicouic ».

La seconde : une balançoire fixée à deux arbres et sur laquelle elle s'était balancée assise d'abord et longuement comme s'il n'y avait pas de plaisir plus doux ; puis ensuite debout avec « M. Ernest », ce qui était bien plus amusant encore, car on allait plus haut.

XX

Ces nouvelles relations n'avaient pas été du goût de M. de Mussidan.

— Encore des gens d'une condition inférieure : un journaliste, une paysanne en bonnet ; quel plaisir pouvait-on trouver dans une pareille compagnie ?

Et il n'avait pas eu assez de railleries pour ce journaliste, cet E. Faré, qu'il n'appelait jamais que M. Effaré, ce qui était pour lui aussi drôle que méprisant.

Cependant, il l'avait trouvé bon pour lui demander service, cet Effaré ; justement il avait besoin à ce moment même d'une misérable somme de cent cinquante francs, qu'il ne savait comment se procurer, ayant été partout refusé, et le jeune journaliste, ce garçon d'une condition inférieure, la lui avait fait toucher en le mettant en relations avec une librairie qui vendait des livres à crédit, à tant par mois. C'était à cette librairie que Faré achetait les encyclopédies, les dictionnaires qui lui étaient indispensables pour travailler, et M. de Mussidan avait acheté aussi toute une collection de dictionnaires ; seulement, au lieu de la garder pour travailler, il l'avait immédiatement revendue à un autre libraire contre la misérable somme de cent cinquante francs qu'il lui fallait en attendant l'héritage de mademoiselle de Puylaurens; madame de Mussidan trouverait sûrement vingt francs par mois pour payer cette dette ; ce serait une habitude à prendre, voilà tout; quand on sait qu'on a une échéance à date fixe on s'arrange pour y faire face.

Mais il n'y avait pas là de quoi modifier l'opinion de M. de Mussidan sur cet Effaré, pas plus qu'il n'y avait de quoi lui faire trouver agréables les relations que sa femme et sa fille entretenaient avec ces gens-là. Cela le fâchait qu'elles eussent de nouveaux amis. A quoi bon ? Il ne leur suffisait donc plus? Vraiment toutes les femmes sont volages et ingrates ; il leur faut la diversité, même quand elle est banale.

— Quel plaisir pouvez-vous trouver chez ces gens-là ? vous y êtes toujours fourrées.

C'était Geneviève qui avait répondu :

— Si vous saviez comme c'est amusant de se balancer ! Et puis il y a M. Couicouic qu'est si joli, si aimable ! Et puis il y a...

Et elle avait énuméré tous les plaisirs qu'elle trouvait chez « ces gens-là ».

Mais bientôt elle s'était montrée plus circonspecte dans ses réponses et plus réservée dans ses élans de joie, car elle avait bien vu que cette joie contrariait son père.

— Papa est fâché que nous nous amusions sans lui, avait-elle dit à sa mère ; pourquoi ne vient-il pas avec nous ? Il s'amuserait comme nous.

— Ton père ne peut pas s'amuser à courir dans le jardin.

— Il resterait avec vous, avec madame Faré, madame Gueswiller et toi.

— La compagnie de madame Faré et de madame Gueswiller n'est pas pour plaire à un homme comme ton père.

— Et celle de M. Ernest ! Il parle très bien, M. Ernest ; il sait beaucoup de choses, il connaît beaucoup de gens ; il a toujours des histoires à raconter.

Mais Geneviève n'en avait pas voulu à son père de ce que celui-ci refusait de venir rue Girardon, et même elle avait tout fait pour qu'il ne fût pas peiné de ce qu'elles y allaient elles-mêmes. En rentrant, elle avait eu la précaution de mettre une sourdine à sa joie, et en parlant elle avait évité tout ce qui se rapportait aux Fare.

Mais elle ne s'en était pas tenue là, elle avait redoublé de prévenances et de marques d'affection pour son père, car elle avait au plus haut point le souci de ne point peiner ceux qu'elle aimait. Pauvre père ! il ne fallait pas qu'il fût malheureux parce qu'elle prenait plaisir à aller rue Girardon ; en cela elle ne lui faisait aucun tort, elle n'était pas moins tendre, moins affectueuse pour lui, au contraire, car jamais elle n'avait tant d'envie de l'embrasser que lorsqu'elle rentrait contente et qu'elle eût voulu lui faire partager son bonheur.

Justement on était aux environs de Noël, et alors l'idée lui était venue de faire à son père une surprise qui lui prouvât bien qu'elles pensaient à lui et qu'il était tout pour elles. Naturellement elle en avait parlé à sa mère, et après conseil tenu, elles avaient décidé qu'elles lui prépareraient un réveillon.

— Si nous pouvions avoir un pâté de foies de canard ! dit Geneviève, qui savait que son père aimait par-dessus tout ce mets national.

On avait écrit à Toulouse et l'on avait eu une terrine de foies de canard.

— Nous ne dirons rien et quand papa rentrera le soir, il trouvera la table servie ; je sauterai à bas de mon li et je viendrai l'embrasser. Comme il sera content ! Il verra bien que c'est lui que nous aimons.

Mais lui qui sortait tous les soirs après dîner pour aller à son café, n'était pas sorti ce jour-là ; et comme il ne disait rien elles avaient attendu anxieusement qu'il partît pour mettre leur table et dresser leur festin : du beurre, la fameuse terrine de foie gras, une salade de barbe avec des betteraves, des pommes, des gâteaux.

Mais il n'était pas parti ; à dix heures seulement, il avait quitté son fauteuil. Elles avaient respiré.

— Je vais m'habiller, dit-il.

Pour aller où ? Il avait lui-même répondu à cette question qu'elles n'osaient pas lui adresser.

— Le marquis d'Arlanzon m'a invité pour cette nuit : je verrai Son Altesse.

Elles ne pouvaient pas lutter contre une Altesse ; elles n'avaient rien dit ; à quoi bon parler de leur pâté ?

Et, après avoir donné à sa toilette plus de soins encore que tous les jours, il était parti tout flambant.

Elles étaient restées abasourdies.

— Bonne nuit, maman ! dit Geneviève.

— Tu ne veux pas manger ?

— Non, merci, je n'ai pas faim ; mais si tu veux que je te tienne compagnie ?

— Merci, je n'ai pas faim non plus.

Et, après avoir embrassé sa mère tristement, Geneviève s'était retirée dans sa chambre ; tout à coup elle était revenue gaiement :

— J'ai une idée : nous lui ferons une surprise pour le jour de l'an.

Et elles avaient pioché cette surprise ; quelque chose de bien imprévu, de bien extraordinaire, et aussi de bien agréable.

Ce sont les heureux de ce monde qui voient approcher avec effroi le moment des étrennes : blasés qu'ils sont, autant qu'embarrassés par la multiplicité des cadeaux qu'ils ont à donner. Mais Geneviève et sa mère n'étaient point des heureux de ce monde ; elles n'avaient qu'un cadeau à donner et le plaisir qu'elles s'en promettaient ne serait point divisé entre ceux-ci ou ceux-là. Aussi était-ce pour elles une grosse affaire, non seulement pour la somme à dépenser, mais encore pour l'objet à lui offrir.

Elles ne l'avaient pas cette somme, et la responsabilité dont elles allaient se charger en choisissant quelque chose pour lui, en lui imposant leur goût, pour ainsi dire, les paralysait.

Enfin le désir « de faire plaisir à son papa » avait inspiré Geneviève ; la semaine précédente il avait écrasé un de ses boutons de manchette, et si complètement que toute réparation était impossible ; elles lui en donneraient une nouvelle paire, et, pour la payer, elles porteraient au Mont-de-Piété une petite croix de cou en roses qui était un cadeau de mademoiselle de Puylaurens ; un bijou de famille, le seul qui n'eût jamais encore vu le Mont-de-Piété.

Sur cette croix on leur avait avancé cent cinquante francs et elles n'avaient plus eu qu'à choisir leurs boutons, ce qui leur avait pris trois jours de courses et de visites aux vitrines des bijoutiers du boulevard. Le 31 décembre, elles étaient rentrées pour déjeuner, ayant en poche leur cadeau. Quelle joie ! Elles n'avaient plus qu'une journée et une nuit à attendre.

— Moi, tu sais, dit Geneviève, je ne dormirai pas.

— Tâche de bien te tenir, ma mignonne, ou ton père se doutera de quelque chose.

— Il n'y a pas de danger.

Il ne pensait pas à les observer ; quand elles étaient parties au Conservatoire, il dormait encore et elles ne l'avaient pas vu ; elles le trouvèrent sombre, arpentant la salle à manger à grands pas.

— Êtes-vous souffrant, papa ? demanda Geneviève en courant à lui pour l'embrasser.

— Oui, de la tête, d'esprit, de cœur, il est mauvais que vous me laissiez seul.

— C'était pour aller au Conservatoire.

— Ah ! je sais, on a toujours de bonnes raisons pour abandonner son père. Et moi, pendant ce temps, je reste livré à mes tristes pensées. Cela ne vous dit rien à vous autres, une année qui finit ; moi, cela me fait réfléchir. La vie se dévore et c'est pour moi toujours la même chose : les privations, les ennuis de toute sorte, les dégoûts, la misère.

Elles le regardèrent avec inquiétude.

— Je ne veux pas vous attrister, et je vois que je vous attriste cependant. Ce n'est pas assez de mon chagrin, il faut encore que j'aie le vôtre. Demain tout le monde sera à la joie; nous, nous resterons dans notre sombre solitude.

— Mais, papa !... s'écria Geneviève.

Puis, craignant d'en trop dire, elle se tut.

Pour lui il continua :

— Je ne pourrai jamais supporter ici cette journée de demain; je vais partir pour le Havre; il y a longtemps que je n'ai vu la mer, cela me sera bon.

Elles restèrent anéanties, et de grosses larmes emplirent les yeux de Geneviève.

— Il me manque cinquante francs, dit-il à sa femme; je pense que vous vous arrangerez pour me les trouver.

Il fut simple, l'arrangement, mais terrible. Madame de Mussidan porta au Mont-de-Piété les boutons qu'elles avaient achetés deux heures auparavant.

Il partit consolé, ragaillardi.

— Enfin, maman, dit Geneviève lorsqu'elles se trouvèrent seules, c'est tout de même des étrennes, puisque la mer va lui faire plaisir.

XXI

A mesure que la saison s'était adoucie, les visites à la rue Girardon étaient devenues de plus en plus agréables pour Geneviève. Le jardin s'était animé, égayé, se métamorphosant d'une semaine à l'autre. Un dimanche, là où huit jours auparavant elle avait laissé la terre nue, elle avait trouvé une plate-bande de crocus épanouis, éclairant ce coin de jardin de leurs fleurs d'or. Le dimanche suivant, c'était une bordure de primevères qui avait fleuri, et Ernest lui en avait cueilli un bouquet qu'elle avait tenu frais pendant huit jours sur son piano, renouvelant l'eau soigneusement tous les matins. Puis les arbres fruitiers avaient successivement commencé leur floraison : l'abricotier d'abord, dont les pétales voltigeaient dans l'air comme de petits papillons, quand la brise les détachait de leurs corolles, et les semait sur l'herbe verdissante ou sur les jeunes feuilles à peine déplissées des lilas; les cerisiers, les poiriers, les pommiers ensuite et successivement, si bien qu'à un certain moment ce petit jardinet fut tout blanc dans un cadre vert, formé par la haie des lilas qui cachait les palissades.

Comme cela était joli, frais, charmant, féerique

pour une enfant qui avait été élevée entre les quatre murs d'une chambre et qui n'avait jamais couru en plein air que sur un étroit balcon !

Quelquefois, il est vrai, elle avait été à la campagne chez les Limonnier ; mais dans le jardin d'Asnières il fallait être bien sage, ne pas courir de peur de mettre un pied dans la bordure, ne toucher à rien ; et puis il n'y avait personne pour jouer chez les Limonnier ; on restait gravement assis sous une tonnelle, et non moins gravement on faisait à la queue leuleu le tour du jardin, s'arrêtant pour regarder un légume ou un fruit nouveau « mis à l'étude », comme disait M. Lemonnier, mais ne le goûtant jamais que sur la table.

Au contraire, chez madame Faré, on avait la liberté de faire ce qu'on voulait, de courir partout, de toucher à tout ; on ne s'asseyait pas, on ne marchait pas gravement dans les allées ; il y avait des camarades pour jouer, les Gueswiller souvent, qui venaient avec elle ; Ernest toujours, parce que le dimanche il avait fini la besogne de son journal de meilleure heure. Alors c'étaient des cris, des rires qui emplissaient le jardin ; une vie nouvelle pleine de mouvement, de jeunesse, de joie, l'enfance qui commençait pour elle à l'âge précisément où la gravité vient aux petites filles.

Quand on avait bien joué et qu'on était las, on s'asseyait au haut du jardin pour regarder le soleil se coucher dans un fond d'or ou au milieu d'un incendie qui semblait devoir dévorer le Mont-Valérien, et de là gagner sûrement Paris ; au moins elle s'asseyait avec Ernest, car les Gueswiller n'avaient pas souci des couchers de soleil. Que leur importait qu'il y eût au ciel des nuages rouges ou cuivrés? Ils aimaient mieux aller dans la maison boire une tasse de lait de chèvre; mais ces nuages intéressaient Ernest, et, elle, cela l'amusait, la charmait de l'entendre, quand il lui parlait ainsi, doucement, de sa voix harmonieuse; elle ne répondait jamais, mais elle écoutait, et quand plus tard, seule, elle pensait à ce qu'il lui avait dit, c'était comme s'il lui avait ouvert les portes d'un monde nouveau et inconnu dans lequel elle se perdait. Comme il ressemblait peu à Lutan, à Florent, qui ne s'occupaient jamais d'elle, ou qui la rembarraient quand elle leur demandait quelque explication! Lui, au contraire, se montrait toujours complaisant, toujours attentif, et, avec cela, si doux, si affectueux, un frère, et même mieux qu'un frère, car ni Lutan, ni Florent, n'étaient avec leurs sœurs ce qu'il était avec elle.

Souvent ils parlaient du concours :

— Vous verrez comme je vous ferai faire de beaux articles dans les journaux quand vous aurez votre prix, disait-il. Je pourrai peut-être vous en faire moi-même, je ne resterai pas toujours dans les halles et marchés.

— Comme cela doit vous ennuyer!

— Oui, mais cela nous fait vivre, et c'est le grand point; avant de penser à moi, à ce qui ne me plaît pas, je dois penser à ma mère.

— Cela est bon, n'est-ce pas, de gagner de l'argent pour ceux qu'on aime?

— Cela est doux et en même temps cela donne un sentiment de fierté; mais j'espère bientôt sortir du suif, sans compromettre pour cela notre pain quotidien.

— Vous comptez sur vos mélodies que Lutan a mises en musique.

— Un peu, mais, à vrai dire, pas beaucoup; je compte qu'on s'apercevra que je peux plus que l'article halles et marchés : je compte aussi sur ma pièce qu'on finira peut-être par accueillir quelque part. Mais que ce que j'espère se réalise ou ne se réalise pas, cela ne m'empêchera pas de m'arranger pour que vous ayez une bonne presse.

— Il faut pour cela que j'aie ma médaille. L'aurai-je?

Aux yeux de Faré cela ne faisait pas de doute, car il avait pour le talent de Geneviève une véritable admiration, pour son sentiment aussi bien que pour son exécution. Comme son jeu ressemblait peu à celui de Sophie Gueswiller! C'était un charme de l'écouter, comme c'en était un de la regarder. Aussi, lorsqu'il revenait de Paris, au lieu de prendre la route la plus courte, passait-il souvent par la place Dancourt et demandait-il à madame de Mussidan la permission d'entendre Geneviève. Et cette permission lui était toujours accordée, car madame de Mussidan éprouvait une très vive sympathie pour ce fils si bon et si affectueux, pour ce garçon de vingt ans ferme et courageux comme un père de famille, pour ce rude travailleur qui, après ses journées de fatigue, passait la plus grande partie de ses nuits devant sa table, où sa mère, qui se levait de bonne heure en vraie paysanne qu'elle était, le surprenait plus d'une fois le matin. Et malgré cela encore enfant cependant, tout jeune de caractère et de manières, joueur comme un gamin et s'amusant tout le premier aux parties qu'organisaient les petites Gueswiller et Geneviève malgré les railleries de Lutan, déjà vieillot et grave, qui ne voulait que se promener en parlant de ses futurs succès.

C'était avec plaisir qu'elle jouait pour lui, non ses études monotones qu'elle abandonnait aussitôt, mais quelque morceau qu'elle savait lui plaire : un rondo, une sonate, des variations de Mozart qui pour lui était le génie même de la musique, et dont il lui racontait la vie si touchante et si poétique quelquefois le dimanche, quand une ondée les obligeait à rentrer dans la maison.

Il était le seul devant qui elle aimât à jouer ; devant les Gueswiller elle ne se sentait pas à l'aise, car dans leurs compliments il y avait toujours quelques observations qui trahissaient un peu d'envie; son père ne s'intéressait pas à ces choses-là, et sa mère admirait tout, même ses bêtises.

Une de ses qualités était une mémoire rare qui lui permettait de n'avoir jamais la musique devant elle et de jouer tout ce qu'elle avait entendu. Un jour qu'elle avait ainsi exécuté un nocturne qu'il avait applaudi :

— Vous trouvez donc cela bien ? demanda-t-elle.

— Tout à fait charmant, original, ému, touchant. De qui ?

— Devinez.

— Du Chopin jeune.

— Oh! mais non; ça n'est pas si bien que cela.

— Jouez-le encore.

Elle le joua une seconde fois.

— Promettez-moi de n'en parler à personne, surtout aux Gueswiller, et je vous dirai de qui c'est.

— Alors c'est donc de...

— Eh bien oui, c'est-à-dire que c'est peut-être de moi, mais je n'en suis pas bien sûre : j'ai tant de musique dans la tête! Aussi il ne faut pas en parler, on se moquerait de moi; il n'y a qu'à maman et à vous que j'ose dire cela.

— Et madame Raphélis?

— Oh! jamais de la vie, madame Raphélis. Elle dirait que je m'amuse. Et puis, madame Raphélis, elle a des idées en musique qui ne sont pas toujours les miennes.

Le dimanche suivant, les Gueswiller étant occupés, elle avait été seule avec sa mère rue Girardon, et, après un bonjour affectueux à madame Faré, elle avait couru, suivie d'Ernest, rendre visite à M. Couicouic, et lui porter les provisions dont ses poches étaient bourrées : une salade, une pomme, des amandes, des carottes. Puis, le laissant à son repas, ils étaient montés au haut du jardin, et là Ernest lui avait remis un papier plié en quatre.

— Qu'est-ce que c'est que ça?

— Des vers que j'ai faits.

— Pour moi, oh! quel bonheur!

— Oui, pour vous, pour que vous les mettiez en musique s'ils vous plaisent.

— Voulez-vous les lire?

Il était question là dedans du printemps, des primevères, de la violette, des nuages, des couchers de soleil avec une émotion personnelle, un peu vague, mais touchante précisément par cela même et par sa discrétion.

— Oh! comme c'est beau! dit-elle avec enthousiasme.

— Vous êtes contente?

— Je suis fière; mais jamais je ne pourrai faire de la musique là-dessus, c'est trop beau.

— Vous ne voulez pas essayer?

— Oh! si.

Et elle mit le papier dans sa poche; mais plusieurs fois dans la journée, il vit que, tout en jouant, elle l'en tirait pour le relire.

Bien entendu, jamais madame de Mussidan et Geneviève ne dînaient rue Girardon, et même elles devaient être rentrées chez elles assez tôt pour que le dîner de M. de Mussidan n'eût pas à souffrir de leur promenade.

Un peu avant le moment du départ, Geneviève appela Ernest dans le jardin, et là elle lui tendit son papier.

— Vous ne voulez pas? dit-il.

— Reprenez-le... je les ai appris par cœur; si vous voulez je vais vous les dire.

Et ce fut sans une faute, sans une hésitation qu'elle les lui récita.

XXII

Le grand souci de Geneviève, était de savoir quel serait son morceau de concours. S'il était de Chopin, de Mendelssohn ou de Hummel, elle savait d'avance qu'elle était perdue; les difficultés de celui-ci, le sentiment de celui-là n'étaient pas de son âge, ou tout au moins c'était ce que disait madame Raphélis; il faudrait, dans ce cas, arranger le morceau pour elle, et cela produirait une mauvaise impression sur le jury.

Heureusement ces morceaux de concours sont choisis par un comité d'examen composé de professeurs du Conservatoire et d'artistes libres, et il y a des moyens d'action sur eux pour les amener, sans qu'ils s'en doutent, à leur forcer la main et à leur faire désigner un morceau qu'un professeur désire.

Ces moyens d'action, madame Raphélis les avait employés, et comme en elle il y avait à côté du très habile professeur une femme très habile aussi, très experte aux choses du monde, active, influente, elle avait réussi : Chopin, Mendelssohn, Hummel avaient été écartés, et ç'avait été l'allégro du 5ᵉ concerto de Herz qui avait été choisi, c'est-à-dire un morceau que

Geneviève pouvait jouer sans aucun arrangement, et qu'elle devait très bien jouer.

— Maintenant, mon enfant, avait dit madame Raphélis en lui annonçant cette bonne nouvelle, c'est de vous qu'il dépend d'avoir ou de n'avoir pas le prix.

Elle le connaissait, ce concerto, et déjà madame Raphélis le lui avait fait étudier; mais cela ne suffisait pas pour un morceau de concours qui doit être exécuté avec toute la perfection dont on est capable; c'était cette perfection qu'elle avait ardemment travaillée.

— Toutes les fois que vous aurez l'occasion de jouer votre concerto, lui avait dit madame Raphélis, jouez-le. Si vous trouvez pour l'écouter des gens intelligents, tant mieux; si vous ne trouvez que des imbéciles, jouez tout de même.

Les seules gens intelligents, c'est-à-dire les seuls musiciens qu'elle connût, étaient les Gueswiller; mais tous, garçons et filles, étaient dans la fièvre de leur concours; chacun avait son concerto ou l'équivalent en tête; aussi ne l'écoutaient-ils guère : ils s'écoutaient eux-mêmes :

— Oui, c'est très bien; mais c'est le mien qui est difficile !

Elle avait aussi ses frères, mais eux ne comptaient pas dans la catégorie de ce que madame Raphélis appelait les intelligents, et ce qui les intéressait c'était plutôt les suites du concours.

— Quand on pense que ces ronrons te feront gagner deux cents francs par soirée ! disait Sébastien.

— Prends de l'aplomb, disait Frédéric, dans la vie tout est là.

Le seul auditeur sérieux qui l'écoutât sans distraction, comme sans préoccupations personnelles, et uniquement avec un désir de succès et de gloire pour elle, était Ernest.

— Si j'étais musicien, disait-il souvent, je vous ferais des observations utiles; mais, bien que je sois dans la catégorie des imbéciles, il y a un point cependant dont je peux parler : c'est la façon dont vous jouez. Croyez bien que quand vos juges verront arriver une belle petite fille qui a toute la grâce, toute la gentillesse, la simplicité, la naïveté, le charme d'un enfant, et qui à cela joint déjà le talent d'une femme, ils seront ravis : Jouez bien, ils trouveront que c'est très bien.

Il fallait qu'elle l'eût, cette grâce et cette gentillesse; il fallait qu'avant de gagner les oreilles des jurés elle séduisît leurs yeux.

Comment l'habiller? C'était là une grosse affaire; et à l'avance la famille avait tenu conseil là-dessus, chacun proposant une toilette.

— Je crois, dit Sébastien, que j'obtiendrais bien une diminution de Faugerolles; il nous ferait quelque chose de ravissant, de distingué. Pas une des rivales de la petite sœur ne serait habillée comme elle.

— Quelle diminution? demanda madame de Mussidan, que cette toilette ravissante et distinguée inquiétait plus encore par raison de convenance que d'économie.

— Je crois qu'il n'y aura pas plus de cinq à six cents francs à payer.

— Très bien, dit M. de Mussidan, s'il ne faut que cela pour que ma fille soit la mieux habillée de ses camarades, comme il convient d'ailleurs, j'accepte. Je ferai un billet à Faugerolles.

— Ah! voilà le diable; il ne voudra jamais accepter un billet en payement.

De la toilette de chez Faugerolles il fallut tomber à une robe de cachemire blanc, taillée par une couturière de Montmartre et cousue par madame de Mussidan elle-même.

Ce ne fut pas le distingué du célèbre couturier, mais une petite robe sans taille, à jupe plissée, façon enfant, décolletée sur une guimpe en nansouk; pour lui donner un peu d'élégance, madame Raphélis avait offert une ceinture en moire.

Le moment arriva où madame Raphélis ne s'en tint plus au public d'imbéciles que son élève pouvait réunir et où elle conduisit celle-ci chez les grands pianistes avec qui elle avait des relations. Parmi eux se trouva l'auteur du concerto. Ce fut la grande émotion de Geneviève, celle-là. Mais aussi quelle joie quand le maître après l'avoir écoutée, la prit dans ses bras et, l'embrassant lui dit :

— Quand on me demandera de jouer mon concerto, ce sera vous qui le jouerez; vous êtes un petit ange.

Cette parole, quand elle se la rappela, lui donna confiance et elle ne s'accusa plus d'être trop orgueilleuse en se disant le soir tout bas, avant de s'endormir : « Je l'aurai peut-être, ma médaille. » D'ailleurs ce qu'elle se ...ait quelquefois en ses courtes minutes de confiance, madame Raphélis le lui répétait à chaque instant : « Vous l'aurez, votre médaille. »

Cependant, le jour décisif, elle arriva bien tremblante au Conservatoire, accompagnée de sa mère, plus troublée qu'elle encore. Elle aurait voulu avoir son père près d'elle, et même elle avait eu le courage de le lui demander la veille; mais il avait répondu noblement : « qu'un homme comme lui ne se montrait pas dans ces endroits-là ».

Faré était dans la cour, se promenant de long en large comme un homme qui attend; il accourut au-devant d'elle :

— Vous êtes là? dit-elle.

— Aviez-vous réellement pensé que je n'y serais pas?

— Et votre journal?

— J'ai lâché les suifs.

Puis, s'adressant à madame de Mussidan :

— Comme elle est jolie!

Ce mot valut pour elle celui de l'auteur du concerto, et ce fut avec vaillance qu'elle affronta les regards méprisants ou envieux de ses rivales et la dent dure de leurs mères en entrant dans la salle où elles devaient attendre, enfermées sous clef, le moment de paraître devant le jury.

Ce n'était pas précisément la bienveillance qui régnait dans cette réunion. Et si quelqu'un avait entendu les propos qui s'échangeaient tout bas, il aurait pu croire que toutes ces jeunes filles étaient des coquines, et que toutes ces mères étaient des gredines, et laides, et vicieuses, et mal habillées, un fumier. Et les protections qui allaient se montrer, comment avaient-elles été gagnées, à quel prix ! — Vraiment, ma chère ? — Oui, ma chère. — Quelle horreur !

L'attente fut longue pour Geneviève, son numéro étant un des derniers, et bien qu'on ne leur parlât guère ni à elle, ni à sa mère, les observations qu'elles entendaient n'étaient pas pour les rassurer : — un jury de crétins, tous gagnés d'avance.

Enfin son numéro fut appelé ; madame de Mussidan aurait voulu l'embrasser, mais elle n'osa pas et en la quittant elle se contenta de lui serrer la main.

Si bien aguerrie que fût Geneviève à jouer en public, elle eut un moment d'hésitation et fit un pas en arrière lorsqu'elle se trouva sur une scène de théâtre avec tout un public devant elle qui la dévisageait ; si madame Raphélis ne l'avait pas suivie, elle serait sûrement rentrée dans la coulisse.

En voyant paraître cette gamine et en entendant son nom, un murmure s'était élevé dans la salle.

— C'est le petit prodige à madame Raphélis. Très gentille !

D'autres avaient déclaré que c'était un petit monstre, comme tous les prodiges d'ailleurs.

Le jury lui-même avait paru se réveiller, et ceux des jurés qui faisaient leur correspondance, ou qui causaient ou qui sommeillaient avaient eu des yeux pour cette enfant : il était évident qu'ils allaient l'écouter ; se penchant à l'oreille les uns des autres, ils chuchotaient entre eux.

Heureusement pour elle, Geneviève ne voyait rien, n'entendait rien de tout cela; assise devant son piano, elle écoutait madame Raphélis placée à sa gauche, qui la rassurait en lui disant que cela allait très bien aller.

Cela alla très bien, en effet, et, à plusieurs reprises, les applaudissements éclatèrent; quand elle arriva au dernier accord ils redoublèrent.

— Vous êtes sûre de votre médaille, lui dit madame Raphélis.

Après le concerto, venait tout de suite le morceau à déchiffrer; cependant ce ne fut pas aussitôt qu'il eut été posé sur le pupitre qu'elle l'attaqua.

— Essuyez votre clavier, lui murmura madame Raphélis, et vos mains aussi lentement que vous pourrez.

Et, pendant que Geneviève procédait à cette double opération et préludait, madame Raphélis lui solfiait tout bas à l'oreille la première ligne du morceau et surtout le passage en casse-tout qui doit tromper l'élève.

— Pouvez-vous le transposer?
— Je crois.
— Eh bien, allez.

Ce ne furent pas les applaudissements qui avaient accueilli l'exécution brillante du concerto, mais quelques exclamations d'étonnement qui montraient qu'on rendait justice au savoir acquis de la musicienne.

Elle rentra derrière la scène dans les coulisses, où elle attendit, avec sa mère, que les autres élèves eussent concouru et que le jury eût rendu son jugement.

Enfin on appela celles qui avaient obtenu des récompenses : elle faisait partie de celles-là, et, avec elles, à la queue leu leu, elle rentra sur la scène.

— Mademoiselle de Mussidan, dit le président du concours, le jury vous décerne un premier prix... à l'unanimité.

FIN DE LA DEUXIÈME PARTIE

ET DU PREMIER VOLUME